W0333153

LES JUIFS ONT-ILS UN AVENIR ?

DES MÊMES AUTEURS

Dictionnaire de civilisation juive, Larousse, Paris, 1997, 2e éd. revue et corrigée, 1998.
Israël imaginaire, Flammarion, Paris, 1998, 2e éd. parue sous le titre d'*Israël, la terre et le sacré*, coll. « Champs-Flammarion », 2001.
La Haine de Soi. Difficiles identités, Complexe, Bruxelles, 2000 (direction).
Le Juif et l'Autre, Le Relié, Gordes, 2002.

D'ESTHER BENBASSA

Cultures juives méditerranéennes, Syros, Paris, 1985 (en collaboration).
Un grand rabbin sépharade en politique, Presses du CNRS, Paris, 1990.
La Diaspora judéo-ibérique après l'expulsion, Société historique d'Israël-Centre Zalman Shazar, Jérusalem, 1992 (en collaboration, en hébreu).
Une vie judéo-espagnole à l'Est : Gabriel Arié, Cerf, Paris, 1992 (avec Aron Rodrigue).
Juifs des Balkans, La Découverte, Paris, 1993 ; 2e éd. mise à jour et augmentée, parue sous le titre *Histoire des Juifs sépharades. De Tolède à Salonique*, Seuil, coll. « Points-Histoire », Paris, 2002 (avec A. Rodrigue).
Une diaspora sépharade en transition (Istanbul, XIXe-XXe siècles), Cerf, Paris, 1993.
Mémoires juives d'Espagne et du Portugal, Publisud, Paris, 1996 (direction).
Histoire des Juifs de France, Seuil, coll. « Point-Histoire », Paris, 1997, 2e éd. revue et mise à jour, 2000.
Transmission et passages en monde juif, Publisud, Paris, 1997 (direction).
L'Europe et les Juifs, Labor et Fides, Genève, 2002 (codirection).

DE JEAN-CHRISTOPHE ATTIAS

Abraham Aboulafia, *L'Épître des sept voies*, L'Éclat, Paris, 1985 (traduction annotée de l'hébreu).
Le Commentaire biblique. Mordekhai Komtino ou l'herméneutique du dialogue, Cerf, Paris, 1991.
Isaac Abravanel, la mémoire et l'espérance, Cerf, Paris, 1992.
De la Conversion, Cerf, Paris, 1998 (direction).
Enseigner le judaïsme à l'Université, Labor et Fides, Genève, 1998 (codirection).
Messianismes. Variations sur une figure juive, Labor et Fides, Genève, 2000 (codirection).

ESTHER BENBASSA
JEAN-CHRISTOPHE ATTIAS

LES JUIFS ONT-ILS UN AVENIR ?

Nouvelle édition augmentée d'une postface inédite et d'une bibliographie

HACHETTE
Littératures

Collection « Pluriel » fondée par Georges Liébert
et dirigée par Joël Roman

© 2001, éditions Jean-Claude Lattès
© 2002, Hachette Littératures pour la postface et la bibliographie

« ... après Auschwitz, la vie des Juifs est plus sacrée que la mort des Juifs, même pour la sanctification du Nom divin. »

Emil Fackenheim,
philosophe et théologien juif.

« Après les camps de la mort, il ne nous reste qu'une seule valeur suprême : l'existence. »

Amos Kenan, Israélien, laïc de gauche.

Jean-Christophe ATTIAS — « Juif » ? Le mot désigne une réalité d'apparition relativement récente, du moins à l'échelle de l'histoire d'un peuple plurimillénaire. Il vient de l'hébreu *yéhoudi*, qui veut dire « Judéen », descendant de la tribu de Juda, ou simplement habitant du territoire ou du royaume de Juda, ou encore et surtout « Judéen en exil ». Le livre biblique où le terme *yéhoudi* émerge en un sens proche de celui que nous lui connaissons est celui d'Esther. Il y définit le cousin et tuteur de l'héroïne de l'intrigue, Mardochée « le Juif ». Le récit se déploie en Perse, et raconte comment Esther et Mardochée réussissent à sauver leur peuple, disséminé dans toutes les provinces de l'empire, d'une extermination programmée. Le « Juif » est donc bien le Judéen en exil. Une réalité qui ne se fait jour qu'en Babylonie, au VIe siècle avant J.-C.

Esther BENBASSA — D'autres dénominations ont pu s'imposer au fil du temps. Ainsi, au XIXe siècle, une toute nouvelle apparaît : « israélite ». Elle ne traîne pas avec elle les connotations négatives de « Juif ». Dans l'imaginaire, le Juif est alors encore un usurier, un être affublé de traits caractéristiques dévalorisants et stigmatisants. Le Juif émancipé ne veut plus être appelé « Juif » mais « israélite ». Par une sorte de retour à l'origine biblique, à un

Israël antique mythifié, l'israélite est un Juif « régénéré », débarrassé des scories de l'histoire. Il est, en France, le Juif intégré.

J.-C. A. — Ce passage à « israélite » sera donc aussi une manière de gommer la dimension ethnique qu'il pouvait y avoir dans « Juif ». « Israélite » se veut plutôt un terme confessionnel, plus ou moins équivalent à catholique, protestant, ou orthodoxe.

E. B. — Alors, le Juif ne veut plus être perçu comme appartenant à un peuple particulier. Pour faire un avec la nation française, il doit désormais se définir par sa religion, seulement dans le privé, et pas dans la sphère publique. « Israélite » signalait ce changement. Après la guerre des Six-Jours, on voit cependant le mot « israélite » progressivement disparaître, devenir à son tour péjoratif. Il est utilisé encore, par les gens gênés mais de bonne foi, qui ne savent plus comment appeler un Juif, ce terme ayant gardé dans leur esprit une nuance négative. « Israélite » leur donne l'impression d'être dans la neutralité. Mais cette appellation est aujourd'hui rarement employée. Les Juifs eux-mêmes renient ce terme, les jeunes avec véhémence, et ce dans le rejet d'un type de Juif là aussi largement imaginaire, le Juif prétendument « assimilé » du XIXe siècle. On sait bien, pourtant, que l'histoire s'est déroulée tout autrement et qu'il n'y a pas eu d'assimilation totale en France, ni d'ailleurs en Allemagne.

J.-C. A. — Dans l'usage actuel, « Juif » est ainsi réhabilité, et « israélite » devient dévalorisant. L'israélite apparaît en effet comme un Juif qui a abdiqué et qui a accepté de se fondre dans les Nations.

E. B. — « Israélite », ce nom qui survient quand on ne sait pas quel nom donner, ce nom de la pudeur ou de l'hésitation, par sa confrontation même aux autres désignations, donne une première idée des recompositions identitaires juives intervenues à travers le temps.

J.-C. A. — N'oublions pas non plus nos « ancêtres » les Hébreux ! Les Hébreux sont le peuple dont il est question dans les livres historiques de la Bible, les descendants d'Abraham, la nation issue de son petit-fils Jacob et des douze rejetons de ce dernier, la Maison d'Israël, le peuple d'Israël. Dans cet ensemble biblique, on compte donc théoriquement douze tribus, mais l'une d'entre elles, la tribu de Juda, et plus précisément encore, les Judéens et les Benjaminites, seront les seuls héritiers réels ou supposés des Hébreux à rester sur la scène de l'histoire, après la destruction du royaume d'Israël du Nord, en 722 av. J.-C., et après la déportation des Judéens en Babylonie, en 587. Les Judéens se présentent ainsi, et les Juifs sont perçus, comme l'ultime postérité d'une antique lignée hébraïque. Ceci est à l'évidence une reconstruction historique. Qu'on ne s'imagine pas, en rencontrant un Juif, rencontrer un authentique descendant des Hébreux. On ne sait jamais, naturellement. Lui, en tout cas, peut fort bien s'imaginer l'être. Cette sorte de mythologie nationale et religieuse permet aux Juifs de se considérer comme les héritiers légitimes de l'ancienne tradition biblico-hébraïque. Et comme ses seuls héritiers légitimes. Avec cette idée que le Juif n'est pas uniquement le dépositaire du message hébraïque originel, mais qu'il est même, par le sang, par la généalogie, descendant d'Abraham. Ce que, là encore, à l'évidence, il n'est vraisemblablement pas. La diversité des Juifs elle-même, diversité ethnique, culturelle, linguistique, « raciale » si l'on veut, suffit à prouver que ces gens ne sont pas tous issus de la même souche « nationale ». Ça n'est pas pour autant qu'ils ne forment pas un peuple conscient de son existence et de son unité. Mais il n'y a pas moyen de prouver que tel ou tel d'entre eux est le descendant direct d'Abraham, ou de quelque autre patriarche. Et d'ailleurs, cela ne compte pas. Ce qui compte est la manière dont les Juifs se pensent héritiers et descendants d'Abraham, comme inventeur du monothéisme. Peut-on, historiquement, prouver qu'Abraham a inventé le monothéisme ? Certainement pas. Simplement, la tradition juive considère Abraham comme le père du monothéisme, et le judaïsme comme le prolongement naturel de cette découverte. Ce sont là des choses différentes.

E. B. — Qu'ils ne soient pas ce qu'ils disent être n'empêche pourtant pas les Juifs d'être ce qu'ils sont. Une identité imaginée est déjà une identité.

J.-C. A. — Les Juifs existent, bien sûr. Les Judéens aussi existent à la fin de l'Antiquité, avant et après le début de l'ère chrétienne, comme une population installée en Judée et en même temps dispersée dans l'ensemble du monde gréco-romain. Philon, par exemple, au Ier siècle de notre ère, est un Juif, en exil, à Alexandrie, qui écrit en grec. Il fait l'apologie du judaïsme, sans doute, mais il réussit aussi à formuler déjà toute l'ambiguïté de la condition juive. Philon dit : les Juifs ont quelque chose de particulier que n'ont pas les autres peuples ; ils ont à la fois une patrie, qui est le pays où ils vivent, où ils ont grandi, Alexandrie, Rome, et puis une métropole, qui est le territoire où est née leur nation, où elle s'est forgée — la terre d'Israël. Cette tension est nettement le signe d'une condition juive finalement peu éloignée de celles de bien des Juifs modernes.

E. B. — Dans cette perspective, la rupture de 70 n'est donc pas aussi fondatrice qu'elle pourrait le sembler ?

J.-C. A. — En effet, je crois qu'il faut remonter un petit peu plus haut. La lecture particulière de l'histoire juive qui place la rupture en 70, avec la destruction du Second Temple par les Romains, arrange certes pas mal de gens, notamment les chrétiens. Mais ce n'est pas le début de la dispersion. Celle-ci remonte bien au VIe siècle avant J.-C., avec la déportation des Judéens en Babylonie et la reformulation de la culture des Judéens en exil. Qu'est-ce qu'être « Juif » à ce moment-là ? Être capable, déjà, de vivre sa culture, de construire sa communauté en exil, en acceptant le principe de la défaite. En - 587, la destruction du Premier Temple, l'exil des Judéens, tout cela signifie-t-il que leur Dieu les a abandonnés, et que les dieux des Babyloniens l'ont irrémédiablement emporté ? La réponse, en exil, est clairement non ! La défaite, et la reconstruction espérée, relèvent toutes deux de la volonté du Dieu des Judéens, qui devient un Dieu universel. C'est ainsi en exil que se constitue la judéité. L'occupation romaine de la Judée, 70, la destruction de Jérusalem et du Second Temple, marqueront certes une nouvelle étape, la fin du deuxième essai de vie juive autonome en terre d'Israël. Ceci dit, pendant la période du Second Temple, il y aura eu des Judéens en Palestine, mais il y en aura déjà eu beaucoup plus hors de Palestine. Qu'est-ce dès lors que la destruction du Second Temple ? Un dénouement, la fin de la terre d'Israël comme centre réel et principal de la vie juive. Il n'y a plus de sanctuaire, il n'y a plus de pèlerinage. Mais l'exil a commencé bien auparavant. Et ce sont l'exil et la dispersion qui font le Juif, et qui expliquent en même temps qu'il y ait tant de façons de l'être. Expérimenter le monde comme un monde où les Juifs sont disséminés. Avoir le sentiment d'appartenir à une communauté idéale, tout en ayant parfaitement conscience qu'il y a des Juifs partout, dans des contextes sociaux, culturels, religieux, linguistiques fort différents. Être juif, c'est tout cela : non seulement être en exil, mais aussi être en quelque sorte séparé des siens.

E. B. — Et vivre aussi d'un mythe fondateur, qui est l'existence, hier, d'un peuple rassemblé, en terre d'Israël, un mythe qui lui aussi évolue avec le temps, dans la durée. C'est ce mythe-là, bien sûr, qui stimule sans cesse la conscience de l'exil. Les Juifs mythifient ce lieu d'origine et d'appartenance qu'est la terre d'Israël, une mythification qui se trouve au cœur de la religion juive elle-même.

J.-C. A. — Il s'agit d'un point de repère central dans l'imaginaire juif et dans la façon de se dire juif, mais qui n'opère que parce qu'il y a l'exil. C'est dans cette tension entre le lieu perdu et le lieu où l'on est que la judéité se forme et se décline. Tous les déplacements de population, les exils, les expulsions, réactivent cette conscience de l'exil. Un exemple suffira. Moïse Ibn Ezra, un poète de l'Espagne médiévale, reprend, dans une de ses compositions, la célèbre formule : « Si je t'oublie... » On pense immédiatement : « ... Jérusalem », bien sûr, comme en Psaumes 137, 5. Eh bien non ! C'est : « Si je t'oublie Grenade », en Andalousie musulmane. Contraint de se réfugier en terre chrétienne, Ibn Ezra reporte sur Grenade la nostalgie que le peuple juif a de Jérusalem et de Sion. Ainsi, chaque exil nouveau ravive cette condition, cette conscience d'être ailleurs que chez soi.

E. B. — À Pâque, fête commémorant la sortie d'Égypte et annonçant toutes les libérations à venir, ne dit-on pas : « L'an prochain à Jérusalem » ? Même aujourd'hui, les Juifs qui sont devenus des Israéliens et qui vivent à Jérusalem continuent de refermer le rituel pascal sur ces mots : « L'an prochain à Jérusalem. » On est bien là dans le mythe, et par-delà. Ce n'est pas seulement un mythe fondateur, mais aussi un mythe ritualisé. Les Juifs entretiendront à travers l'histoire une relation si complexe à cette terre d'Israël perdue qu'à certaines périodes, les grands centres juifs de la diaspora s'érigeront en nouvelles Jérusalem(s). On parlera de la Jérusalem de l'Est, Vilna, de la Jérusalem des Balkans, Sarajevo, ou de Salonique, « Ville-mère en Israël », Tlemcen, la Jérusalem du Sud, Amsterdam, la Jérusalem du Nord. Le besoin est là, même en exil, de reproduire ce mythe fondateur qui est aussi l'élément rassembleur. C'est ce qui explique, bien plus tard, lors de la naissance du sionisme, que les chefs de ce mouvement, après avoir si longtemps tergiversé, choisiront finalement la Palestine, et non l'Ouganda, ou la Mésopotamie, comme lieu d'installation de leur futur État. Parce que seule la terre d'Israël disposait de cette force de rassemblement et de cette puissance unificatrice.

J.-C. A. — Ceci étant, la terre d'Israël ne fut jamais le seul point de référence, ni la seule terre perdue. Le judaïsme antique et, dans une large mesure, le judaïsme médiéval furent des judaïsmes divers. Les Juifs ne se sont jamais simplement définis comme juifs. Ils sont Juifs de là où ils sont, ils sont Juifs de la langue qu'ils parlent, ils sont Ashkénazes — d'Europe centrale ou orientale, de tradition plutôt yiddishophone — ou Sépharades — issus de la péninsule Ibérique, méditerranéens, ou orientaux. Moïse Maïmonide, né en Espagne en 1138, parti jeune en Égypte, fait toute sa carrière dans ce pays, y écrit toute son œuvre, une somme philosophique, un code révolutionnaire du droit juif, un commentaire de la Mishna, première compilation canonique de la Loi orale, et des traités médicaux. Établi à Fostat, le vieux Caire, il ne s'en définit pas moins comme *séfaradi*, comme Espagnol, voire comme Andalou ! Il existe nombre de définitions de l'être-juif, y compris à l'âge médiéval. Juif, c'est abstrait. Pour donner un peu de contenu à ce mot, il faut y ajouter cette diversité culturelle et même religieuse, considérable, qui ne fait que croître au fil des siècles.

E. B. — Et qui explique les clivages, même plus tardifs. Ainsi en France, à la veille de la Révolution, les Sépharades du Sud-Ouest ne se reconnaissaient absolument pas dans l'image que renvoyaient les Ashkénazes d'Alsace et de Lorraine. Il n'est pas de judéité qui ne soit profondément façonnée par les conditions dans lesquelles vivent les Juifs, par leur rapport à la terre, à leur passé.

J.-C. A. — Car l'on n'est pas Juif seulement de là où l'on est, mais aussi de là où l'on était.

E. B. — En effet, aujourd'hui encore, en Turquie, un Juif né dans un village des rives du Bosphore, enrichi, parti s'installer dans la grande ville, reviendra cependant, au moins pour les festivités marquant les grands cycles de la vie, à la synagogue de son lieu de naissance, du lieu de naissance de son père. Il prendra la voiture un samedi, transgressera le shabat, mais il ira prier dans sa synagogue d'origine. On est toujours le Juif d'un endroit, d'un lieu.

J.-C. A. — Les Juifs espagnols se sont pour cette raison inventé une origine très ancienne en Espagne. Favori, au XVe siècle, d'Alphonse V du Portugal, puis familier de Ferdinand d'Aragon et d'Isabelle de Castille, Isaac Abravanel a ainsi pu prétendre, après bien d'autres, que certaines villes ibériques portaient des noms hébraïques, que c'étaient des Juifs exilés lors de la destruction du Premier Temple qui les avaient fondées ! Les Juifs espagnols se sont de la sorte fabriqué sur place une petite géographie hébraïque. En 1492, ils s'en vont, ils sont expulsés, ils se dispersent dans tout le bassin méditerranéen, ils arrivent dans l'Empire ottoman. Ce sont des Sépharades, des « Espagnols », alors qu'ils ne sont plus en Espagne, et ils le seront encore des siècles plus tard ! Et à la période la plus récente, ces mêmes Juifs sépharades de l'ex-Empire ottoman, quand ils s'installent par exemple en Israël, deviennent curieusement des Juifs bulgares, des Juifs grecs, des Juifs turcs, ce qu'ils n'ont jamais été quand ils étaient dans ces pays et au milieu de ces peuples. On a donc toujours un exil de retard, si je puis dire.

E. B. — En France de même. Les Juifs immigrés d'Europe de l'Est s'y sont organisés en *landsmanshaftn*, associations d'originaires, à Paris ou ailleurs. L'arrachement exacerbe le désir d'enracinement. L'exil d'avant devient une « patrie perdue ». Aux États-Unis, en Israël, on retrouve les mêmes associations, regroupant les originaires de telle ville, de tel village. Même « rentré au pays » — mais qu'est-ce donc que « revenir » en Israël ? est-ce vraiment revenir à la mère patrie ? — jusque dans l'État juif, qui devrait être la fin d'un parcours d'exil, on reproduit ce modèle de l'origine. Encore plus problématique : aujourd'hui, les Juifs en Israël, les anciens immigrés, surtout leurs descendants, font un voyage initiatique sur le lieu même qu'ils ont quitté. Certains Juifs marocains, membres d'une communauté mal intégrée, et qui, pendant longtemps, ont été considérés comme des citoyens israéliens de seconde zone, partent en voyage dans leur pays d'origine. Ce n'est qu'à leur retour qu'ils se perçoivent eux-mêmes comme de vrais Israéliens. Ils ont besoin de ce détour par le lieu de l'exil pour se reconstruire comme Israéliens. Tout aussi énigmatique, les jeunes Israéliens, natifs du pays, ashkénazes ou sépharades, une fois qu'ils ont accompli leur service militaire, qu'ils ont servi une patrie, cette patrie qui est la leur, font eux-mêmes un long périple, en Extrême-Orient ou en Amérique latine, un voyage qui peut durer entre six mois et un an, avant de rentrer dans leur pays et de se considérer à nouveau et pleinement comme des Israéliens. Comme s'il fallait toujours faire l'expérience du départ pour s'approprier une vraie notion de patrie. D'autres reviennent en visite dans le village du grand-père, de la grand-mère, en Europe de l'Est en particulier. Ces jeunes, on les voit circuler partout. Ce n'est pas de la nostalgie. Il y a là une dimension initiatique, un passage par l'exil qui fait partie de l'être-juif, et en l'occurrence de l'être-israélien.

J.-C. A. — Mais il y a aussi plus simple, et si je puis dire, plus terre à terre. Car ce qui a fait les Juifs est d'abord leur quotidien, la coutume, la langue, la nourriture, tout autant que les grands corpus canonisés.

E. B. — La coutume, en effet, définit la substance même, ethnico-religieuse, des groupes juifs. Que l'on observe, par exemple, les Juifs nord-africains, ceux qui sont les plus proches, dans le temps, de leur lieu de déracinement, par comparaison avec les immigrés d'Europe orientale, arrivés dans l'entre-deux-guerres. Les uns diront : « Nous sommes Juifs de Constantine » ; les autres : « Nous sommes Juifs de Tunis » ; d'autres encore : « Nous sommes Juifs d'Alexandrie ». On oublie souvent que ce n'est pas seulement le texte qui prime, mais ce rapport au lieu, plutôt aux usages du lieu, lesquels impliquent toujours une interaction, même relative, avec le milieu ambiant. C'est aussi par les coutumes du petit groupe, les coutumes spécifiques, que le judaïsme s'est perpétué. Ces Juifs vous diront : « Nous chantons selon le rite de Tlemcen », « Nous prions selon le rite de d'Oran ». Même la lecture des textes, même l'étude est imprégnée des spécificités locales.

J.-C. A. — En effet, la cantilation rituelle du texte scripturaire, le samedi matin, à la synagogue, diffère d'une communauté à l'autre. On ne prononce pas l'hébreu, on ne le psalmodie pas de la même façon. Et c'est cette manière particulière de chanter, de manger, de se rattacher à un lieu, à une coutume, qui fait le Juif.

E. B. — Y compris à l'intérieur de l'ultra-orthodoxie. Pour quelqu'un qui vient de l'extérieur, tous les « hommes en noir » se ressemblent. Or tous n'appartiennent pas au même groupe. Il y a les Galiciens, les Lituaniens, etc. Leur costume fonctionne aussi comme un signe distinctif permettant à l'autre, de l'intérieur, de les identifier. Mais de l'extérieur, ils semblent former un tout. Le judaïsme, pour ceux qui l'observent du dehors, donne l'impression d'une unité. Mais ce serait vraiment manquer sa portée et sa mobilité que de croire à cette unité.

J.-C. A. — C'est cette diversité-là qui donne à l'exil à la fois chair, saveur et sens.

E. B. — Encore qu'il y ait exil et exil. Il y a l'exil forcé, il y a l'exil choisi. L'exil d'aujourd'hui est un exil choisi. Parce que chaque Juif, s'il le veut, peut faire son *aliya*, littéralement sa « montée », en Israël. À vrai dire il le peut et il ne le peut pas. Parce qu'il est lié à sa « terre », à l'endroit où il réside, où il a ses enfants, ses amis, son travail. Car on n'est pas tenu de labourer sa terre pour lui appartenir. On est tout autant lié par les couleurs, les parfums, l'atmosphère. L'exil est une réalité difficile à cerner.

J.-C. A. — Parce que l'exil est aussi une représentation. Même s'il fait son *aliya*, même s'il s'installe en Israël, ce Juif-là sera, là-bas, toujours en exil de quelque part. Éloigné de quelque chose.

E. B. — En Israël même, en effet, on reste Juif de quelque part. Juif de France ou Juif de Pologne. Le Juif transporte son exil avec soi. Quand il émigre en Israël, aujourd'hui encore, il arrive avec, dans ses bagages, la diaspora. Israël est aussi un pays d'exil, le pays de beaucoup d'exils réunis.

J.-C. A. — Le fait de l'exil, et même la conscience que les Juifs ont pu avoir de leurs exils successifs, tout cela a certes varié. On ne se sent sûrement pas exilé de la même façon en Babylonie, quelques siècles avant l'ère chrétienne, ou à Rome pendant la période du Second Temple, ou, bien plus tard, au sein des communautés juives médiévales, que ce soit en terre chrétienne ou en terre d'islam. A fortiori, les différences sont vives, au XIXe siècle, au XXe siècle, dans les divers points de la dispersion. Reste qu'être juif, d'une certaine façon, mais d'une façon constante, est être étranger à un certain monde. Parfois, selon certaine tradition religieuse, tout simplement étranger au monde – à ce bas monde, monde brisé, aliéné, en attente de rédemption.

E. B. — Mais dans le même temps, c'est cela qui fait que le Juif est du monde. Que le monde est sa patrie. Même si, pour nombre de Juifs aujourd'hui, cela relève désormais de la théorie.

J.-C. A. — Ce qui vaut pour les Juifs vaut aussi pour le judaïsme, y compris dans sa définition religieuse. Le judaïsme se présente, et est souvent perçu, comme une force qui aurait maintenu, préservé son intégrité, son authenticité, malgré les siècles, malgré l'histoire, qui serait restée fidèle au message des origines. Quelle erreur ! Le judaïsme n'est pas né en un jour, il a bougé, plus qu'on ne veut le dire, et il n'est pas le détenteur a priori d'une espèce d'étincelle initiale, qui serait, en lui, restée inchangée. Le judaïsme est le produit de sa propre histoire et de ses contacts. Et il s'est nourri de ces contacts. On ne pense pas, on ne vit pas le judaïsme de la même façon quand on est en terre d'islam, en terre chrétienne, ou en Inde. La pratique orthodoxe présente certes une relative homogénéité, en ce sens qu'un certain nombre de règles sont unanimement observées. Mais les modalités d'application, elles, sont infiniment variables.

E. B. — Là réside, peut-être, toute la richesse du judaïsme. Le judaïsme a été en relation constante avec les religions dites dominantes. Le rapport était certes un peu asymétrique, mais malgré cela ou à cause de cela, les échanges ont été nombreux, et ceux qui identifient le judaïsme à une fermeture, à un monde clos, qui n'a pas évolué, s'égarent, de toute évidence. Son statut de religion minoritaire a fait qu'il était peut-être plus apte encore à se laisser imprégner par l'extérieur. Contrairement à ce que certains imaginent, il n'y a pas eu de moment de son histoire où le judaïsme aurait été « pur », ou « intégral ».

J.-C. A. — Les autorités rabbiniques elles-mêmes ont bien conscience de cette variété. Elles peuvent y voir le signe d'une dispersion, un risque de fragmentation du peuple juif. Dans le même temps, cependant, elles en prennent acte.

E. B. — La littérature des consultations rabbiniques atteste on ne peut mieux ce foisonnement. Des litiges sont soumis d'une communauté à l'autre ; face à un cas difficile, tel rabbin interroge tel autre, parfois à des milliers de kilomètres de là. L'image est toujours d'une extraordinaire mobilité. Le kaléidoscope du droit, des écoles, des traditions locales, sans cesse se recompose. Le texte ne suffit pas à tout trancher. Encore faut-il lire et interpréter le texte.

J.-C. A. — Les vagues migratoires de grande ampleur ont elles aussi provoqué des contacts, et imposé de repenser certains problèmes juridiques. Des traditions différentes se trouvent tout à coup en présence immédiate l'une de l'autre. Sépharades expulsés d'Espagne et Juifs de tradition grecque sont soudain face à face sur le sol ottoman. Tout en la déplorant, les autorités rabbiniques ont néanmoins toujours légitimé la diversité au travers de deux principes, d'ailleurs en tension l'un avec l'autre : d'une part, la fidélité à la tradition des pères — « Fais ce que ton père a fait, ce que ton grand-père a fait » —, d'autre part, la valorisation de l'usage local, qui prévaut, sauf exception, sur celui des derniers arrivés.

E. B. — Sans oublier un autre facteur de différenciation : le poids du droit du lieu, les prérogatives des autorités non juives, qui imposent elles aussi une adaptation. Une formule talmudique dit cela en peu de mots : « La loi du royaume est la loi. » À savoir qu'il est au moins certains domaines où le droit juif doit s'incliner devant la législation non juive.

J.-C. A. — On reconnaît ainsi l'autorité du droit juif normatif, celle des variantes locales, de la tradition des pères, et celle de la loi de l'État.

E. B. — Exil, dispersion, coutume et droit, notre entretien tourne jusqu'ici essentiellement autour de ces notions. Mais qu'en est-il donc des dimensions spécifiquement religieuses de l'être-juif ?

J.-C. A. — Y a-t-il bien lieu, cependant, de poser ainsi la question ? Dans le monde médiéval au moins, l'être-juif est en effet foncièrement polymorphe : il y a du religieux, du culturel, du linguistique. Le religieux sans doute pénètre tout. Mais alors cette prééminence du religieux ne distingue pas les Juifs de ceux qui les entourent. Elle vaut aussi pour les chrétiens, pour les musulmans. La définition religieuse de la judéité médiévale est forte, centrale, mais elle n'est pas ce qui la différencie le plus de la condition des non-juifs. L'orthopraxie, l'insistance sur l'agir, sur la pratique concrète et rigoureuse des commandements, en revanche, est une donnée fondamentale. Voilà peut-être ce que l'on a oublié à l'époque contemporaine. Être juif, c'est vivre en juif, le vivre au quotidien, dans une communauté, fréquenter une synagogue, accomplir les principaux rites de la vie juive, la circoncision, le mariage, se faire enterrer en juif.

E. B. — La Loi pèse là de tout son poids. Les Juifs se marient, héritent selon les règles de leur droit. Mais cela n'est pas statique. En temps de crise, ils peuvent aussi être tentés d'échapper à leur propre juridiction. Dans certaines affaires d'héritage on préférera faire appel aux tribunaux non juifs, surtout en terre d'islam, où l'on voit des Juifs se rendre chez le cadi, ne serait-ce que pour que leur communauté ignore l'état exact de leurs biens et ne les taxe pas outre mesure. Les historiens insistent, pour la période médiévale, sur l'autonomie juridique et organisationnelle des communautés. Elle existe, en effet. Elle repose sur un accord tacite avec les autorités non juives, qui peuvent toujours la révoquer ou la limiter. Il ne faut pourtant pas s'exagérer cette autonomie. On observe, aussi bien en terre chrétienne que dans le monde musulman, des interventions de l'extérieur dans la gestion interne des communautés, la levée de l'impôt, la nomination des responsables communautaires, des chefs spirituels. De même, à l'intérieur, on aura parfois intérêt à se soustraire à la juridiction communautaire, et à se tourner vers les juges non juifs, y compris pour régler certains litiges entre Juifs. Et quand il s'agit de conflits avec des non-juifs, le passage par la juridiction extérieure est bien sûr obligatoire.

J.-C. A. — Voilà qui casse un peu plus l'image d'un judaïsme médiéval autocentré. Les interactions avec le dehors semblent bien multiples.

E. B. — Ces dernières années, dans certains milieux, on a un peu tendance à s'imaginer que le judaïsme ne s'est développé, n'a connu d'heures de gloire véritable, que dans l'enfermement. Les influences extérieures n'auraient fait qu'abâtardir ou diluer la créativité, l'identité juives. On est là bien loin du compte. N'oublions pas que les chefs des communautés étaient en général des laïcs et non des religieux. C'étaient eux qui négociaient avec les autorités non juives l'avenir de leurs coreligionnaires, la bonne marche de leur communauté. À l'époque prémoderne, cette situation va donner naissance à la figure du Juif de Cour, du médiateur privilégié des rapports entre le monde juif et le monde chrétien. Ce personnage incarnera longtemps cette dualité juive, qui déborde largement le champ religieux.

J.-C. A. — Ce qui distingue l'organisation prémoderne des Juifs n'est pas la clôture, l'autonomie absolue. Plutôt le fait que le rapport de l'individu juif avec l'État — si l'on peut parler d'État à ce moment-là — est médiatisé par la communauté, et par ses chefs. C'est tout. Au niveau culturel, il n'y a jamais eu de fermeture. Et ce qui est le plus gênant dans le regard que certains Juifs aujourd'hui portent sur leur passé, c'est qu'ils cherchent dans ce passé une authenticité juive absolue, un absolu de l'identité juive, qu'ils ne trouveront jamais. Ils se l'inventent. Y compris sur le plan culturel et linguistique, on a des preuves innombrables, dans la culture savante, mais aussi dans la culture populaire, de cette perméabilité des frontières. Les grands penseurs juifs ont toujours été en contact avec ce qui se passait au dehors. Ils l'ont acclimaté, ils se le sont approprié. Cette observation est valable en monde musulman, où un Maïmonide, par exemple, réexamine les vérités de la tradition révélée à la lumière de la pensée philosophique gréco-arabe dans son célèbre *Guide des Égarés* ; elle sera valable aussi en monde chrétien. L'histoire n'a conservé nulle trace d'un judaïsme « authentique » et « pur » que nous aurions perdu à partir du XVIIe siècle.

E. B. — Face à l'éclatement identitaire contemporain, il semble qu'on ait aujourd'hui la nostalgie de l'identité unique. Or, même avant l'émancipation, le monde juif est caractérisé par une pluralité de conditions, par une pluralité d'autoperceptions, et par une pluralité culturelle tout à fait remarquables. Ainsi en va-t-il de la France du Moyen Âge, partagée entre la culture du judaïsme du Nord et la culture du judaïsme du Sud. Au Nord se développe l'exégèse, avec Rachi, au XIe siècle, et ses disciples. Au Sud, sous l'influence des Juifs espagnols et italiens, fleurit un judaïsme davantage porté vers les sciences, la philosophie. Au Sud, prévaut une culture latine, au Nord l'influence de l'environnement rhénan. Nulle part les choses ne présentent cette simplicité rêvée. Ni le repli, ni la pureté. Le terme d'« identité » est trop moderne. L'« identité » juive d'avant l'émancipation ne se décline pas de la manière dont nous avons l'habitude de la voir ou de souhaiter la voir se décliner.

J.-C. A. — Ce qui vaut pour le Moyen Âge vaut pour la période antique. Un des textes fondateurs du judaïsme est la Mishna, le premier grand code systématique de la Loi orale, publiée en Palestine, vers l'an 200. Or la langue de la Mishna n'est pas de l'hébreu « pur ». Il n'y a pas d'hébreu pur. La langue de la Mishna est clairement sous l'emprise du grec, du latin, et des mentalités que ces langues ont véhiculées au moment où ce texte a été compilé. On ne retrouvera pas, dans le passé, sauf mythiquement, sauf à procéder à des reconstructions largement arbitraires, d'« identité » juive originelle et intacte sur laquelle on puisse refonder l'identité juive contemporaine. Entre hier et aujourd'hui, ce n'est pas la même religion, ce n'est pas la même culture. Et c'est cela qui est passionnant. À bien regarder les sources, plus on remonte dans le temps et plus le judaïsme auquel on a affaire ressemble peu à celui que nous connaissons. Il ne faut pas oublier qu'il a existé un judaïsme avant Maïmonide, un judaïsme sans Rachi. L'image que certains milieux traditionalistes veulent nous fournir du judaïsme est une image aplatie, anhistorique, où tous les auteurs, tous les textes, tous les corpus, Bible, Talmud, codes ou commentaires sont présentés comme idéalement « contemporains », comme formant un tout indissociable et parfaitement cohérent.

E. B. — Tu n'as donc aucune réponse à proposer à la question « Qu'est-ce que l'identité juive ? ».

J.-C. A. — Question typiquement moderne ! Qui veut nous obliger à dire : être juif, c'est être ceci, ou cela. Or le problème, c'est que le judaïsme ne s'est pas forcément défini en terme d'essence. Être juif, c'est aussi savoir, apprendre, c'est aussi faire. Être juif, pendant longtemps, cela a été pratiquer la Tora, étudier la Loi, observer les fêtes. Pas forcément une question, pas forcément un problème. On était juif et on n'avait même pas besoin de se le dire.

E. B. — Dans ma région d'origine, la Turquie, plus largement l'Orient musulman, il est vrai qu'on ne se posait guère la question. On naissait juif, on vivait comme juif, et si on avait de la chance, on mourait comme juif là où l'on était né. Un Juif était juif parce que les autres le voyaient tel et que lui, depuis toujours, se percevait tel. Il n'avait pas de choix. Ne pas, ou ne plus être juif n'était pas une option ouverte. De ce point de vue — et de ce point de vue seulement ! —, je peux dire que j'ai grandi dans un contexte prémoderne. Au Moyen Âge, en terre d'islam comme en terre chrétienne, le Juif est ce qu'il est. Dans un monde qui s'organise autour de la religion, il a sa place — cette place est certes à discuter —, mais c'est sa condition d'être juif. Il est en quelque sorte condamné à être juif. Après l'émancipation, en Occident, la question ne se posera plus de la même façon. Plus exactement, elle se posera. Lorsque le Juif est intégré, l'autre, le non-juif peine à percevoir sa judéité, oublie jusqu'au fait qu'il est d'origine juive. Quand le Juif n'est plus à sa place de Juif, le questionnement du non-juif sur le Juif devient de plus en plus complexe : est-il juif ? est-il encore juif ? en quoi est-il juif ?

J.-C. A. — Ces développements nous obligent à reconnaître, s'il en était besoin, que le judaïsme ne tombe pas du ciel. Sans doute les Juifs sont-ils définis par le judaïsme, mais ils le définissent eux-mêmes tout autant. La nouveauté, aujourd'hui, tient au fait que les différentes façons de décliner le judaïsme se présentent désormais sous des formes contrastées, opposées, et de manière apparemment plus tranchée que par le passé. Finalement une différence peut-être seulement de degré, ou au moins autant de degré que de nature. Le judaïsme n'a jamais été un corps de doctrines figé, avec des pratiques tout aussi figées. Le judaïsme antique, il ne faut pas l'oublier, est constitué d'une foule de courants en conflit les uns avec les autres. La catastrophe de 70 a un peu réglé le problème, en donnant aux Pharisiens un pouvoir définitif. Ce pouvoir a duré près de deux millénaires, sans que d'ailleurs il ait pu jamais s'affirmer de manière globale, monolithique. Il y a toujours eu, dans le judaïsme, des forces centripètes et des forces centrifuges. Le Moyen Âge a ainsi vu la formation, dans la Babylonie du VIIIe siècle, du karaïsme, un courant juif « déviant » de retour à l'Écriture, contestant radicalement le pouvoir des rabbins et la légitimité de la tradition orale dont ils se disent les dépositaires. Les Karaïtes médiévaux n'en furent pas moins généralement perçus et se perçurent eux-mêmes comme juifs.

E. B. — Réduire le judaïsme à une définition rigoureusement unilatérale revient à verser dans l'utopie. Je vois là une volonté de le cerner, de le dominer, comme si, sans cesse, il n'échappait pas à ce genre d'emprise. Ceux qui « reviennent » au judaïsme imaginent souvent un judaïsme étrangement rigide, fondé sur la clôture, et sur le rejet de ceux qui ne leur ressemblent pas et ne veulent pas leur ressembler.

J.-C. A. — Mais alors, « quel est le noyau dur du judaïsme ? » La question hante tous les esprits. Comment s'y soustraire ? Nous ne sommes d'ailleurs pas les premiers à la poser. Je songe à ce fameux candidat à la conversion qui demande à Hillel, un sage du Ier siècle : « Enseigne-moi la Tora, le temps de rester debout sur une seule jambe. » Hillel de lui répondre : « Pas de problème, on va te convertir. Et la Tora ce n'est rien d'autre que : "ne fais pas à ton prochain ce que tu ne voudrais pas qu'il te fasse". Tout le reste est commentaire. » Ne lisons pourtant pas trop vite un tel récit, n'en concluons surtout pas que le judaïsme, à tout prendre, c'est l'éthique. Que dit

Hillel ? Que tout le reste est commentaire ! Je ne suis pas loin de penser que ce sont précisément les commentaires qui font le judaïsme. Et qu'ajoute-t-il, avant de renvoyer son prosélyte ? « Va maintenant, et étudie. » C'est aussi cela qui fait le judaïsme : « Va, et étudie. » Impossible de mettre le judaïsme en formule. C'est ce qui fait sa faiblesse aujourd'hui, mais c'est ce qui fait en même temps sa richesse, encore aujourd'hui.

E. B. — Comment sortir de l'ambiguïté ?

J.-C. A. — Mais il n'en faut point sortir. L'ambiguïté est au cœur de la condition juive. Ou bien on naît juif, parce qu'on a une mère juive. Ainsi le dit la Loi. Ou bien on devient juif en se convertissant au judaïsme. Deux manières d'être juif se dessinent là d'emblée. Être juif dans une continuité généalogique, par le sang, par héritage familial. Ou devenir juif, la communauté juive acceptant de s'ouvrir à l'élément étranger qui choisit de s'agréger à elle. Ces deux dimensions traversent toute l'histoire du judaïsme. On peut être Juif comme descendant d'Abraham, de père en fils ou de mère en fils. Et l'on peut aussi le devenir, en adhérant à un savoir, en pratiquant une Loi, en devenant le disciple de Moïse. Cette ambiguïté-là est une constante. On voit des penseurs juifs pencher plutôt du côté d'Abraham, ou plutôt du côté de Moïse. Mais la tension perdure. Les deux options sont en conflit, mais ne s'annulent pas l'une l'autre. Ce n'est pas un hasard si le judaïsme rabbinique s'est donné de grands maîtres, de ceux qui ont transmis et façonné la Loi orale, dont certains sont présentés comme descendants de prosélytes ou comme prosélytes eux-mêmes. Ainsi, Rabbi Méir, l'un des architectes, au IIe siècle, de ce qui devait devenir le premier grand code de la Loi juive, aurait pour ancêtre Néron, l'empereur romain que Dieu aurait initialement chargé de détruire Jérusalem, qui s'y serait refusé et qui se serait fait Juif. De même, Rabbi Akiba, mort dans la dernière grande révolte juive contre les Romains, en 135, descendrait de Sisera, le chef d'armée cananéen défait par la prophétesse Déborah. Le monde rabbinique tend ainsi à substituer à la généalogie charnelle une généalogie du savoir qui, étant spirituelle, intellectuelle, culturelle, est plus ouverte aux éléments étrangers. Faire de descendants de non-juifs des gens aussi importants dans la transmission de la Loi manifeste incontestablement une réelle capacité d'accueil de l'autre.

E. B. — Une généalogie finit-elle par éclipser l'autre ?

J.-C. A. — Non, les deux sont toujours là. En tension, ou en complémentarité. Même le prosélyte, celui qui commence par être un disciple de Moïse, va être doté d'une ascendance de substitution, il sera symboliquement dit fils d'Abraham et de Sarah. Les deux dimensions doivent être associées pour que cela donne le sentiment d'être complet. Mais ne nous arrêtons pas à cette définition légale, rabbinique de la judéité. Ne faisons pas à ce point confiance aux rabbins. La Loi telle qu'elle s'est imposée dit que l'on doit être né d'une mère juive pour être Juif, mais les textes ont conservé la trace d'une règle plus ancienne selon laquelle on était Juif de père. Et il faut bien accepter l'existence, aujourd'hui, aux États-Unis ou en France, d'un judaïsme réformé qui reconnaît l'identité juive des enfants nés de pères juifs et de mères non juives, sans leur demander de véritable conversion. Le principe de matrilinéarité n'a donc pas toujours été valide, et il est aujourd'hui fortement contesté par certains milieux. La généalogie n'en demeure pas moins quelque chose de fort dans la tradition juive, qui insiste sur la valeur du lignage. On se définit par ses ancêtres. Parce que les ancêtres, et au premier chef les patriarches Abraham, Isaac et Jacob, ont accumulé des mérites dont ils transmettent le bénéfice à leurs descendants. Ce modèle aussi est constant.

E. B. — Ce principe généalogique est admis par les milieux religieux comme le fondement même de la légalité juive. Mais ce légalisme, qui caractérise la condition juive à la période prémoderne, se double d'éléments culturels plus diffus et non moins puissants. Certaines familles, sépharades notamment, ont ainsi cultivé une tradition aux termes de laquelle elles descendraient du roi David, ou de quelque tribu particulière, ce qui leur conférait un statut aristocratique par rapport aux autres Juifs. Ainsi, dans l'imaginaire juif, d'autres éléments s'ajoutent à ce légalisme. On est juif de quelque part.

J.-C. A. — Et on est juif aussi de quelqu'un. Avec toujours un fort élément d'ouverture.

E. B. — Cela ne nous renvoie-t-il pas aux débuts du judaïsme, à un moment où celui-ci a développé un prosélytisme actif ?

J.-C. A. — Cette question est en débat. On évoque complaisamment, c'est vrai, quelques grandes conversions collectives, celle des Édomites, au IIe siècle avant notre ère, ou celle des Khazars, peuple d'origine turque, dont le royaume, situé en Russie méridionale, connut son apogée entre le VIIe et le Xe siècle. Il y a là beaucoup de mythologie, les attestations sont peu nombreuses et peu claires. On ne sait pas bien à quoi les Khazars se sont convertis — au judaïsme rabbinique ou au karaïsme, cette scission du judaïsme médiéval. Ni si c'est tout le peuple khazar qui s'est trouvé embarqué, ou quelques princes. Le judaïsme est prompt à se défendre contre l'accusation de particularisme. Brandir quelques beaux cas de conversions est de bonne guerre. Ceci étant, depuis la fin de l'Antiquité et jusqu'à l'époque moderne, les conversions, même individuelles, sont rares. Simplement, l'option existe. J'ajoute que durant toute la période médiévale, en islam comme dans le monde chrétien, convertir un non-juif au judaïsme faisait courir les plus grands risques aussi bien au prosélyte qu'à la communauté qui l'accueillait. Cela n'empêche pourtant pas les décisionnaires de réfléchir : que doit-on faire pour devenir juif ? que doit-on demander à un non-juif candidat à la conversion ? La question demeure largement théorique. Mais ce qui est symptomatique, c'est qu'elle reste posée.

E. B. — Au début de la christianisation de la Gaule, l'Église paraît redouter de la part des Juifs un certain prosélytisme, face à un christianisme balbutiant, ne disposant pas encore de dogmes solides. Et l'on voit cette peur réapparaître périodiquement. Tous ces rabbins, tous ces sages auxquels la tradition juive reconnaît une ascendance non juive invitent aussi à s'interroger : est-ce que ce n'est pas tardivement que le judaïsme est devenu une religion non prosélytiste, pour ne pas s'attirer les foudres de l'environnement et des autorités aussi bien musulmanes que chrétiennes ?

J.-C. A. — À cette question, on a fourni jusqu'à présent deux réponses contradictoires. Soit le judaïsme a fait de nécessité vertu, il était dangereux pour lui de faire du missionnariat, il n'en a donc pas fait, à partir de l'émergence et de la montée en puissance du christianisme ; mais il y aurait eu un moment, à la période antique, de fort prosélytisme en direction des Gentils. Soit, opinion inverse, le judaïsme n'a pas intrinsèquement vocation à convertir, et ne se porte pas par nature au-devant des non-juifs ; il peut accueillir des prosélytes mais certes pas aller en chercher ; et si des cas de conversion sont effectivement attestés, et des cas de conversion nombreux, à la période antique, cela ne résulterait pas nécessairement d'une action de missionnariat actif. Deux thèses sont donc en présence. Le problème dans cette affaire est que l'on apporte souvent son soutien à l'une ou l'autre moins en fonction d'évidences scientifiques que mû par un a priori idéologique, par une volonté implicite de donner du judaïsme telle ou telle image. Concrètement, il suffit de regarder les Juifs, par exemple les photos de Juifs exposées au musée de la Diaspora de Tel-Aviv, ou encore de rencontrer des Juifs dans les communautés ou de se promener en Israël. On observe une telle profusion de types ethniques qu'on ne saurait imaginer un seul instant qu'il n'y ait pas eu de mélanges, donc de conversions.

E. B. — Cette peur de s'attirer les foudres des autorités n'en est pas moins toujours vivace. Par hasard, un jour, j'entre dans les archives du rabbinat à Istanbul, et j'accède je ne sais trop comment au lieu où sont conservés tous les registres. Les Juifs, aujourd'hui en Turquie, sont des citoyens, mais des citoyens assez particuliers, jouissant d'une intégration problématique, disons relative. Ainsi, dans ce rabbinat où l'on prend soin de ne rien laisser traîner, on avait curieusement oublié de mettre en lieu sûr un dossier : celui des conversions de musulmans au judaïsme. Il n'y en avait certes pas des milliers. Il y en avait en tout cas quelques-unes. Mais quand j'ai posé la question, on m'a clairement fait savoir qu'il valait mieux ne pas l'ébruiter. Pour la même raison, en Turquie, où l'islam est transmis par le père, et bien que dans le judaïsme la judéité soit transmise par la mère, les enfants nés de père musulman et de mère juive ne sont pas admis dans les écoles juives, toujours pour ne pas froisser les autorités.

J.-C. A. — Les Juifs renoncent dans ce cas à une norme rabbinique forte. La transmission de l'identité juive par la mère est un principe constant du judaïsme rabbinique, quoique, je l'ai dit, il faille le relativiser. Mais il est vrai qu'à la période prémoderne, le problème ne se posait guère.

E. B — En effet, et là réside toute la différence avec la période contemporaine. Alors, point de mixité matrimoniale ! Au Moyen Âge, le Juif est défini par sa pratique, par sa religion, par un tissu social juif qui l'enserre et le contrôle, il est toujours plutôt en conformité avec la Loi. Il épouse une Juive, et ses enfants sont juifs. Cela ne va ordinairement pas plus loin, du moins sur ce plan. Le Juif reste à sa place, même si, à certaines périodes, cette place est fortement restreinte.

J.-C. A. — Encore que là aussi, une petite différence existe entre chrétienté et terre d'islam. Le monde musulman a été tout de même plus multiculturel et multicommunautaire. Il n'y avait pas, dans un face-à-face exclusif, les musulmans d'un côté et les Juifs de l'autre ; en terre ottomane, par exemple, on trouvait aussi des chrétiens de toutes confessions et de toutes ethnies, des Arabes et des non-Arabes, des Arméniens, des Européens de toutes origines. En Occident chrétien, c'était différent. Là, tout se joue beaucoup plus dans un tête-à-tête. Puisque comme population exogène, minoritaire, ou perçue comme telle, les Juifs jouent en Europe un rôle emblématique.

E. B. — Mais lorsque le Juif cesse d'être identifiable comme tel, lorsque apparaissent le marrane, et plus tard, avec l'émancipation, l'israélite, qui ne se distingue même plus de ses compatriotes chrétiens, ni par la langue, ni par l'habit, ni par les habitudes, émerge une nouvelle forme de défiance, qui n'est plus d'ordre théologique ou idéologique : la simple peur de l'autre invisible.

J.-C. A. — Insister, comme nous l'avons fait jusqu'ici, sur la variabilité du rapport à l'autre comme du rapport à soi est sans doute légitime. Exilé et dispersé, le judaïsme est certainement tout entier dans cette diversité d'expériences. Il n'en est pas moins *un*, ou du moins toujours en quête d'une recomposition de son unité. Entre les différents groupes juifs les rapports ont été constamment entretenus. Relations d'affaires, circulation des manuscrits, échanges de correspondances, déplacements personnels ou de groupes, volontaires ou imposés — les vecteurs de ces rapports sont multiples. Un émissaire de terre d'Israël, un Ashkénaze, traverse les communautés sépharades, en terre d'islam, pour collecter de l'argent pour telle ou telle académie talmudique palestinienne. Tous ces gens se rencontrent, se reconnaissent, et dans le même temps, se redécouvrent périodiquement comme différents. Les récits de voyages en témoignent, il n'est parfois rien de plus exotique pour un Juif qu'un autre Juif. Subsiste cependant cette conscience d'une communauté de destin.

E. B. — Les voies de communications étaient nombreuses, commerciales, intellectuelles. Un Ashkénaze étudiera Maïmonide, un Sépharade lira Rachi. Un livre imprimé à Vienne sera feuilleté à Smyrne, un livre publié à Livourne sera lu à Amsterdam. Les distances peuvent être grandes, les coupures sont loin d'être strictes. Le monde juif ne cesse de bouger, les interférences se multiplient, le savoir circule.

J.-C. A. — C'est fondamental. La polarisation Ashkénazes/Sépharades est une représentation contemporaine, et fallacieuse. Tout est plus divers et plus labile que cela.

E. B. — En outre, à l'ère prémoderne, l'être-juif ne se réduit pas à ce qu'en dit la Loi. Ce n'est pas simplement un statut légal, mais une condition, qui varie suivant l'attitude de l'environnement. Au Moyen Âge, cette condition est réglée par l'« alliance royale ». Quand les souverains ont besoin des Juifs, pour des raisons non seulement économiques, mais aussi de peuplement, ils peuvent convenir avec eux d'une alliance non signée. Mais cette alliance peut être rompue à tous moments ; et lorsqu'elle l'est, c'est que les Juifs ne sont plus jugés utiles. Ils sont alors dépouillés et expulsés. Les Juifs deviennent naturellement les cibles de la bourgeoisie naissante, mais aussi de toutes les forces qui s'opposent à la royauté, dès lors qu'ils sont perçus comme étant les alliés d'un pouvoir combattu. Les facultés d'ouverture des Juifs dépendront de la force de cette alliance royale. Lorsque les Juifs sont réduits à une condition de parias, dans les moments où cette alliance est rompue, ils auront tendance à se refermer sur eux-mêmes.

J.-C. A. — L'instabilité, la persécution et les expulsions peuvent toutefois avoir des effets contradictoires. Elles sont susceptibles de pousser certains individus, certaines communautés, à un repli ; on se protège, on se retrouve. À l'inverse, les grands déplacements de populations contribuent à bouleverser les repères, favorisent des recompositions culturelles : à la fin du Moyen Âge, des Juifs qui n'étaient pas en contact vont brutalement être mis en présence les uns des autres, les communautés vont se redistribuer, se déplacer, recréer une nouvelle géographie juive. La tentation du repli est sans doute constante : face au danger, la volonté de conserver ce qui risque d'être perdu se manifeste spontanément. Mais conserver, préserver, thésauriser, ce sera aussi créer, innover. C'est là un leitmotiv de l'histoire juive. Si l'on publie le premier code de la Loi à la fin du IIe siècle, si l'on finit par rédiger le Talmud, qui en est le commentaire, si, par la suite, on élabore sommes et anthologies, si, après l'expulsion d'Espagne, en 1492, un monde kabbaliste anxieux tente de formaliser, de rassembler des traditions menacées — c'est toujours face au danger. Il y a bien cette dimension conservatrice face à une fragilisation. En même temps, à chaque fois, on reconstruit complètement son monde.

E. B. — La première génération, la deuxième génération d'immigrés, dans leur pays d'adoption, même si elles sont freinées par l'exil, par les problèmes de la transplantation, se révèlent souvent créatrices. Cette créativité tient aussi à l'interaction avec le milieu ambiant. Le ghetto, les portes qui se ferment, l'isolement, la mise à l'écart seront un phénomène plus tardif, datant plutôt du XVIe siècle. Auparavant, il y a certes des quartiers juifs. Mais c'est un habitat choisi. Des chrétiens peuvent habiter dans les rues juives.

J.-C. A. — Rien d'étonnant à ce regroupement dans un quartier spécifique. Parce que la vie s'organise autour de services partagés : la synagogue, le bain rituel, le four à pain azyme, la société funéraire...

E. B. — En France, à l'est du pays, les Juifs continuent longtemps de vivre dans des villages où des non-juifs sont mêlés à la population juive. Un peu partout, on rencontre des rues juives, des concentrations d'habitat juif, mais pas de ghettos proprement dits. Le IVe concile du Latran, en 1215, qui s'inscrit dans le sillage de conciles rétrécissant la place du Juif dans la société, marquera sans doute une rupture. Le Juif va devoir désormais arborer un signe distinctif, qui va le placer à l'écart de son environnement. Il portera physiquement la marque de sa judéité. Il ne pourra plus passer inaperçu. Surtout, il sera l'autre, il le sera devenu légalement. Alors commence sa marginalisation. Et qui dit marginalisation dit, à terme, diabolisation. C'est dans cette marginalisation, alliant diabolisation et antijudaïsme, qu'il convient de situer la condition juive à partir du XIIIe siècle. Nous avons toutes ces histoires de puits empoisonnés, de Juifs accusés de propager la peste. Nous sommes aussi dans une période de radicalisation en Europe, à l'heure de la lutte contre les Cathares. Sans oublier les croisades. En France, les Juifs ne vont pas être touchés, alors qu'en Rhénanie, au XIe siècle, le passage des Croisés sera semé de violences antijuives sans précédent. Le XIIIe siècle est le siècle des expulsions, d'Angleterre, de France, d'un peu partout. Et nous aboutissons, à la fin du XVIe, aux grandes persécutions espagnoles de 1391. Cette radicalisation en marche, cette mise à l'écart croissante, accule le Juif à des choix cruciaux. À certains moments, et pour certains, la solution sera la conversion au christianisme, qui permet d'échapper à ses bourreaux, et surtout de rester sur place, de ne pas quitter ce lieu d'adoption qui est devenu un authentique lieu d'enracinement. Les Juifs sont en France depuis la nuit des temps, ailleurs aussi. Et l'attitude des puissants, sans cesse, varie. Les Juifs du royaume de France sont expulsés, on les fait revenir, on les expulse à nouveau. Alors que, dans les seigneuries françaises, ils continuent à vivre, à se débrouiller, à rester au service du maître des lieux, quitte à le payer cher. Sur ce fond de difficultés et de souffrances, une culture, pourtant, se développe.

J.-C. A. — En Champagne, ce sont Rachi, et ses disciples et continuateurs, commentateurs de la Bible et du Talmud. En Provence et en Languedoc, toute une cohorte de traducteurs de l'arabe en hébreu, telle la célèbre famille des Tibbonides, acclimate au sol français les classiques de la tradition philosophique et scientifique gréco-musulmane, les Aristote, les Averroès, ainsi que les grands maîtres de la culture judéo-arabe médiévale, les Bahya Ibn Pakuda, les Juda Halévi, les Maïmonide. Il ne faut pas assombrir à l'excès le tableau, tu as raison. Le Moyen Âge, y compris le second Moyen Âge, n'est pas une période noire pour le judaïsme. Il est en noir et blanc. En monde musulman, il présente d'autres nuances. Et le monde chrétien est lui-même un univers fragmenté. Les Juifs n'y sont pas traités partout de la même manière.

E. B. — Ainsi la fin du Moyen Âge se distingue-t-elle par la naissance des ghettos. En 1555, une bulle papale, *Cum nimis absurdum*, préconise leur création. Ils apparaissent d'abord en Italie, mais on va les retrouver en France plus tard, car les divers décrets d'expulsion n'ont pas mis fin à toute présence juive dans ce pays. On rencontre des Juifs à l'Est, dans le Sud-Ouest, et bien sûr dans les États du Pape. Car, malgré la radicalisation, malgré les mesures de marginalisation, la papauté demeure une terre accueillante aux Juifs, que ce soit en Italie ou en France. C'est dans les États pontificaux que les Juifs connaîtront un certain essor, en France, là que s'installeront certains Juifs fuyant l'Espagne, avant ou après le grand décret d'expulsion de 1492. Une date qui, dans l'histoire juive, fonctionne comme une rupture emblématique.

J.-C. A. — C'est progressivement, cependant, que l'on s'achemine vers la rupture. À partir de la fin du XIIIe siècle, et plus nettement encore, tu viens de le signaler, à la fin du XVe, le centre de gravité du judaïsme se déplace vers l'Est. Que ce soit vers l'Europe de l'Est, ou vers l'Empire ottoman. Là, quelque chose change. L'Europe occidentale s'appauvrit, en quelque sorte, de ses Juifs. Toute l'histoire du judaïsme médiéval, en terre chrétienne comme en terre musulmane, n'en fut pas moins riche en productions culturelles, en écrits rabbiniques, en poésie, en philosophie, en science. Entre deux persécutions, et hors persécution, l'activité est florissante. Même dans les périodes les plus dures, dans les périodes de rejet violent, des liens culturels se maintiennent entre les Juifs et leur environnement. Y compris lorsque se formeront des ghettos.

E. B. — À l'inverse de ce qui a pu se produire au XIXe et au XXe siècle, marqués par un déplacement d'Est en Ouest, le Moyen Âge s'achève en effet sur un mouvement orienté vers l'Est. Il concerne d'abord les Juifs du nord de l'Europe, puis leurs coreligionnaires ibériques. Les premiers gagnent les marches orientales de l'Europe chrétienne. Les seconds se dirigent vers les terres d'islam. L'Espagne a longtemps été le centre névralgique du judaïsme mondial, ne l'oublions pas, c'est un de ses bastions qui tombe en 1492. Mais tous ces déplacements sont aussi le ferment d'un regain de dynamisme.

J.-C. A. — On est alors témoin, en effet, d'une vraie recomposition de la culture juive, autour de ces axes nouveaux de mobilité. À terme, cependant, cette migration vers l'Est va induire, me semble-t-il, un décrochage de plus en plus net entre la culture des Juifs et celle de leur environnement. Les Juifs qui parlaient judéo-espagnol en Espagne parlaient plus ou moins la langue du lieu. Quand ils vont parler cette langue dans l'Empire ottoman, leur singularité linguistique ne pourra que renforcer une relative fermeture. Même chose pour le judéo-allemand. Une fois que ces Juifs se trouvent transplantés dans un contexte slave et qu'ils continuent à y pratiquer le yiddish, ils sont en décalage linguistique avec leur environnement, ce qui ne signifie pas qu'ils soient en rupture, loin de là. Mais effectivement, il se passe là quelque chose de nouveau, qui favorise une relative autonomie de développement de la culture et de la vie juives, en même temps que se renforce le poids de l'hébreu comme langue savante.

E. B. — Il est important, je crois, que nous ne projetions pas nos propres grilles de pensée sur l'histoire des Juifs aux périodes antique et médiévale. Peu de gens évitent ce travers. Ainsi parle-t-on facilement, pour ces périodes, d'antisémitisme. On peut certes parler, alors, d'antijudaïsme. Certainement pas d'antisémitisme. L'antijudaïsme ne vise pas à éliminer les Juifs comme race. Même la conversion théologique des Juifs espérée par les chrétiens n'est pas une conversion forcée. Mener les Juifs sur la voie d'une telle conversion est sans doute un impératif. Mais un impératif en tension avec un autre : les Juifs doivent continuer d'exister pour témoigner de la vérité du christianisme. Même en pleine crise antijuive, ces éléments ne disparaissent pas. En 212, la citoyenneté romaine a été octroyée aux Juifs et pendant une période assez prolongée ils vivent effectivement comme des Romains. Pas de différenciation dans le quotidien, pas de ghetto. Bien sûr, avec la montée du christianisme, et lorsque le christianisme s'érige en « religion d'État », se développe et s'institutionnalise une attitude toute nouvelle envers les Juifs, une attitude de plus en plus critique. Néanmoins, lorsqu'à Rome le christianisme s'installe, les Juifs vont vers la Gaule, et là ils portent encore des noms romains, leur culte n'est pas toujours en hébreu, ils portent des costumes à la romaine, ils sont encore considérés comme des citoyens romains, et jusque sous les Francs, ils jouissent à peu près des mêmes privilèges. Ce qui leur permet de vivre comme tous leurs voisins. Il est vrai qu'à partir des IVe et Ve siècles, on voit, concile après concile, la place du Juif se restreindre. Toutes les décisions ecclésiastiques reviennent sur le même principe : éviter que le Juif ne se mêle de trop près aux autres. La répétition même de ces recommandations montre cependant que les Juifs continuent à vivre au milieu des chrétiens.

J.-C. A. — Il ne faut pas non plus s'imaginer que le christianisme a inventé l'antijudaïsme. Il y a un antijudaïsme antique préchrétien, qui n'est pas un antisémitisme avant la lettre, loin de là. Je vois plusieurs raisons à cela. Les Juifs sont une population agitée, qui menace la paix romaine. À cette défiance s'ajoutent des motifs religieux : dans le regard du païen, le monothéisme ne manque pas d'être étrange, voire inquiétant. Et il ne faut pas oublier enfin certaines tensions interconfessionnelles, interethniques. Tel est le cas particulièrement en Égypte hellénistique et romaine. On a ainsi des traces d'écrits antijuifs auxquels répond un fameux texte de Flavius Josèphe, au Ier siècle : le *Contre Apion*, qui est une défense et illustration des Juifs, de Moïse, des Hébreux, contre les préjugés, les attaques de certains polémistes alexandrins. Il existe donc des formes d'antijudaïsme, d'hostilité au judaïsme, dans le monde antique puis médiéval, qu'on ne saurait en aucun cas confondre avec les convulsions de la période moderne.

E. B. — Il convient aussi de faire une distinction entre terre chrétienne et terre musulmane. En terre d'islam, la condition du Juif se définit tout autrement. Certes, là aussi, il faut se garder d'un mythe qui s'est amplifié ces dernières décennies : celui de ce paradis perdu qu'aurait été le monde musulman, un paradis où les Juifs auraient toujours vécu dans le calme et la prospérité. Si l'on dresse un bilan global, la condition juive en terre d'islam fut sans doute quelque peu meilleure qu'en Europe chrétienne. Là, les Juifs jouissaient d'une relative autonomie, leur condition était fixée d'en haut, par la *dhimma*, un pacte de tolérance qu'on a attribué à Mahomet mais qui est plus tardif, et qui garantissait aussi bien aux chrétiens qu'aux Juifs, à tous les peuples dits du Livre, un véritable statut et une protection. Contre le paiement d'une taxe de capitation, chrétiens et Juifs vivaient selon leurs règles, leur religion, dans une certaine indépendance. Notons au passage que de telles facilités ont pu, à l'occasion, être acclimatées en terre chrétienne. Ainsi, lorsque, dans le sillage de la *Reconquista*, les Juifs espagnols passent d'une domination musulmane à une domination chrétienne, on observe que les nouveaux maîtres chrétiens des lieux leur concèdent à peu près les mêmes privilèges pour les garder et s'en faire des alliés. En terre d'islam, néanmoins, l'existence d'un véritable règlement, même apocryphe, ménage d'emblée aux Juifs un certain espace de liberté. En Espagne musulmane, puis en Espagne chrétienne, la condition juive est donc tout à fait viable. Sous les musulmans, les Juifs connaissent un essor extraordinaire ; ils occupent des fonctions dans les corps d'État. Bien sûr, en terre d'islam aussi, des vagues de fanatisme peuvent sévir, ce qui explique que de nombreux Juifs passent périodiquement en terre chrétienne. Car en Espagne chrétienne aussi, jusqu'au XIVe siècle, la situation des Juifs reste globalement favorable, et permet une efflorescence culturelle exceptionnelle. C'est lorsque la rechristianisation de l'Europe se fait de plus en plus exigeante et radicale que les Juifs sont touchés un peu partout en Occident. On ne saurait donc réduire la condition juive aussi bien en terre chrétienne qu'en terre d'islam à un modèle unique. Quant à la distinction entre antisémitisme et antijudaïsme, il est bien dommage qu'on croie souvent pouvoir en faire l'économie. Le Juif, dans l'antijudaïsme, ne doit pas être éliminé, parce qu'il est le témoin du christianisme.

J.-C. A. — En effet, s'il y a bien un antijudaïsme chrétien, subsiste en même temps la reconnaissance de la nécessité même de l'existence des Juifs. Les Juifs sont, d'une part, les porteurs du Livre, ceux qui ont transmis la tradition écrite sur laquelle se fonde le christianisme. Bien sûr, ils n'y comprennent rien, mais au moins sont-ils les bibliothécaires fidèles du christianisme, comme dit Augustin. D'autre part, leur histoire, leur statut de sujets de seconde zone, méprisés, humiliés, leur survie même, sont une preuve visible de l'ancienneté de la Révélation, de l'authenticité de la prophétie, de la réalisation de cette prophétie et de la messianité de Jésus. Leur infériorité, qui est une sanction de leur aveuglement, atteste la vérité du christianisme. Il y a à la fois dévalorisation des Juifs et nécessité de les maintenir en vie.

E. B. — Ils sont certes sur la mauvaise voie, mais en se convertissant, ils ont le moyen de rejoindre la bonne. Tout est fait pour les y amener. Mais les papes contestent fortement la validité des conversions forcées.

J.-C. A. — Des conversions forcées, il y en a eu, bien sûr. Mais elles ne sont pas recommandées, elles font peser le soupçon d'insincérité sur des ralliements concédés dans la panique. Mais même le principe de la conversion volontaire des Juifs reste discuté dans l'histoire du christianisme, parce que leur conversion conduit à la disparition des Juifs en tant que tels, et met donc prématurément fin à leur fonction de témoins. L'idée même d'une conversion par la persuasion suscite des réserves chez certains, et ces réserves freinent leur ardeur prosélytiste. La position du christianisme médiéval est donc nuancée et en partie contradictoire, elle garantit, d'une certaine façon, une survie aux Juifs en tant que Juifs.

E. B. — Certes, les mémoires sont davantage marquées par des événements paroxystiques et violents, telles les grandes conversions forcées de 1391 en Espagne. Mais on ne soulignera jamais assez que les Juifs n'ont pas été toujours séparés ou exclus de la société chrétienne médiévale. Et il ne faut surtout pas non plus tomber dans l'excès qui consiste à soutenir que les Juifs ont été « de tous temps » persécutés en terre chrétienne.

J.-C. A. — Le basculement de l'attitude du christianisme, en Occident latin, vers le XIIIe siècle, tient aussi au fait que les autorités ecclésiastiques semblent alors découvrir que les Juifs ne sont pas des Hébreux, qu'ils ne sont pas les observants rigoureux de la Loi de Moïse, et qu'ils sont en revanche les fidèles d'une autre Loi, la Loi orale, le Talmud. Dans ces conditions, les Juifs ne peuvent plus jouer leur rôle de témoins de la vérité de l'Ancien Testament puisque eux-mêmes lui ont tourné le dos. Dès lors, se développeront des campagnes très dures de conversions, et interviendra une remise en cause même du statut qu'Augustin avait concédé aux Juifs. Là, effectivement, un bouleversement a lieu. Conversions forcées ou sincères, les apostasies de la fin du XIVe siècle conduiront à de nouveaux paradoxes, quoi qu'il en soit. En créant la question du marranisme.

E. B. — Avec les marranes, en effet, sur un mode nouveau et singulier, la question de l'identité se trouve globalement reposée. Dans la période prémoderne, la transgression du principe de la légalité juive, comme d'ailleurs du principe de la distinction chrétienne, est introduite par le phénomène marrane. « Marrane » est un terme péjoratif, ce n'est pas le nom que les marranes se donnaient à eux-mêmes. Un « marrane » est un crypto-juif, un Juif converti au christianisme, ou descendant de convertis au christianisme, qui mène au dehors une vie de bon chrétien, et qui, en secret, continue, ou est soupçonné de continuer à se livrer à certaines pratiques judaïsantes. De tels crypto-juifs introduisent évidemment la confusion. Les *conversos*, sincères ou pas, occupent en outre une place considérable dans la société espagnole. Toutes les restrictions pesant sur les Juifs, pour eux, sont levées par le fait de leur conversion. Mais la société ambiante persiste à ne pas voir en eux d'authentiques chrétiens. Parmi ces convertis, certains adhèrent pourtant pleinement à leur nouvelle foi ; une fois baptisés, ils se considèrent comme chrétiens à tous points de vue. Mais il y a aussi ceux qui, dans l'intimité, s'obstinent à professer une forme de judaïsme. Les marranes ou les crypto-juifs, ce sont eux. Lorsque certains d'entre eux, fuyant les griffes de l'Inquisition, quittent la Péninsule au XVIe et au XVIIe siècle, et reviennent au judaïsme normatif, le problème éclate dans toute son acuité. Sont-ce bien là des Juifs ? Qui donc était leur père, leur mère ?

J.-C. A. — Néanmoins, dans l'Espagne et le Portugal de la fin du Moyen Âge, les mariages restent, je crois, grosso modo endogames. On se marie entre « vieux chrétiens », on se marie entre « nouveaux chrétiens ». Les mésalliances sont mal vues. Pour bénéficier du statut de sang pur, on devra démontrer qu'aucune mésalliance de ce genre n'entache son ascendance.

E. B. — Nous aurions le Cid, tout de même... Rodrigue et Chimène, un « nouveau chrétien », une « vieille chrétienne ».

J.-C. A. — Peut-être. En tout cas, ça ne se passe pas si bien que ça.

E. B. — Revenons à des considérations moins théâtrales. Et rappelons que dans la moyenne durée, les traces mêmes de la judéité des marranes se sont dissoutes. Ou qu'elles se sont profondément transformées. Les marranes, surtout au Portugal, où ils ont été convertis massivement en 1497, vont en effet produire une nouvelle religion, le marranisme précisément, qui n'est pas le judaïsme, puisqu'ils n'auront pratiquement plus aucun contact avec des Juifs normatifs. Le marranisme s'inspire du judaïsme, mais aussi des pratiques environnantes chrétiennes. Il instaure, je crois, l'un des premiers clivages radicaux à l'origine du judaïsme moderne.

J.-C. A. — Le marranisme est un excellent exemple de cette évolution forte, je suis d'accord avec toi. Mais je le prendrais moi d'une autre façon : c'est un enjeu. Y compris pour les historiens. La question implicitement posée par beaucoup d'entre eux est celle-ci : est-ce que les marranes sont restés des Juifs ? Si oui, il n'y a donc pas de déperdition de l'identité juive, il s'agit de quelque chose de si fort, de si constant, que cette déperdition est impossible. Cette question, les rabbins aussi se la sont posée. Est-ce qu'une conversion au christianisme n'a finalement aucun effet sur l'identité juive ? Est-ce que même une hétéropraxie prolongée, une hétérodoxie sur plusieurs générations, la laissent inchangée ? Tous ces convertis, de force ou de gré, seraient-ils donc restés des Juifs incontestablement ? Derrière de telles interrogations, se cache la volonté fortement essentialiste d'affirmer l'absolue continuité de l'identité juive, sa nature foncièrement inoxydable. Mais n'est-on pas là en train de monter en épingle des groupes finalement bien peu nombreux ?

E. B. — On peut poser la question encore d'une autre façon. Si, dans certains milieux juifs, tardivement, on a voulu voir dans le marranisme la force d'un judaïsme capable de survivre à tout, ne peut-on aussi se demander si ces marranes ne sont pas restés ou redevenus juifs grâce à l'Inquisition, qui n'a cessé de leur répéter qu'ils étaient juifs, même lorsqu'ils étaient devenus chrétiens, et certains de bons chrétiens, et qui n'a cessé de traquer en eux des vestiges de judéité justifiant la persécution ? Cette persécution-là même n'aurait-elle pas créé la nouvelle conscience juive ? Je crois que l'on est là au cœur du problème. Parce que ces gens, lorsqu'ils reviennent au judaïsme, à la fin du XVIe siècle, ne pratiquent souvent pendant longtemps qu'un judaïsme laxiste, malgré tout. Ils deviendront d'ailleurs le modèle du Juif intégrable pour des hommes des Lumières comme Voltaire. Juif idéal, l'armateur Gradis de Bordeaux mange à la table du roi — il ne mange donc pas cacher ce jour-là. Les Judéo-Portugais du sud-ouest de la France, pendant longtemps, conserveront leurs traits spécifiques, notamment leur souplesse religieuse. Alors qu'ailleurs, quand les marranes reviennent au judaïsme dans des communautés juives bien établies, ils rencontrent nombre de problèmes d'adaptation.

J.-C. A. — On touche bien là à l'autre bout de la question. Nous n'en sommes plus à « Est-ce que l'on peut devenir juif ? ». Mais à « Est-ce qu'on peut cesser de l'être ? ».

E. B. — On sait de source fiable que nombre de ces marranes n'avaient plus aucune conscience claire de leur judéité. Et là je suis tentée d'ouvrir une parenthèse. Toute la force de la persécution est là. Elle ne vise pas simplement les Juifs. Elle en (ré)invente. Ainsi lors de la Seconde Guerre mondiale, quand on est venu rafler des Juifs qui n'avaient plus aucun rapport avec le judaïsme, et qui n'avaient de « juif » que le fait d'être considérés comme tels par les autorités, selon des lois et des décrets tout à fait étrangers à leur vécu. Certaines périodes difficiles ne favoriseraient-elles pas une prise de conscience juive chez certains, à leur corps défendant en quelque sorte ?

J.-C. A. — J'irais même plus loin. Nul ne niera, sans que cela soit nécessairement dit, que dans l'esprit de certains responsables communautaires, de certaines autorités rabbiniques, un peu d'ostracisme mesuré, une volonté minimale de mise à l'écart de la part de la société dominante, est peut-être un mal nécessaire. Le judaïsme a sans doute en son sein les ressources qui lui permettent de survivre, voire de se développer. Le regard de l'autre, voire son rejet ou, disons, simplement un peu de distance, peuvent néanmoins garantir un minimum de cohésion. Ce que le judaïsme orthodoxe ou « intégral » redoutera le plus sera une société ouverte, ou un peu trop tolérante.

E. B. — Ce n'est pas vraiment en ce sens que j'avais pris les choses. Lorsque l'Inquisition a été instaurée en Espagne et au Portugal, la transmission du « judaïsme », dans le secret, au sein des milieux marranes, ne s'est pas faite par les voies normatives. Ce n'est pas à la synagogue qu'elle a été garantie, ce ne sont pas des sages qui l'ont contrôlée, ce ne sont pas même des hommes qui l'ont assurée, mais des femmes. La cellule familiale, le foyer domestique sont devenus le lieu de la transmission. Par la cuisine, par le changement des vêtements le vendredi soir, par le bain obligatoire avant le shabat. Moi, je suis tout à fait convaincue que ce n'est pas seulement la persécution qui fait prendre conscience de sa judéité. Si c'est par le négatif que cette prise de conscience intervient, je n'en vois pas le profit. Je voulais dire ceci : le marranisme peut servir de modèle au brouillage des voies légales de la transmission.

J.-C. A. — Et peut-être annonce-t-il certaines formes modernes d'identité juive.

E. B. — Ceci dit, ce brouillage vaut aussi pour le christianisme. La distinction obstinée entre « vieux chrétiens » et « nouveaux chrétiens » vise à séparer. Et à hiérarchiser. Entre ceux qui sont chrétiens depuis toujours et qui le sont sans mélange, et les autres, ceux qui introduisent la confusion jusque dans la chrétienté.

J.-C. A. — La mise en parallèle des deux orthodoxies, la chrétienne et la juive, est fort éclairante de ce point de vue. L'Inquisition reproche à ces « nouveaux chrétiens » d'être toujours des Juifs. Mais à l'extérieur, le monde rabbinique sera parfois tenté de se demander si ces marranes sont encore vraiment des Juifs. Là s'ébauche quelque chose d'inédit, les repères se fissurent. Il y a un mélange, un effacement des frontières, qui deviendra sans doute caractéristique de la modernité, mais hors contrainte, en tout cas pas sous l'effet d'une contrainte aussi violente.

E. B. — Aujourd'hui, toute une aura de romantisme entoure le marranisme. On fait des pèlerinages dans ces villages reculés du Portugal, à Belmonte, par exemple, où l'on a retrouvé des gens qui, après des siècles, étaient encore dans une pratique marrane. On leur a envoyé des émissaires d'Israël, on leur a tellement rappelé leur judéité qu'ils ont commencé à y croire, à reconstruire leur histoire, et à se recréer une identité. Et quel réconfort, pour certains, que ce judaïsme qui, malgré tout et en toute circonstance, continue à se perpétuer ! De l'autre côté aussi, du côté du monde chrétien, le marranisme a gagné un nouveau statut. Le Portugal est aujourd'hui, dit-on, l'un des rares pays au monde où l'on trouve plus de Juifs déclarés que de Juifs existants. Dans les recensements, tu as plus de gens qui se disent Juifs que de Juifs avérés. Il est apparemment de bon ton de se présenter comme descendant de marranes. Là, on est clairement dans les enjeux modernes de recomposition identitaire, d'un côté comme de l'autre, avec de la part des chrétiens un désir de se distinguer d'un christianisme désormais banal, d'un catholicisme ambiant, pour se doter d'une identité originale, et s'ériger en exception, en cette ère de mondialisation.

J.-C. A. — C'est valable pour le Portugal, comme pour toute l'Europe occidentale. Être Juif, c'est aussi tout simplement une manière d'être, même quand on est simplement un Juif psychologique, un Juif sentimental, fantasmé. Une manière d'être différent, et de se distinguer d'une masse indistincte, qui n'est plus ni chrétienne ni juive.

E. B. — Voilà une forme tout à fait moderne d'auto-perception ! Ne crois-tu pas que pour bien des rabbins, il serait préférable d'être Juif à Cordoue au XIe siècle que Juif à Berlin au XIXe, ou qu'à Lisbonne ou à Paris au XXIe ?

J.-C. A. — Non, pas vraiment. Parce que pour une certaine orthodoxie, le judaïsme de l'« âge d'or » espagnol est aussi un moment problématique. Le temps des *conversos*, des philosophes, des rationalistes, et même des antinomistes ! Moi, personnellement, je me sentirais très bien à certains de ces moments de l'histoire médiévale où les modèles craquent. Le Moyen Âge auquel va ma préférence n'est pas une période sinistre, ni figée. Certains lieux, certains moments ont garanti aux intellectuels juifs une liberté de création et de pensée que je trouve parfois enviable.

E. B. — Tu n'as pas tout à fait tort. Ce n'est pas un hasard, tout de même, si les Juifs allemands du XIXe et du début du XXe siècle ont cru déceler dans le judaïsme de l'âge d'or espagnol quelque chose comme un modèle, ou comme un précédent. La renaissance de la culture, une quasi-émancipation politique. On ne rencontre certes pas de Juifs d'État, alors, mais des Juifs accèdent aux plus hauts échelons du pouvoir. En courant quelques risques, bien sûr. Celui d'une disgrâce, notamment.

J.-C. A. — Ne nous abandonnons pas à cette fascination, pourtant. Ce judaïsme espagnol-là est aussi largement une réinvention de la science juive moderne.

Revenons plutôt aux rabbins, que tu évoquais à l'instant, et au judaïsme comme édifice rabbinique.

E. B. — Les rabbins, en monde juif prémoderne, exercent souvent une autre activité. Ils peuvent être commerçants, artisans. Il n'y a pas, au sens strict, d'ordination. Mais, bien sûr, leur statut va changer de visage avec l'évolution de la communauté. Celui qui était originellement l'homme du savoir, de la transmission religieuse, et le garant du culte, assumera, à l'époque contemporaine, à côté de ces fonctions emblématiques, une fonction de toute autre nature, celle de psychologue, par exemple, ou de travailleur social, dans un contexte juif de plus en plus atomisé.

J.-C. A. — Il ne faut pas exagérer le poids de la présence du savant ou du rabbin dans les communautés juives médiévales. Ce ne sont pas les rabbins, ce ne sont même pas les religieux, qui dirigent les communautés. Celles-ci sont régulièrement traversées de conflits entre dirigeants séculiers et chefs spirituels ; et les chefs spirituels sont souvent des employés rémunérés par les communautés, ils sont donc sous le pouvoir des notables et des riches. L'ascendant du rabbin est dès lors souvent limité. Il tient plus à un charisme personnel, à une autorité morale, qu'à un poids institutionnel réel.

E. B. — Les hommes les plus importants des communautés sont en effet les laïcs. Surtout le trésorier qui collecte l'impôt dû au souverain. Le chef de la communauté est toujours un séculier. Toutes les conditions sont ainsi réunies pour favoriser les querelles de préséance.

J.-C. A. — Curieusement, le pouvoir de coercition des dirigeants communautaires sur leurs ouailles leur vient plus de leur rapport avec les puissants non juifs que de la communauté elle-même. Quand tu es un notable proche du souverain non juif, que tu es son conseiller ou son financier, que tu as donc accès à des sphères de pouvoir extérieures à la communauté, tu peux exercer une forte pression sur le fonctionnement interne de cette dernière, influer directement sur la désignation des responsables, sur la manière de réprimer tel ou tel délit, ou sur celle de lever l'impôt.

E. B. — Ces hommes exercent un réel pouvoir politique. Avec l'émancipation, c'est le laïc, le chef communautaire, plus que le rabbin, qui n'en avait guère, qui perdra progressivement son pouvoir.

J.-C. A. — Une émancipation qui sera préparée, au sein même des élites juives, par une effervescence intellectuelle et un désir de réforme sociale liés aux Lumières. Les Juifs ne sont en effet nullement restés à l'écart de ce mouvement. Il y a eu des Lumières juives, au XVIIIe siècle, des demandes d'amélioration de la condition juive, de transformation du statut légal des Juifs. Ne ramenons pas tout à quelques anciens marranes progressistes, fondateurs d'une modernité juive qui leur devrait tout. Il n'y a pas eu que Spinoza, le philosophe excommunié. Certes, Spinoza est devenu une espèce de référence obligée pour beaucoup de modernisateurs, aussi bien juifs que non juifs, aussi bien favorables au judaïsme qu'hostiles aux Juifs. Moïse Mendelssohn, en Allemagne, est le plus cité. Il ne fut pas le seul. S'est élaborée en fait, dans les milieux juifs éclairés, toute une réflexion comparable, parallèle à ce qui a pu se faire dans les milieux non juifs, et qui s'en est nourrie.

E. B. — Spinoza n'en est pas moins l'exemple d'un Juif qui casse l'enfermement que voudrait lui imposer sa communauté. Face à une société juive qui prône le repli et la norme, il est une voix qui s'élève haut et fort. D'autres anciens marranes iront dans le même sens. Et comme eux, comme Uriel da Costa et d'autres, il sera rejeté.

J.-C. A. — Spinoza est une figure centrale. Peut-elle fonctionner comme modèle ? Je n'en suis pas sûr. Spinoza anticipe par certains côtés la condition du Juif moderne, mais pas complètement. La modernité juive, la vraie, est précisément celle qui n'expose personne à la moindre excommunication. Une tension persiste à Amsterdam au temps de Spinoza qui va disparaître par la suite. On s'éloignera alors de la communauté sans que la communauté songe à excommunier.

E. B. — Oui, parce que la communauté, après l'émancipation, peut excommunier qui elle veut, le Juif, lui, a le choix de s'intégrer sans drame dans la société ambiante. L'excommunication perdra toute efficacité, et donc toute justification, lorsque le Juif aura pleinement accès à l'intégration, et le lien qu'il avait avec la communauté, qui était un lien quasi organique, se distendra de toute façon. L'adhésion à la communauté devient alors strictement volontaire. Il ne peut y avoir d'affaire Spinoza après l'émancipation. À Amsterdam, la communauté fait preuve d'une sévérité toute particulière, sans doute parce qu'il s'agit de marranes revenus au judaïsme, et que comme tous les néophytes, ils tendent à faire preuve d'un zèle exceptionnel. Et Spinoza a été la victime naturelle de ce zèle rejudaïsateur.

J.-C. A. — Jusqu'à quel point Spinoza lui-même s'est-il senti victime ? Il s'est peut-être bien senti libéré. Mais je reconnais que la communauté juive d'Amsterdam est bien particulière et l'on peut même penser que, d'une certaine façon, cette lutte acharnée contre l'hérésie, contre les dévoiements intellectuels ou religieux, est un héritage de la persécution. On exige à Amsterdam une pureté de la foi et des mœurs que l'on exigeait des « nouveaux chrétiens » en Espagne. L'affaire Spinoza démontre aussi la survivance d'un passé européen prémoderne.

E. B. — Une communauté juive, n'importe où au Moyen Âge, existe en vertu d'un accord tacite entre ses membres, et d'une reconnaissance explicite des autorités non juives. Avant l'émancipation, qui, en France, en 1790-1791, fait des Juifs des citoyens, les communautés appliquent en leur sein les principes du droit juif et disposent d'un vrai pouvoir législatif interne, leur permettant d'édicter des règlements. Elles organisent, jugent, sanctionnent. Mais elles ne peuvent le faire que par l'effet d'un accord tacite entre les instances dirigeantes juives et leurs administrés. Que trop de gens transgressent ses règlements, et voici la communauté en danger, puisque son autonomie est tout à fait relative, et qu'elle n'est pas vraiment inscrite dans les textes. Jouer autant que possible de ses faibles moyens de coercition est une manière, pour la communauté, de protéger son existence. Sans compter qu'il pouvait être bien périlleux de donner à l'extérieur une image de désordre — et d'inciter ainsi à de problématiques immixtions.

J.-C. A. — Cette coercition pouvait fonctionner parce qu'il n'y avait pas de place, dans la société médiévale, pour un Juif exclu de sa communauté. Une excommunication, au Moyen Âge, équivaut à une mort sociale, à moins que celui qui en est la victime ne se convertisse et n'intègre de plein droit la société environnante. Voilà ce qui va changer avec l'émancipation. On pourra être juif, ne pas être juif, être juif un jour, ne plus l'être le lendemain, selon les contextes, selon les humeurs. Le statut légal se révèle alors double. La légalité rabbinique d'un côté, qui perd toute puissance coercitive, la légalité des autorités non juives de l'autre, la seule à laquelle tous doivent se soumettre. Quand cela apparaît-il ? En fait, cela n'apparaît pas partout de la même façon, ni au même moment.

E. B. — C'est en effet un long parcours, mais l'événement fondateur est bien l'émancipation des Juifs en

France. Pour la première fois est promulgué un décret qui fait du Juif — dans les premiers temps, c'est théorique — l'égal de tout autre citoyen.

J.-C. A. — Qui fait du Juif un individu, non défini par son appartenance à une communauté, mais par sa qualité de citoyen.

E. B. — La Révolution passe toutefois quasiment inaperçue, on n'en aperçoit pas beaucoup de traces dans les écrits des autorités religieuses juives du temps. Je crois que tous n'ont pas saisi tout de suite l'importance qu'allait revêtir la Révolution, et ensuite l'émancipation.

J.-C. A. — Est-ce que, tout de même, on ne note pas chez certains des représentants juifs qui négocient avec les révolutionnaires une ambivalence : on veut bien être citoyen, mais on veut garder les communautés ?

E. B. — Avec l'émancipation, en effet, être juif va progressivement devenir affaire de choix. Et l'existence de ce choix déterminera la modernité de l'identité juive. À l'ère prémoderne, le Juif de l'Empire ottoman est bien un Ottoman. Mais qu'est-ce qu'un Ottoman ? Ce peut être un musulman, un chrétien, un Juif. Mais le Juif et le chrétien ne peuvent se hisser aux plus hautes marches du pouvoir. Lorsque les Juifs occupent des postes clés avant l'émancipation, ils le font le plus souvent à titre d'intermédiaires : ils sont banquiers, médecins du souverain. Avec l'émancipation, un nouveau problème apparaît : le choix. Le Juif a désormais la faculté de choisir, et le choix, ce peut être le déchirement. Et ce déchirement, on l'observe à différentes périodes, dans différentes régions. Un seul exemple suffira. Dans des pays où les Juifs n'ont pas été émancipés légalement, mais où beaucoup y aspirent, comme dans les pays d'Europe orientale, on voit fleurir, au XIXe siècle, toute une littérature autobiographique, qui décrit les tourments de la condition juive moderne. Ces fils de familles orthodoxes, qui veulent rompre avec leur milieu, vivent ce désir dans la culpabilité. Ils sont fascinés par l'Occident, par les idées occidentales, par la liberté qu'elles promettent. Et ils se décrivent comme incontinents, malades, impuissants. Ces tares physiques ne sont que le reflet de leur condition, on ne peut vivre que dans le dilemme lorsqu'on appartient à la première génération à avoir osé bousculer les mœurs admises. Nous ne disposons pas, pour les périodes et pour les pays de l'émancipation, de littérature comparable. Mais à observer le vécu de ces Juifs d'Europe de l'Est au XIXe siècle, on mesure la part de conflit douloureux que toute rupture avec les modèles anciens suscite immanquablement.

J.-C. A. — À la fin de la période prémoderne, au XVIIIe siècle, les références culturelles, identitaires, ou de condition des Juifs se complexifient. Ils peuvent partager un fond hébraïque, cultuel, commun, mais ils ont en même temps la culture, la langue, les us et coutumes du dernier exil, judéo-espagnol pour les Juifs installés dans l'Empire ottoman, judéo-arabe pour les Juifs du Maghreb, yiddish pour les Juifs d'Europe centrale et orientale. À quoi il faut ajouter un troisième référent culturel, la culture du milieu, une culture nouvelle, l'Occident. Mais le basculement n'intervient pleinement que lorsque s'ouvre une perspective légale, lorsque affleurent une ambition, une espérance d'intégration et d'émancipation. Là se situe le vrai basculement, même et surtout peut-être dans les pays où cette émancipation n'est pas encore envisageable : pays de l'Europe orientale, Empire ottoman, pays musulmans. Quelque chose de fondamentalement neuf se dessine en Occident, qui va fasciner les Juifs partout.

E. B. — La date à retenir demeure celle de l'émancipation en France, à la fin du XVIIIe siècle. Mais bien sûr chaque région connaîtra sa propre évolution. Dans les pays musulmans, l'émancipation n'apparaîtra, dans les textes, qu'au moment où les Juifs quitteront ces pays. Tout au long du XIXe siècle, des actes émancipateurs sont posés, mais qui n'ont pas été vraiment mis en pratique. L'émancipation, en Europe aussi, se réalise selon des rythmes variables. Si, en France, c'est 1791, en Allemagne le processus se prolonge jusque dans les années 1860. Bien sûr, les conquêtes napoléoniennes, en Italie et ailleurs, s'accompagnent de mesures émancipatrices, qui seront parfois remises en cause par la suite. Là encore la diversité est de règle. Les Juifs allemands n'ont pas connu le même cheminement que les Juifs français. Ils étaient déjà intégrés dans les grandes villes comme Berlin, sans encore avoir été émancipés. En revanche, en France, les Juifs seront confrontés d'abord à un acte émancipateur qui, juridiquement, leur donne l'égalité. On peut être intégré, mais l'acte juridique de l'émancipation est un événement d'une portée incomparable.

J.-C. A. — L'émancipation comporte en fait deux dimensions : elle octroie l'égalité et transforme le Juif en individu. Elle menace directement le lien communautaire. Voilà qui est nouveau. Et typiquement français.

E. B. — Ceci étant, avant même la Révolution, tout un mouvement se dessine en ce sens en Europe. Sous Joseph II, une série de décrets libéralise la condition juive au long des années 1780. En France, les lettres patentes de 1784, considérées comme restrictives par les Juifs, s'insèrent néanmoins dans le même courant réformateur, annonciateur des changements qui seront réalisés par la Révolution. Nombreux sont ceux qui ont œuvré dans cette direction. Ce sont d'abord tous ces notables juifs qui ont négocié avec les autorités : les banquiers, puis, en France, un Cerf-Berr qui a hâté la promulgation des lettres patentes de 1784, qui suivent de près les mesures d'un Joseph II. Des personnalités intellectuelles juives provoquent le débat et le font avancer, ainsi des hommes des Lumières comme Moïse Mendelssohn ou Salomon Maïmon, qui quittent l'Est européen pour s'installer à Berlin. Beaucoup voient en cette ville le symbole d'un judaïsme vécu autrement, avec une bourgeoisie intégrée. C'est Mendelssohn, précurseur des Lumières juives en Europe, estimé par un Kant, mais aussi traducteur de la Bible en allemand, qui va servir de modèle au dramaturge Theodor Lessing dans son *Nathan le Sage*. Mais s'il a plaidé pour une amélioration de la condition juive, un Mendelssohn pouvait encore redouter que l'émancipation ne conduise à terme à la perte du judaïsme.

J.-C. A. — Comme on peut le constater, ce qui se passe à l'extérieur du monde juif ne laisse pas les Juifs indifférents. Eux aussi donnent naissance, au XVIIIe siècle, à un mouvement des Lumières qui va se propager en Europe de l'Est au XIXe siècle sous une forme modifiée. Toute une effervescence agite le monde juif qui lui permet de se mettre en position de devenir ce qu'il deviendra effectivement une cinquantaine d'années plus tard. Les lois ne suffisent pas à faire changer les mentalités. Mais les Juifs s'étaient préparés, leur élite séculière surtout, à cette future intégration, à cette citoyenneté qui allait bouleverser leur condition et aussi provoquer une reformulation ambitieuse de leur identité.

E. B. — L'émancipation qui voit le jour en France, en raison du jacobinisme qui s'y surimpose, cantonne la religion à la seule sphère privée, la sphère publique devant absolument échapper à toute imprégnation de ce genre. En Allemagne, en revanche, où l'émancipation va se réaliser dans la longue durée, les Juifs, surtout l'élite déjà intégrée, cherchent le moyen d'accélérer le processus. Ils pensent d'abord qu'il importe d'épurer la religion juive, pour que l'environnement ne l'imagine pas a priori saturée de « superstitions » et donc non conforme à la modernité. C'est dans ce contexte que les Juifs allemands, dès le début du XIXe siècle, créent le mouvement réformé. Les maîtres de cette réforme, Abraham Geiger et les autres, essaient de rendre le judaïsme acceptable par la société allemande, de créer un judaïsme qui soit commode, adapté, qui permette au Juif moderne d'assumer sa judéité en même temps que sa nouvelle condition d'homme intégré à une société non juive. S'exprime là une volonté explicite de modernisation religieuse.

J.-C. A. — Les Juifs allemands qui émigreront aux États-Unis y exporteront la réforme. Et c'est en Amérique que le mouvement réformé va connaître son plus grand essor.

E. B. — Mais à côté de cela, les Juifs allemands essaient aussi de donner à l'enseignement du judaïsme une dimension universelle. Pour cette raison, les réformés dépouillent la liturgie de toute référence au retour à Sion, ou à un messianisme trop particulariste. Toujours dans ce contexte, quelques érudits créent la « science du judaïsme », la *Wissenschaft des Judentums*. Réforme et « science du judaïsme » sont d'ailleurs des mouvements parallèles. On trouve des réformés dans la science du judaïsme, et vice versa. Elle a d'ailleurs rendu les plus grands services, quels qu'aient pu être par ailleurs ses a priori idéologiques, en remettant au centre du savoir juif toute une littérature parfois méconnue, dont, par là, elle a assuré la conservation. Mais en contrepartie, on voit aussi, en Allemagne, naître un mouvement d'opposition à cette modernité trop radicale, avec la néo-orthodoxie d'un Samson Raphaël Hirsch. Cette mouvance souhaite maintenir intacte la tradition juive, rendre viable le judaïsme sans pour autant le réformer, l'inscrire solidement dans la société moderne sans le détruire de l'intérieur. Elle est certes l'expression d'un durcissement face à l'ouverture qui s'opère de l'autre côté. Mais il convient de situer tous ces courants dans le cadre d'une reformulation globale des identités. L'Allemagne offre dans un cas comme dans l'autre l'image d'un judaïsme qui a voulu relever le défi, en s'appuyant sur la *Bildung*, cette auto-éducation, qui devait permettre aux Juifs allemands de ressembler aux Allemands sans cesser d'être Juifs. Celle-ci était le fondement même des Lumières ; elle sera ultérieurement récupérée par le nationalisme allemand, et les Juifs seront les seuls à conserver une conception cosmopolite et ouverte de la *Bildung*, en devenant des amateurs de théâtre, des bibliophiles, de grands collectionneurs de peinture — parce que la culture devait, à elle seule, permettre de surmonter, en les intégrant, toutes les différences. Telles sont les grandes lignes de ce qui différencie le judaïsme allemand du judaïsme français, un judaïsme allemand qui, malgré sa grande identification à la culture allemande, n'a pas perdu sa dimension juive. Preuve en est que, dans ce XIXe siècle en pleine effervescence, on dénombre à peu près 4 000 associations allemandes à thèmes juifs.

J.-C. A. — Précisément parce qu'ils ne sont pas émancipés, les Juifs allemands réinventent le judaïsme. En France, l'émancipation est immédiate. Nous n'y avons pas de mouvement équivalent. Il n'est pas nécessaire, en France, de repenser le judaïsme pour l'insérer dans la modernité, ni d'en offrir une image positive à l'extérieur, puisqu'il est devenu une affaire privée. En Allemagne, le retard dans l'émancipation a ainsi été productif au niveau culturel, religieux, et identitaire.

E. B. — À côté d'une assimilation assez prononcée dans le monde germanique, on rencontre aussi des gens qui, comme Franz Rosenzweig, redécouvrent leur passé juif. Et cette multiplicité d'identités, allant de l'assimilation au sionisme — n'oublions pas que les têtes pensantes de ce mouvement sont aussi allemandes —, en passant par la néo-orthodoxie ou la réforme, cette richesse et cette diversité s'expriment indifféremment dans les écrits d'un

Hermann Cohen, ou d'un Walter Benjamin. L'Allemagne constituera un vrai réservoir identitaire juif. Entre 1800 et 1850, en pleine période d'intégration, sont fondées 33 % des 4 000 associations dont j'ai parlé. Le judaïsme n'est donc pas du tout sacrifié à cette frénésie d'acculturation. Selon une idée préconçue, les Juifs allemands seraient coupables d'avoir abandonné leur identité. Rien n'est plus inexact. En Allemagne, où l'émancipation s'est fait attendre, les Juifs ont suivi des voies de traverse. Un Allemand comme Heine, un Autrichien comme Mahler se convertissent pour forcer l'entrée de la société germanique, point toujours avec succès. 10 % des Juifs allemands fréquentaient les universités, alors que leur proportion dans la population était de 0,5 %. Pour ces fils de commerçants, le summum de la réussite aurait été de devenir Herr Professor. Ils ne pouvaient briguer ce titre, ni Mahler, tant qu'il était Juif, diriger l'opéra de Vienne. Le taux de conversion au christianisme, entre 1800 et 1871, s'élève en Allemagne à 6 ou 7 convertis pour 10 000, ce qui donne un chiffre absolu de 11 000 conversions pour la même période. En France, dans les mêmes années, nous n'en comptons que 700.

J.-C. A. — À quoi tient donc un tel écart ?

E. B. — En France, la séparation des sphères privée et publique a fait que l'on pouvait être juif et devenir patron de l'Opéra. Fromental Halévy, compositeur de l'opéra *La Juive*, et d'autres musiciens avec lui, tels Meyerbeer ou Édouard Colonne, vont se hisser à des positions enviables, tout en restant des Juifs. Pensons aussi à tous ces Juifs d'État, accédant à des fonctions importantes. Les Juifs émancipés sont des citoyens à part entière, d'office, ils n'ont pas à justifier la bonne qualité de leur judaïsme pour être admis. Voilà sans doute pourquoi, en France, le mouvement réformé ne sera officialisé qu'en 1907, après la séparation de l'Église et de l'État, lorsque le Consistoire perdra ses prérogatives politiques. Même aujourd'hui, le judaïsme réformé ne connaît point chez nous de développement comparable à celui qu'il a eu aux États-Unis. Les Juifs français n'ont pas eu davantage besoin de créer une « science du judaïsme » pour démontrer la grandeur et l'universalité des textes juifs. Les itinéraires suivis par les Juifs modernes se révèlent ainsi étroitement dépendants de la politique des États dans lesquels ils vivent.

J.-C. A. — Les voix juives qui s'élevaient dans une Allemagne en plein bouillonnement intellectuel, par leur originalité, inauguraient une réflexion, et apportaient un nouveau souffle. En France, à la même époque, on n'entend point les échos d'une revendication juive comparable. Bien sûr, on a eu Joseph Salvador, qui tenta d'élaborer un credo universel, sorte de fusion du judaïsme et du christianisme, débouchant sur une doctrine du progrès ; Bernard Lazare, le défenseur acharné du capitaine Dreyfus ; puis les écrivains André Spire et Edmond Fleg. Mais Lazare a été largement marginalisé. Il n'y a pas, en France, de pensée judéo-française comparable à la pensée judéo-allemande.

E. B. — Ce qui s'explique aisément.

J.-C. A. — Ne soyons pas injustes, cependant : les Juifs français sont à l'origine d'une combinaison originale, que l'on a appelée, à tort ou à raison, le franco-judaïsme. Il se noue en France entre la République et les élites juives un lien fort. La République a émancipé les Juifs, elle est chère au cœur des Juifs français, et un discours franco-juif prend forme qui consiste à dire que les idéaux de la Révolution, de 1789, ne sont que l'aboutissement des espérances et des modèles messianiques juifs. Le messie, c'est la Révolution. C'est une construction qui apparaît assez tôt.

E. B. — Oui, dans la seconde moitié du XIXe siècle avec l'orientaliste juif James Darmesteter, qui théorise la synthèse des valeurs progressistes juives et françaises. Ce franco-judaïsme consacre le passage du « Juif » connoté négativement par tant de siècles d'histoire à l'« israélite », et aboutit à l'abandon apparent de la notion de peuple juif. Ce qui signifie l'abandon d'une culture et d'une identité collective dépassant le cadre strict des rites et des croyances religieuses. Le Juif de France est désormais un Français israélite et comme tel se lance dans la surenchère patriotique, pour payer sa dette à la République. On peut certes se demander si l'assimilation n'était pas au bout de cette démarche. Et l'on aurait tort de nier la réalité, ici ou là, de choix assimilationnistes forts. Ceci étant, cette assimilation fut graduelle, et plurielle. En France, on a souvent, et à tort, confondu intégration, acculturation aux valeurs de la France, avec assimilation.

J.-C. A. — L'idéologie du franco-judaïsme s'avère une reformulation plutôt radicale des valeurs juives. Parce que l'on insiste finalement sur l'héritage biblique, commun au christianisme et au judaïsme, parce que l'on insiste sur le message universel des prophètes, et que l'on saute allègrement sur des monuments comme le Talmud, dont le légalisme pointilleux gêne. La Kabbale, la tradition mystique et ésotérique du judaïsme, elle non plus, parce qu'« irrationnelle », « superstitieuse » et singulière, ne peut guère trouver sa place dans un tel système — sauf, et de manière plutôt atypique, chez un Adolphe Franck, titulaire de la chaire de philosophie au Collège de France, auteur, au XIXe siècle, des premiers grands travaux sur ce courant qui aient été publiés en langue française. Il s'agit donc là d'une redéfinition du judaïsme qui le dépouille de tous ses traits de rabbinisme, d'une véritable mutation, qui ne pourra que choquer les tenants d'une tradition plus orthodoxe. D'un côté du Rhin, on aspire à l'émancipation, de l'autre on aspire à justifier une émancipation déjà obtenue, à la consolider, et à consolider l'intégration.

E. B. — L'intégration se fera dans la longue durée. Les Juifs, émancipés entre 1790, lorsque Sépharades et Avignonnais de Bordeaux accèdent à la citoyenneté, et 1791, quand vient le tour de leurs coreligionnaires de l'Est, ne se sont pas intégrés d'un jour à l'autre. Le processus va s'étaler sur quasiment un siècle. Et puis, à côté de cette religion nouvelle, n'oublions pas que se sont maintenues des tendances assez fortes de sauvegarde de la tradition, venant surtout d'Alsace et de Lorraine, qui vont freiner la réforme du culte. De son côté, le Consistoire est tenu par des laïcs, des banquiers, de grandes familles comme les Rothschild, qui réclament une modernisation et une francisation de la liturgie, et jusqu'à l'introduction du chœur et de l'orgue, comme à l'église ou au temple.

J.-C. A. — En France, l'État exerce par ailleurs une forte pression. C'est Napoléon qui, en 1807, réunit un nouveau « Sanhédrin », réactivant à son usage un modèle juif antique. Et les questions qu'il pose aux rabbins, aux notables des communautés rassemblés à Paris, sont des questions fort délicates sur lesquelles ils sont obligés de trancher — mais sous la pression de l'État, pression pour que le judaïsme se normalise, renonce à ses traits particularistes, au mariage endogame par exemple. Est-ce que les Juifs autorisent des Juifs à épouser des non-juifs ? Voilà une des questions soulevées. Les réponses seront parfois bien contournées. Et pour cause. L'État contraint les notables, malgré la résistance de la base, à reformuler un judaïsme acceptable par lui.

E. B. — Mais la modernité use aussi parfois de contraintes plus douces.

J.-C. A. — Il est vrai qu'il n'est aucune forme de judaïsme qui n'ait dû s'adapter à la modernité, ou tout au moins y répondre. Toutes les formulations identitaires, tous les types de religiosité ou d'areligiosité que nous connaissons aujourd'hui — réformés, libéraux, Juifs culturels, Juifs psychologiques, mais aussi orthodoxes — tous ont repensé leur conception et leur pratique du judaïsme de sorte à relever le défi lancé par la modernité. À leur manière, les orthodoxes d'aujourd'hui sont, si je puis dire, aussi « modernes », dans leur genre, que les plus réformés ou les plus libéraux des Juifs. Ils ne le confesseront sans doute pas, mais cela ne change rien.

E. B. — Selon une vulgate assez répandue, l'âge d'or de l'intégration et des accommodations heureuses s'achèverait avec l'affaire Dreyfus. Une affaire Dreyfus qui en outre annoncerait les catastrophes à venir, le génocide compris. Ce modèle historique est un peu court, et diablement simplificateur. Que soient survenues, entre les Juifs et les autorités des pays où ils étaient installés, des ruptures de contrat, certes. Mais l'affaire Dreyfus n'est que l'une d'entre elles. Et toutes ces ruptures de contrat ne conduisent pas tout droit à l'extermination. Pour la même raison, il importe de situer avec précision l'émergence de l'antisémitisme dans son contexte propre, comme une opposition à la modernité que sont censés représenter les Juifs, ainsi que dans la mouvance de théories établissant une hiérarchie des races, où les Juifs, affligés des signes physiques visibles de leur infériorité, n'occupent pas la meilleure place. Là encore, certaines distinctions sont à préciser. Quand on lit des textes juifs du XIXe siècle, les Juifs eux-mêmes se disent appartenir à la race juive. Le mot « race » n'avait pas pris encore la connotation fortement négative qu'on lui a associée depuis en raison des usages qui en ont été faits. Par ailleurs, l'antisémitisme s'est développé en terre chrétienne. Quand on examine le XIXe siècle et les débuts de cette idéologie nouvelle, on constate qu'au Moyen-Orient, sous cette forme, il n'existe pas vraiment. Cela ne signifie pas qu'il n'y ait pas d'oppositions entre musulmans et Juifs, entre chrétiens et Juifs. En outre, par les ports, par Smyrne ou par Istanbul, s'introduisent peu à peu les nouvelles formes d'antisémitisme. Les puissances européennes s'en servent sur place, en montant Juifs et chrétiens les uns contre les autres, pour mesurer la capacité des Ottomans à réprimer ces révoltes et à faire face aux minorités. Les calomnies de meurtres rituels, qui étaient alors tout à fait oubliées en Occident et qui ne sévissent plus qu'en Europe de l'Est, apparaissent maintenant en Orient, importées par les Occidentaux. Des conflits éclatent entre Juifs et chrétiens, et en particulier entre Juifs et Grecs. Ces nouvelles moutures d'antisémitisme, en Orient, passent donc par des formes premières d'antijudaïsme. À l'approche de la Pâque, on accuse les Juifs d'avoir utilisé le sang d'un chrétien pour préparer le pain azyme. Au XIXe siècle, en Orient, on a des dizaines d'affaires de cette sorte, dont la plus fameuse va être celle de Damas, en 1840. Parallèlement, en Europe centrale et orientale, l'affaire similaire de Tisza Eszlar secoue la Hongrie en 1882, et plus tard, en 1911-1912, vient le tour de la Russie, avec l'affaire Beilis.

J.-C. A. — Il n'y a donc pas d'un côté une terre chrétienne souillée par l'antijudaïsme et l'antisémitisme, et de l'autre un monde musulman féerique.

E. B. — Certes non. Ceci étant, l'antisémitisme est bien une réalité moderne. Le mot est utilisé pour la première fois en Allemagne, dans un pamphlet publié en 1879, par l'agitateur politique Wilhelm Marr. Cet antisémitisme, quand on l'étudie de près, et même s'il est inspiré de l'antijudaïsme, ouvre une phase nouvelle. Et ce serait, dans l'autre sens, souscrire à une vision téléologique de l'histoire que de penser que l'antisémitisme allemand aboutit directement à l'extermination. L'antisémitisme du XIXe siècle s'inspire surtout, comme je l'ai dit, des théories raciales de l'époque et d'un certain rejet de la modernité. Au sein de sociétés encore traditionnelles, qui redoutent la modernité, dont les Juifs sont perçus comme les suppôts. Ce n'est pas seulement le cas en France, cela l'est aussi en Allemagne. Enfin, dans ces terres de nationalisme, de néo-romantisme, les Juifs semblent dénués de toute revendication nationale, et l'on ne manque pas de voir là un autre signe d'infériorité. L'antisémitisme connaîtra des périodes de pic, et d'autres où il sera plus silencieux. Il peut d'ailleurs se nourrir de sa propre substance, survivre à la disparition des Juifs, comme en Pologne actuellement, où ils ne sont guère plus que 3 500. En Europe de l'Est, aujourd'hui, après la chute du communisme, il se maintient à l'état endémique, éventuellement utilisé par les politiciens. On peut aussi rencontrer une forme d'antisémitisme sans Juifs, comme au Japon, où il n'y en a quasiment pas. Et il est parfaitement légitime d'imaginer des sociétés qui n'ont pas connu l'antisémitisme, ni la réalité, ni le concept. Ainsi la société indienne y a-t-elle échappé.

J.-C. A. — Il n'y est pas présent en raison de la structure sociale de l'Inde, de la reconnaissance d'une diversité des groupes, d'une certaine étanchéité aussi. Mais l'on doit compter avec autre chose encore, me semble-t-il : l'absence de tout enjeu. Il n'y pas de tradition d'antijudaïsme ou d'antisémitisme en Inde parce qu'il n'y a pas dans ce pays l'enjeu culturel et religieux qui a fortement marqué l'Occident chrétien, et moins fortement le monde musulman. Concernant l'antisémitisme moderne, je pense qu'il faut se garder de deux dangers. Le premier serait d'y voir quelque chose de radicalement nouveau, un héritage des Lumières, l'aboutissement d'une montée en puissance de la science et d'un certain type de rationalité — même s'il est vrai que la raison est le chemin du paradis comme de l'enfer, qu'étant universalisante, elle est encline à sacrifier le particulier à l'universel, et qu'étant classificatrice, elle est portée à hiérarchiser, et à exclure. Le second danger consisterait lui à ne voir dans l'antisémitisme moderne que le prolongement naturel de l'antijudaïsme chrétien, d'un antijudaïsme qui serait une constante de l'histoire des Juifs et des sociétés qui les accueillent. Dans l'antisémitisme moderne, apparaissent deux problèmes nouveaux. D'une part, un rapport au particularisme culturel et religieux effectivement problématique, et qui, lui, vient des Lumières. D'autre part, le fait que les Juifs sont perçus comme une réalité transnationale : « Il y a des Juifs partout, ils ne sont pas attachés à un territoire, ils n'ont pas le même rapport à l'idée de nation », pensent les antisémites. Tout cela est moderne, et induit deux types de réactions. Des formes d'antisémitisme « modéré » qui visent essentiellement à l'intégration, voire à l'assimilation des Juifs aux sociétés environnantes, à leur effacement progressif. Mais aussi l'idée inverse que les Juifs sont inassimilables à la nation telle qu'on veut la construire, et leur instrumentalisation comme repoussoir.

E. B. — Dans les périodes plus anciennes, il est vrai que l'antijudaïsme a pu conduire à des massacres ou à des attaques violentes. À ces moments-là, émerge chez les Juifs une vraie conscience, physique, du danger. Mais, à d'autres moments, ils essaient de se ménager des stratégies d'accommodement pour vivre. Toutes les époques n'ont pas été hostiles : si cela avait été le cas, il n'y aurait eu ni culture juive ni survie juive. L'antijudaïsme ne s'affirme fortement qu'en période de rechristianisation agressive de l'Europe, de renforcement de l'Église, de durcissement. À l'ère moderne, en Orient, il convient de même de reconnaître sa spécificité à la forme d'opposition antiminoritaire qui agite le monde musulman, et qui vise autant les chrétiens que les Juifs, et parfois plus les premiers que les seconds. Au XIXe siècle et surtout au XXe, on assiste certes à des pogromes en Afrique du Nord. Mais dans l'Empire ottoman, où cet antiminoritarisme reste vivace, le sort des chrétiens a été plus douloureux que celui des Juifs. Ces derniers étant considérés comme des sujets loyaux, sans revendications territoriales, jusqu'à un certain moment, ne sont pas trop touchés ; les chrétiens, en revanche, sont perçus comme soutenus par les Européens, et ce sont eux les transnationaux. En Europe de l'Est, l'antisémitisme est physique. Des pogromes du XIXe siècle, ceux de 1881-1882 en Russie, ceux de Kichinev en 1903 et en 1905, aux lois restrictives en Roumanie, la panoplie est bien large. En Europe occidentale, où ils sont émancipés ou en voie d'émancipation, l'antisémitisme est considéré par les Juifs comme un humiliant retour en arrière. En pleine phase d'intégration, il est ressenti comme une gifle. On en voit l'illustration en 1840 avec la calomnie de meurtre rituel à Damas. L'affaire semble loin de l'Europe. Mais les Juifs occidentaux découvrent que les persécutions antijuives n'ont pas disparu et que leurs formes primaires peuvent encore se manifester. C'est en réaction à l'affaire de Damas que les Juifs en Europe s'organisent et créent ce que nous appellerions une solidarité moderne, en se dotant de journaux, les premiers périodiques juifs, *The Jewish Chronicle* en Angleterre, les *Archives israélites* et *L'Univers israélite* en France et bien d'autres un peu partout en Occident, et même en Orient. On assiste également à la mise sur pied d'institutions modernes comme l'Alliance israélite universelle, dès 1860, en France, ou l'Anglo-Jewish Association en 1871, en Grande-Bretagne. Les Juifs réalisent qu'on peut encore leur renvoyer au visage leur image médiévale. Face à l'antisémitisme moderne en Europe, en France et en Allemagne, au XIXe siècle, avec son cortège de manifestations antijuives, les Juifs sont en effet surpris. Tout cela est inattendu. Là commence à poindre une conscience de la fragilité de l'intégration.

J.-C. A. — Les Juifs d'Occident se sont mépris quelque peu sur le sens de l'hostilité moderne en s'imaginant longtemps qu'il s'agissait de survivance ou de résurgence de mentalités médiévales. Ils ont eu de la peine, au départ, à bien saisir la nouveauté, la radicalité et le danger que pouvait receler l'antisémitisme moderne. Ils ont nourri cette illusion : « Les Ottomans sont en retard, c'est un bout du Moyen Âge, il faut lutter. » Leur sentiment était que la marche du progrès devait inévitablement conduire à la disparition de l'antisémitisme. D'où la solidarité s'instaurant autour de l'affaire de Damas, une solidarité qui est aussi l'une des facettes d'une identité juive nouvelle, détachée de la pratique religieuse caractéristique du judaïsme d'avant l'intégration.

E. B. — L'affaire de Damas, on l'oublie parfois, provoque une réelle secousse, et remet en question ce bel optimisme. En 1840, un moine, le père Thomas, et son serviteur disparaissent à Damas. On ne les retrouvera jamais ni l'un ni l'autre. À l'instigation du consul de France, le crime est imputé aux Juifs. Ceux-ci sont arrêtés, torturés. Cette affaire intervenait dans le cadre des visées impérialistes de la France de Louis-Philippe au Proche-Orient. Nul ne se soucie de l'innocence de ceux qui ont été emprisonnés — sauf les notables juifs qui se mobilisent. Thiers lui-même, à ce moment chef du gouvernement français, valide la thèse du meurtre rituel. Une soixantaine d'années plus tard, l'affaire Dreyfus provoquera une surprise assez comparable chez les Juifs de France. L'affaire Dreyfus n'est cependant pas seulement, ni d'abord, une affaire juive, même si l'on doit admettre que le capitaine n'aurait pas subi tout ce qu'il a subi s'il n'avait pas été juif. C'est une affaire qui concerne la France, la naissance des intellectuels, la naissance de la droite et de la gauche.

J.-C. A. — Pour revenir cependant à la question qui nous occupait à l'instant, n'y aurait-il pas un autre aspect de l'antijudaïsme et de l'antisémitisme susceptible de relier ces deux moments ou ces deux types d'hostilité aux Juifs : la dimension de diabolisation ? La diabolisation du Juif n'est pas une invention de l'époque moderne, mais de l'époque médiévale tardive ; déjà à ce moment, on observe une diabolisation graduelle du Juif dans les représentations, pas nécessairement dans les rapports quotidiens. On lui attribue des caractéristiques physiques non humaines, des cornes, des griffes, une queue. Ce qui apparaît au Moyen Âge est peut-être la préfiguration d'une forme, cette fois tout à fait moderne, de racisme, de dissociation du Juif du genre humain sur le mode raciste. Les statuts de pureté du sang en Espagne médiévale et inquisitoriale peuvent aussi l'annoncer. Déjà alors, la conversion au christianisme ne résolvait plus le problème. Même après plusieurs générations.

E. B. — Oui. Mais cela ne signifie pas que, dans ce XIXe siècle finissant et ce XXe siècle commençant, apparaissent les prémices du génocide. À aller dans cette direction, on se trompe. Certes, différents éléments se mêlent dans cette opposition au Juif. Mais rien n'en annonce encore clairement une forme finale qui irait jusqu'à l'extermination. La décision de la Solution finale, de l'extermination des Juifs, est prise fin 1941, et sa logistique est mise en place en janvier 1942, à la conférence de Wannsee, même si les tueries commencent dès juin 1941, avec l'invasion de l'URSS. Faire remonter cela à la nuit des temps, et dire que l'antijudaïsme de l'Église a abouti à cela, ou que l'antisémitisme d'Édouard Drumont y conduisait tout droit, ou que l'affaire Dreyfus inaugure un antisémitisme exterminateur, non. Que l'antisémitisme moderne soit racial est incontestable. Mais la forme exterminatrice que prend l'antisémitisme dans les années noires est aussi et avant tout une forme contextuelle, celle de la guerre.

J.-C. A. — N'oublions pas, cependant, qu'il y a une tradition, si je puis dire, exterminatrice de l'Occident. Les

Juifs n'ont pas été les premiers à être exterminés. Les Indiens d'Amérique les ont précédés. Deux traditions cohabitent en Occident : un antisémitisme, d'une part, et une facilité d'autre part à sortir l'autre de l'espèce humaine et à en faire un objet d'extermination. Le XXe siècle, pour les Juifs, verra la rencontre de ces deux traditions. L'antisémitisme ne débouche pas nécessairement sur l'extermination, mais n'y aurait-il pas eu là la conjonction de deux traditions dont les Juifs auraient tragiquement fait les frais ?

E. B. — Ne gommons pas trop vite, cependant, la spécificité moderne. Gardons à l'esprit que génocides et modernité sont indissociables. Le XXe siècle est celui des grands génocides. Dans les théories raciales, le Juif est vu comme appartenant à une espèce inférieure. C'est cela qui est nouveau. L'Église dit seulement : il n'est pas chrétien, il n'a pas suivi le message authentique, il doit subir les conséquences de sa non-acceptation, laquelle est une infériorité d'ordre théologique et social. Il doit porter un signe, être frappé de certaines incapacités légales. Ce n'est pas parce qu'il appartient à une race. Mais parce qu'il n'est pas dans la bonne voie. L'Église ne dit jamais que l'on doit éliminer le Juif parce qu'il ne reconnaît pas la messianité et la divinité de Jésus. La particularité de l'antisémitisme moderne est là : d'emblée le Juif fait partie de cette race inférieure, il n'a aucun moyen de se « rattraper », il ne peut pas, en se convertissant, entrer dans la sphère de l'autre, s'introduire dans la race supérieure. Faire de l'antijudaïsme et de l'antisémitisme un produit du christianisme ? Peut-être. Y voir ce qui conduit inéluctablement à la Solution finale ? Certainement pas. Ce sont les mêmes, des chrétiens, parfois animés par la foi même du christianisme, qui ont pu former les bataillons de résistance et sauver des Juifs. Évitons de réduire l'antisémitisme au christianisme et vice versa.

J.-C. A. — Un mot sur l'Église. On oublie souvent de le signaler aussi. L'Église, à des moments cruciaux de l'histoire des persécutions antijuives, a défendu les Juifs contre les émeutes populaires, toujours dans cette idée qu'il ne faut pas que les Juifs disparaissent. Pendant les Croisades, maints prélats ont protégé les Juifs.

E. B. — De même, le passage ne s'est pas fait du jour au lendemain. À examiner la chronologie du XIXe siècle, on est assez étonné. 1840, c'est l'affaire de Damas, la calomnie de meurtre rituel. 1845, c'est le livre d'Alphonse Toussenel, disciple de Fourier : *Les Juifs, rois de l'époque : histoire de la féodalité financière*. Là prime l'aspect anticapitaliste : le Juif est capitaliste, être antijuif est être anticapitaliste. 1853, c'est le classique de Gobineau, l'*Essai sur l'inégalité des races humaines*. Les théories raciales commencent à s'ébaucher. 1858, on retombe dans l'antijudaïsme, avec l'affaire Mortara, la conversion de force au christianisme d'un enfant juif en Italie. On constate que dans ces années-là, la distinction n'est pas encore absolument claire. À peu de temps de là, en 1869, publication du livre de Henri Gougenot des Mousseaux : *Le Juif, le judaïsme, la judaïsation des peuples chrétiens*. Les années 1880, ce sont les pogromes en Europe de l'Est. Tout cela forme un ensemble. En 1886, paraît *La France juive* de Drumont. En Europe, le mot « antisémitisme » se cristallise dans les dernières décennies du XIXe siècle, dans un contexte politique favorable, dont le panslavisme et le pangermanisme forment la toile de fond. L'Europe centrale devient à son tour un terrain fertile de l'antisémitisme. Un glissement se fait alors de l'antijudaïsme à l'antisémitisme. Jusque-là, le siècle vit dans cette ambiguïté qui va d'ailleurs persister.

J.-C. A. — Ambiguïté, et variété aussi, de l'antisémitisme fin de siècle.

E. B. — En effet, l'antisémitisme a pris différentes formes. Il aboutit à sa radicalité ultime lorsqu'il devient violence collective, lorsqu'il est utilisé comme arme dans le combat politique, lorsqu'il sert de soupape de sécurité à un surcroît de pression sociale, ou lorsqu'il devient un antisémitisme d'État, qu'il est récupéré au sein d'États forts comme élément fondamental d'une idéologie et d'une politique, en Allemagne, ou en France. Cela ne signifie pas que l'Amérique a été épargnée par l'antisémitisme, mais la notion d'État y étant quasi inexistante, l'antisémitisme n'y a pas été relayé par l'État, il est resté populaire, parfois même mondain, avec les dégâts que l'on sait, mais sans les extrémismes rencontrés en Europe. Ce sont là, encore une fois, des distinctions à faire. Il y a l'antijudaïsme. Il y a l'antisémitisme de réaction, soit par anticapitalisme, soit par antibolchévisme, puisqu'on en était arrivé à l'idée que le marxisme aurait été inventé par un Juif, même si Marx a eu des relations tout à fait problématiques avec sa judéité. Mais ces formes de diabolisation, tant qu'elles ne sont pas utilisées par les États, et tout en demeurant des agressions antijuives réelles et insupportables, ne prennent pas les proportions qu'on a pu observer par la suite. La récupération par les États intervient à des moments précis. Aujourd'hui, n'importe qui est facilement traité d'antisémite. Or il convient de prendre garde aux mots, de ne pas en banaliser l'usage comme c'est la tendance actuelle.

J.-C. A. — La conscience qu'on a du phénomène n'est d'ailleurs pas la même partout. Le Juif français, dans une société qui accepte de l'intégrer et qui lui reconnaît une place à part entière, face à l'antisémitisme idéologique, jouit, jusqu'à Vichy, de la protection de la loi. Un Juif qui vit dans la zone de résidence russe, dans des conditions tout à fait catastrophiques, lui, connaît la menace toujours pendante de pogromes. Quant au Juif des pays musulmans, il subit une condition de sujétion qui peut être pénible mais qui ne conduit pas nécessairement à des violences physiques continuelles et massives. Les situations varient selon le statut juridique, l'environnement idéologique, le pouvoir et l'attitude de l'État. Une question que l'on peut se poser d'ailleurs, en règle générale, est celle-ci : est-ce que la conscience de l'hostilité relative des Nations est quelque chose qui travaille les Juifs en permanence tout au long de leur histoire ? Je pense que c'est à éclipse, que ce n'est pas toujours le cas, y compris à la période médiévale. On a bien la conscience de quelque chose que l'on appelle en hébreu *sin'at Yisrael*, « la haine d'Israël », l'hostilité des Nations envers Israël, mais en même temps on a la preuve de productions culturelles qui font fi de cette hostilité, ou qui n'y font pas allusion. Pas d'uniformité en la matière, y compris à un même moment de l'histoire.

E. B. — Les représentations ne cessent de changer, de part et d'autre. Au XIXe siècle, dans la mythologie populaire, Rothschild devient le symbole même du Juif. Quand on connaît le monde juif du moment, on sait que la majorité de la population juive n'était pas riche, qu'elle comptait surtout des couches pauvres et une classe moyenne, et pas seulement des banquiers, dont on a d'ailleurs exagéré le nombre. Dans le déploiement de l'antisémitisme du XIXe siècle, le Juif est d'abord celui qui n'a pas de racines, qui n'a aucun lien avec la terre, la terre étant le support privilégié de l'identité au sein du nationalisme montant. Être sans racines signifie aussi être fragile. Et pourtant, dans le même temps, le Juif est perçu comme l'homme du capital, qui exploite le peuple. Cette perception-là s'inscrit dans une continuité. À la veille de la Révolution, le Juif est déjà l'usurier. Il a été condamné à le devenir au Moyen Âge, en raison des restrictions qui pesaient sur lui à certaines périodes, mais il a pu aussi s'adonner à d'autres activités, lorsque le contexte le lui permettait, par exemple la médecine, ou même la viticulture, comme les contemporains de Rachi. Le phénomène s'amplifie lorsque l'Europe a besoin de liquidités. Les Juifs, n'ayant pas le droit de posséder des biens immobiliers, détiennent de telles liquidités.

J.-C. A. — Il y a bien, à l'ère moderne, réactivation et reformulation de la vieille défiance médiévale face à l'« argent juif ». Un argent sur lequel la tradition juive ne porte pas de regard hypocrite ni a priori réprobateur, et qui, on l'oublie parfois, face au risque de persécution, avait permis à bien des communautés d'acheter une tranquillité relative et souvent éphémère. Un argent qui, plus tard, fut pour certains le moyen d'une revanche, d'un accès à la respectabilité sociale, et d'une sécurité. Mais il y a aussi, à l'autre bout de la dénonciation antisémite de l'« argent juif », la tradition voltairienne. Voltaire a écrit des pages terribles sur le judaïsme.

E. B. — Il est vrai qu'on attaque Voltaire, qu'on lui reproche d'être antisémite. Voltaire était anticlérical, antichrétien, et de cette position découlait son antijudaïsme, non sans quelques vraies dérives ici et là. Mais les mêmes clichés et la même hostilité pourront se retrouver jusque dans l'Internationale et d'autres milieux révolutionnaires. Aussi bien à gauche, donc, qu'à droite. Prêteur à intérêt à l'époque prémoderne, il était assez naturel que le Juif se transforme en banquier à l'ère moderne. On choisit de préférence des métiers qu'on connaît, qui sont traditionnels. Et le banquier devient à son tour la figure emblématique moderne d'un préjugé ancien. Cette mythologie, cette amertume face à l'argent, fortement ancrée en terre chrétienne, se maintient donc, tout en prenant des formes nouvelles. Et l'on oubliera facilement que, quoi qu'on en dise, les frères Pereire, illustres banquiers de leur temps, étaient saint-simoniens, et ont réalisé les rêves saint-simoniens : le rail, la communication, l'industrie. À moins de leur reprocher, d'un même élan, d'avoir été les précurseurs de la modernité. Plus tardivement, c'est dans les milieux marxisants et socialisants que le Juif apparaît comme le symbole du capitalisme. Là aussi perce la contradiction. De nombreux Juifs rejoignent ces mouvements dès le début. Les Juifs de la première et de la deuxième génération, issus de ces familles de bourgeois détentrices du capital, ne pouvaient pas accéder, notamment en Allemagne, à ce qui était le rêve de beaucoup : l'Université. Ils choisissent alors des métiers intellectuels en marge de cette institution, comme le journalisme, qui leur permettent de rejoindre ces mouvements naissants qui veulent changer le monde. Ils croient qu'en changeant le monde, ils vont changer la condition juive. D'où la contradiction : les Juifs sont nombreux dans les rangs marxisants, socialisants et anarchisants, mais ils sont considérés en même temps comme les représentants du capital.

J.-C. A. — À sa manière, cet antisémitisme est donc d'inspiration conservatrice. Le développement de la banque, l'irruption de la machine, tout cela effraie. Les Juifs, parce qu'ils n'ont pas de racines, peuvent entrer dans les nouvelles structures, et sont perçus pour cette raison même comme une menace pour la tradition, et pour les fondements de la nation.

E. B. — Parallèlement, cette deuxième partie du XIXe siècle, qui assiste à la montée en force de l'antisémitisme moderne, est aussi l'époque de l'ascension du Juif dans la société, celle des grands compositeurs et des grands dramaturges, des comédiennes célèbres, celle de la consolidation de l'entrée des Juifs dans les universités, en France tout au moins, de leur participation à de grands mouvements et débats d'idées. C'est l'époque de la théorisation du socialisme, bientôt celle de la psychanalyse.

J.-C. A. — L'époque où les Juifs, étant pleinement en phase avec leurs sociétés d'accueil, jettent avec leurs contemporains non juifs les bases de la pensée moderne. C'est aujourd'hui, avec la distance, que nous avons l'impression que cette période a été surtout marquée par une ébullition antisémite. Nous, nous voyons la montée des périls, alors que le Juif occidental d'alors, lui, vit un grand moment de libération.

E. B. — Ce n'est même pas une période de périls. Parce que le Juif n'est plus visible comme Juif, l'antisémitisme moderne se fait un point d'honneur de le repérer. Il n'est plus discernable, mais en même temps, on ne l'oublie pas parce qu'il est présent, lui-même se considérant comme un citoyen à part entière, dans toutes les strates de la société. Or il n'est pas accepté comme tel. Les Juifs déploient des efforts incommensurables pour leur intégration, en croyant sincèrement qu'ils ont un rôle à jouer dans la société qui les a acceptés, et ce d'autant plus qu'ils éprouvent de la reconnaissance envers elle. En revanche, la société, bien qu'accueillante, ne considère pas toujours d'un si bon œil cette acculturation. On peut aussi relier l'antisémitisme à cela. Une visibilité physique moindre, mais une visibilité sociale importante, disproportionnée. Et qui n'est pas toujours prise en considération par les Juifs eux-mêmes. Les Juifs ne se regardent pas comme des Juifs réussissant dans une société non juive — mais comme des citoyens, français ou allemands, viennois ou hongrois, réussissant dans une société indifférenciée.

J.-C. A. — Tu as raison d'insister sur ce point : les Juifs n'ont plus un rythme de vie qui les distingue, ils n'observent plus le shabat, s'habillent comme tout le monde, ne mangent plus de manière différente, commencent à parler parfaitement les langues nationales. Tous les traits discriminants qu'on leur avait imposés, dont l'histoire les avait affublés, sont en train de disparaître. Plus rien ne distingue clairement un Juif d'un non-juif. Il ne reste plus que la « race ».

E. B. — Le Juif représente d'autant plus un danger qu'il n'est plus lié par aucune restriction. On le rencontre aussi bien à l'École polytechnique, à l'École normale que dans les rouages de l'État. Et ce alors même que l'on vit dans la frayeur de cette modernité montante. Dans ce choc, le Juif commence à être de nouveau vu comme l'autre, mais un autre qui n'a pas, ou plus, les signes distinctifs de l'autre. Des journaux attaquent : les Juifs sont partout, s'enrichissent trop. *La Libre Parole* de Drumont se déchaîne. La gauche n'est pas absente de cette effervescence hostile. Mais ce n'est pas l'heure des persécutions. Du moins à l'Ouest.

J.-C. A. — N'oublions pas que Dreyfus a été réhabilité, contre une certaine idée de la nation, contre l'armée. L'Affaire peut être perçue comme quelque chose de traumatisant, mais son dénouement semble la confirmation de la marche du progrès.

E. B. — Les Juifs se disent qu'ils ont réussi, mais qu'il leur faut garder une certaine discrétion, ne pas trop se montrer. En même temps, se dessine l'une des plus éclatantes périodes de l'histoire des Juifs en Occident. La communion avec la France ne correspond pas alors à une abdication de sa propre identité, mais à une volonté de fusionner avec la culture ambiante, de parvenir à égaler ceux qui ont fait confiance aux Juifs.

J.-C. A. — Ce débat sur l'antisémitisme et ses différentes formes, on constate que personne n'y échappe. Mais notre propos, ce sont surtout les Juifs. Or on ne saurait ramener, et encore moins réduire, l'expérience juive du rapport aux Nations à l'antisémitisme.

E. B. — L'antisémitisme ne saurait davantage épuiser le rapport des Juifs à eux-mêmes, même à leur propre idée de la nation. Ce n'est pas seulement la haine antijuive qui convertit certains intellectuels au nationalisme juif. L'idée nationaliste juive germe d'abord parce que le nationalisme est dans l'air du temps, et se construit dans toute l'Europe. Les Juifs ne demeurent pas à l'écart. Tout d'abord, en Allemagne et ailleurs, c'est le néo-romantisme. On enracine sa culture dans un passé lointain, gréco-latin. Dans cette lignée, pour un Juif, il vaut mieux, à ce moment-là, se trouver des racines. Et ce n'est pas un hasard si c'est alors qu'émerge un débat sur un possible retour des Juifs à leur terre ancestrale. Ces idées apparaissent d'abord chez des gens qui ont une approche utopique du nationalisme. Ces premiers nationalistes juifs du XIXe siècle sont pour la plupart des religieux, comme Zvi Hirsch Kalisher, Juda Alkalaï, Eliyahu Guttmacher. Ce sont des Européens, mais qui vivent dans des régions frontalières, dans des contextes multinationaux. Alkalaï est de Sarajevo, Guttmacher et Kalisher de Poznanie. Pour eux, les Juifs doivent retourner en terre d'Israël parce que là doit avoir lieu la Rédemption. Hâter ce retour revient à hâter la Rédemption. Pour la première fois, ces gens-là ont des projets de retour, et parfois des projets assez structurés. Mais se lèvent aussi des personnages non religieux, influencés par les idées nationalistes en vogue en Europe, tels Moses Hess, Marco Baruch, et d'autres. Curieusement, les théoriciens du sionisme politique sont d'Europe centrale, l'une des régions où les Juifs se sont si bien intégrés, tout au moins en apparence, et où ils se sont identifiés aux nations parmi lesquelles ils vivent. Herzl est viennois, les grands idéologues sionistes étaient des Allemands. L'intégration n'a pas empêché ces Juifs de conserver, malgré tout, une certaine identité juive. Et à côté de cela, je crois que c'est aussi l'échec de l'idéal d'une culture cosmopolite, d'un judaïsme pleinement inséré dans la société ambiante.

J.-C. A. — À quoi s'ajoutent les grandes vagues de persécution en Europe de l'Est. Les premiers noyaux nationalistes, qui vont donner naissance au sionisme pratique et encadrer les pionniers qui partiront en Palestine, se sont construits après les pogromes de 1882. Ces Juifs se sont alors rendu compte physiquement qu'il n'y avait là nulle émancipation, nulle amélioration décisive à espérer.

E. B. — Le sionisme est clairement une idée moderne, une idée de l'après-émancipation, et une idée qui montre que les Juifs n'ont pas été coupés de leur environnement, puisqu'elle n'est qu'une variété de toutes les idées nationalistes en cours en ce XIXe siècle.

J.-C. A. — Le sionisme est en effet un nationalisme qui émerge en même temps que d'autres et qui s'inspire des autres. Ce particularisme juif est donc une expression de l'harmonie de la pensée juive avec son contexte. Premier paradoxe. Mais il en est un second : le sionisme est théorisé, il est porté par des gens qui vivent dans des terres d'intégration, sinon d'émancipation. Par ailleurs, le sionisme s'est souvent bâti contre le modèle de l'émancipation, de l'intégration, de l'acculturation, de la dilution de l'identité juive. Mais d'une certaine façon, chez les sionistes comme chez les promoteurs de l'émancipation, on décèle une même aspiration à la normalisation de la condition juive. Dans les deux cas, il y a rejet, au moins partiel, de la biculturalité, du fait d'être à la fois au centre et dans les marges : ou bien on devient Français à part entière, ou on devient Juif exactement au sens où l'on est Français, c'est-à-dire membre d'une nation, installé sur sa terre. Soit on est citoyen de l'État français, soit on est citoyen de l'État juif.

E. B. — Au début du nationalisme juif, l'aspiration à un État relève encore de l'utopie. L'idée de l'État, pour les Juifs, émerge plus tardivement. Ce projet n'entre pas dans les attentes des précurseurs du nationalisme juif.

Clairement et très tôt, cependant, se fait jour le désir d'une normalité. Parce que, dans cette Europe, ne pas être nationaliste, ne pas aspirer à faire partie d'une nation, est une anomalie. Il faut être patriote de quelque chose. En outre, l'intégration, telle qu'elle se développe, ne satisfait pas tous les Juifs. Et l'on oublie souvent de distinguer les deux Europes. L'Europe orientale est dans une situation bien particulière. Les Juifs n'y ont pas connu l'émancipation, et ne la connaîtront jamais, ou seulement bien plus tard, avec le communisme — et on sait les difficultés que cette émancipation sur le mode communiste entraînera. Faute d'émancipation, donc, et vu la force de la persécution, l'idée nationale et le nationalisme deviennent un véritable refuge pour les Juifs de ces contrées. Un retrait né de la déception face à une situation qui n'évoluera pas, et d'une désillusion face aux Lumières, face à une Europe qui ne trouve pas de solution à la question juive. Ceux qui ont opté pour le socialisme avaient le même désir que ceux qui ont opté pour le nationalisme juif : trouver le moyen d'améliorer en profondeur la situation des Juifs. Dans un cas comme dans l'autre, aussi bien en Europe orientale qu'en Europe centrale, l'objectif est clair pour bien des Juifs : ils cherchent soit à donner un autre sens à leur judéité, soit à changer leur condition. En revanche, en France, l'idée nationale juive ne va pas prendre.

J.-C. A. — Parce qu'en France, une autre normalisation est possible. Le choix me semble globalement alors le suivant : ou bien l'on devient un citoyen parmi les citoyens, comme en France, ou bien l'on espère devenir une nation parmi les autres nations, comme dans le sionisme. La modernité, de ce point de vue, est nettement un refus de l'exceptionnalité de la condition juive — qui peut être une condition douloureuse, particulièrement en Europe de l'Est.

E. B. — En France, où leur situation s'est profondément améliorée, les Juifs ne veulent pas risquer d'être accusés de double allégeance, une double allégeance susceptible de fournir le prétexte à un retour en arrière. Les Juifs français ne se familiariseront vraiment avec le sionisme que pendant la Seconde Guerre mondiale, lorsqu'ils rencontreront les sionistes dans la résistance juive.

J.-C. A. — Mais le sionisme se construit sur d'autres ambiguïtés encore. Il prône, en quelque sorte, une rupture avec une attitude passive des Juifs, qui depuis trop longtemps attendent du Ciel leur libération à venir, qui depuis trop longtemps attendent le Messie. Il prône une prise en main du destin juif par les Juifs eux-mêmes, une volonté de réaliser sur terre et maintenant, et par des moyens humains, quelque chose qui, jusque-là, avait été un horizon encore vague, entre les mains de Dieu. Et dans le même temps, pour fonctionner, le sionisme a besoin, tout en rompant avec ce passé religieux, de toute la charge émotionnelle qu'a véhiculée ce passé, de toutes ces images d'espérance, de rassemblement des exilés, de retour sur la terre ancestrale, de Rédemption enfin. Le sionisme joue sur une idée relativement sécularisée de la Rédemption, mais pour attirer et mouvoir les masses, y compris les masses encore traditionnelles d'Europe orientale, il reprend à son compte la thématique et le vocabulaire de la Rédemption, au sens cette fois religieux. Le sionisme se construit ainsi sur une contradiction. Et cette contradiction réémerge, périodiquement, jusqu'à aujourd'hui.

E. B. — Les précurseurs du nationalisme juif n'en furent pas moins des religieux. Il y eut de même un sionisme religieux, inspiré notamment des enseignements d'un Abraham Isaac Kook. En 1902, est fondé le mouvement Mizrahi — abréviation d'une expression hébraïque signifiant « Centre spirituel » —, dont le slogan est : « La terre d'Israël pour le peuple d'Israël selon la Tora d'Israël ». Ce sionisme religieux, animé d'attentes messianiques parfois très fortes, fera alliance avec le sionisme socialiste et laïc, et acceptera de reconnaître dans des pionniers pourtant généralement fort mécréants les artisans valorisés d'une étape première et indispensable de la Rédemption.

J.-C. A. — Ne minimisons pas, cependant, l'existence, hier comme aujourd'hui, d'un sionisme militant et radicalement antireligieux. De même, encore actuellement, des milieux orthodoxes ou ultra-orthodoxes, conscients de la gravité de la rupture que constitue ce projet de libération séculière, demeurent résolument hostiles au sionisme, au principe même de la création d'un État juif. Le sionisme est perçu par ces milieux comme une véritable profanation de l'idéal religieux. Le sionisme se présente ainsi à la fois comme la poursuite du même combat par d'autres moyens, et comme une trahison, en tout cas aux yeux de certains orthodoxes.

E. B. — Et le caractère théocratique de l'État d'Israël aujourd'hui tient à ce paradoxe. Un État résolument démocratique, résolument tourné vers l'Occident, vers l'Amérique plutôt, qui est aussi un État théocratique, tout au moins dans ses fondements.

J.-C. A. — Un État, en tout cas, qui n'a jamais pu proposer de définition non religieuse, indépendante de la norme religieuse, de ce qui est juif. C'est aussi là l'héritage du passé.

E. B. — La Palestine était, nous l'avons dit, le seul lieu pourvu d'une charge symbolique susceptible de rassembler les Juifs. Jusqu'à la mort de Herzl, en 1904, les projets varient encore : on pense à la Mésopotamie, à l'Ouganda, à bien d'autres localisations possibles. Mais après son décès, le congrès sioniste mondial tranche : on ne reviendra plus sur le principe d'un établissement des Juifs en Palestine.

J.-C. A. — Pas facile, cependant, de revendiquer un droit sur une terre pour un peuple qui ne s'y trouve même pas ! L'aspiration à la normalité était, dès le départ, contrariée, contredite par la situation objective des Juifs. À cet égard, le nationalisme juif ne pouvait guère ressembler à celui des autres nations : le territoire était tout entier à inventer, l'unité linguistique était pour l'heure hors d'atteinte. Or le nationalisme européen est aussi un nationalisme de la langue et du territoire. Il a fallu récréer tout cela, en puisant dans un héritage ancestral. L'hébreu n'est pas pendant longtemps la langue qui vienne le plus naturellement à la bouche des sionistes.

E. B. — Les Juifs parlent alors soit la langue des pays où ils sont culturellement intégrés, soit leurs judéo-langues — judéo-arabe, judéo-espagnol, yiddish, etc. —, soit les deux. L'hébreu n'est guère qu'une langue savante, religieuse, liturgique — et parlée par peu de gens. Mais pour ce qui est de la terre, dès le début, les précurseurs religieux du sionisme disent : la terre d'Israël est la terre de nos ancêtres, en même temps qu'elle est le lieu d'arrivée du Messie et de survenue de la Rédemption. Le sionisme politique ne reconnaîtra que progressivement l'évidence de cette centralité. Mais quand il se détermine sans ambiguïté en faveur de la Palestine, il la revendique au nom du droit historique du peuple juif sur cette terre biblique.

J.-C. A. — Cette espèce de focalisation du sionisme sur le précédent biblique, qui fonctionne désormais comme modèle absolu, est aussi une rupture avec la tradition juive. Parce que revenir à la Bible, mettre en avant ces quelques siècles pendant lesquels le peuple d'Israël a vécu de manière plus ou moins autonome et plus ou moins rassemblée sur sa terre, équivaut à sauter par-dessus 2 000 ans, 2 500 ans d'histoire juive diasporique et exilique. Revenir au modèle biblique, c'est certes rester fidèle à certaines sources d'inspiration du judaïsme, mais, en faisant cette sélection, en privilégiant ces sources-là, c'est rompre avec tout ce qui a fait la civilisation juive par la suite : le judaïsme talmudique, le judaïsme des ghettos, la culture diasporique, multi-linguistique. Le retour à la langue biblique, à la terre biblique, et à la Bible est un signe patent de modernité. Encore aujourd'hui, la Bible fait intégralement partie du programme des écoles israéliennes, y compris dans les écoles d'État, et des écoles les plus laïques qui soient, parce que la Bible a été réinstituée par le sionisme en texte fondateur. Or la Bible n'a jamais joué ce rôle-là de manière évidente dans l'histoire du judaïsme avant le réveil nationaliste.

E. B. — De même, jusqu'en 1967, les frontières de l'Israël moderne ne se confondent nullement avec celles, fort mouvantes il est vrai, de l'Israël biblique.

J.-C. A. — Effectivement, l'État d'Israël créé dans le sillage de la guerre de 1948 se situe hors des territoires historiques que sont la Judée et la Samarie. La guerre de 1967, qui se solde par la conquête israélienne de la Cisjordanie, à savoir de la Judée-Samarie biblique, marque de ce point de vue un bouleversement. Une confusion s'établit alors entre l'Israël concret, celui qu'on a construit, et un Israël mythique, héritage de la mémoire historique et du rêve. C'est pourquoi cette terre alors vide de Juifs devient un enjeu tout à fait crucial.

E. B. — Et suscite même chez les plus laïcs une forte émotion. Des espoirs fous naissent dans certains milieux orthodoxes. Et les sionistes les plus religieux récupèrent, autour de l'enjeu des « territoires », tous les éléments constitutifs de l'ethos sioniste. Ils créent de nouvelles colonies, réclament un retour, en Judée-Samarie, à la réalisation de l'idéal sioniste du travail, ou au moins de l'occupation, de la terre. Lorsque les kibboutz se vident, que l'idéal sioniste est en butte aux critiques ou revu à la baisse, ce sont ces religieux sionistes, d'où est sorti le *Goush Emounim*, le Bloc de la Foi, qui entendent reprendre le flambeau. L'ambiguïté du rapport du sionisme au religieux resurgit là dans toute son acuité.

J.-C. A. — Il existe bien un sionisme foncièrement laïc qui, effectivement, peut être compris comme une sorte de messianisme sécularisé. Ce qui, pour une certaine tradition orthodoxe, est une profanation : on ne saurait séculariser une attente messianique. Mais la rencontre, la confusion est toujours possible, dans certaines circonstances, entre l'idéologie sioniste séculière et l'idéologie religieuse, quand l'action politique, le travail de la terre, l'occupation du sol, qui sont des objectifs séculiers, matériels et terrestres, sont investis d'une signification hyper-religieuse, hyper-messianique, quand aller s'installer dans un trou perdu de Cisjordanie prend une valeur à la fois politique et messianique. Ce messianisme-là, qui est un messianisme politico-religieux, n'est certes pas partagé par toutes les tendances du judaïsme religieux contemporain. Au contraire, il peut être perçu comme une véritable déviation de l'idéal messianique. Quant aux Juifs antisionistes, ne les oublions pas, il y en a toujours eu. On peut être antisioniste par solidarité avec le peuple palestinien opprimé, par opposition à la politique effective de l'État d'Israël, par le refus d'un particularisme juif qui ne se justifie pas, par internationalisme. Mais je pense qu'aujourd'hui, nous sommes dans une phase où le débat n'est pas véritablement entre sionistes et antisionistes, en tout cas à l'intérieur du monde juif. Nous sommes en fait dans une configuration postsioniste au sens le plus ordinaire : le sionisme est, grosso modo, réalisé, et à partir du moment où il est réalisé, il perd sa raison d'être. L'État d'Israël existe et on admettra que la plupart des Juifs de la diaspora n'envisagent pas un instant de s'y installer, tout en étant prêts à manifester leur intérêt, voire un soutien indéfectible à son égard. Le discours antisioniste juif militant ne se rencontre, pour l'essentiel, que dans des milieux ultra-orthodoxes, plutôt marginaux et fort minoritaires. Mais il est un autre phénomène qui atteste d'une autre façon notre entrée dans une phase postsioniste. Israël abrite aujourd'hui des penseurs, des sociologues, des historiens ou des philosophes, qui sont en train de revaloriser, de réhabiliter la notion d'exil. À l'inverse, on observe en diaspora, en France ou ailleurs, des retours au judaïsme qui ne passent plus de manière privilégiée par une identification à Israël. La revalorisation d'une stricte observance, la fascination pour la Kabbale ou le goût de l'étude des textes, tout cela marque bien la cristallisation d'un modèle d'identification au judaïsme qui se passe assez facilement de la référence à Israël et d'activisme politique.

E. B. — Dans le même temps, tu ne peux pas nier que se maintiennent, dans la société israélienne, une rhétorique et une idéologie sionistes fortes. N'imaginons pas que toute la société israélienne a basculé dans le postsionisme ! Mais ce qui se dessine en Israël, malgré l'âpreté des difficultés récentes, obligera à dépasser, dans l'avenir, le principe utopique du sionisme. La nature contradictoire de l'utopie réalisée, confrontée à la tension constante que crée le conflit israélo-palestinien, commence à apparaître de plus en plus à la population israélienne.

J.-C. A. — En tout état de cause, l'homme nouveau rêvé par le sionisme n'est pas radicalement nouveau. Le sionisme a dû compter avec cette difficulté majeure : admettre le fait que les Juifs avaient vécu plusieurs millénaires en diaspora en se contentant tout à fait de cette condition, tenter d'enjamber ces deux millénaires pour renouer avec un idéal d'enracinement incarné par l'histoire biblique, et construire tout cela... avec des Juifs de la diaspora ! Que faire dans ces conditions ? Développer un discours à la fois historiographique et idéologique, tendant à mettre en valeur tout ce qui dans le vécu juif, l'imaginaire juif, la littérature juive, aurait témoigné, jusque dans la dispersion et dans l'exil, d'un attachement profond, inébranlable, continu à la terre perdue. Le Juif nouveau, c'est quoi ? Un Juif en bonne santé, vigoureux, athlétique, bronzé. Il fallait retrouver, dans le passé, y compris dans les siècles les plus sombres de la diaspora, un élément de continuité qui serait cet attachement à la terre d'Israël. On dirait : « Le Juif n'était pas sur sa terre, mais il y a pensé constamment. Il a pu être malade, persécuté, mais il avait cela quand même, qui l'a tenu. »

E. B. — N'oublie pas non plus que les sionistes ont également tenu un discours proche de celui des promoteurs de l'émancipation, lesquels avaient déjà rêvé d'un Juif nouveau, ayant rompu avec son passé ghettoïque, acceptant d'embrasser de nouveaux métiers, et de se refaire une santé : un Juif « régénéré ». Les sionistes ont imaginé leur Juif idéal à peu près de la même façon : le Juif nouveau qui vivrait dans le nouvel État, bien que venant de diaspora, romprait avec elle, et se régénérerait sur le sol de ses ancêtres, au contact de cette terre rêvée devenue réalité.

J.-C. A. — Mais cela n'était possible que si l'on postulait en même temps que le peuple Juif avait toujours gardé sa fidélité à la terre.

E. B. — Or nous savons que cette fidélité n'a pas été constante, et qu'elle est passée par différentes phases. Le sionisme sera ainsi conduit à écrire une histoire des Juifs entièrement recentrée sur les moments clés d'expression de cette proximité du Juif de la diaspora avec la terre de ses ancêtres. Et il sera conduit, en un deuxième temps, à articuler une véritable idéologie de la négation même de la diaspora. Ce qui ne pouvait que créer un nouveau paradoxe. Le Juif issu de diaspora venant s'installer sur cette terre dite de ses ancêtres était tenu de faire table rase de son passé diasporique. Une situation de nature à favoriser une espèce de schizophrénie, laquelle est d'ailleurs assez naturelle à l'Israélien qui, aujourd'hui, ne semble pouvoir asseoir son identité que sur un retour à, ou sur un détour par, ses racines diasporiques.

J.-C. A. — Tu as raison de rapprocher, comme tu l'as fait, les aspirations des sionistes de celles des « régénérateurs », promoteurs de l'émancipation. Finalement, c'est cela qui caractérise le XIXe siècle et le début du XXe siècle : une volonté d'émancipation. Avec simplement une petite différence : d'un côté, c'est l'émancipation, et de l'autre, ce que Leon Pinsker, le nationaliste juif russe, appelait l'auto-émancipation. Dans les deux cas, il s'agit de s'émanciper. Et de s'émanciper de quoi ? De deux choses, que ce soit dans le cadre de l'intégration à une société occidentale ou dans le cadre de la création d'un État juif : d'une part, de la sujétion aux Nations, de la soumission à un pouvoir étranger, d'autre part, d'un modèle d'existence diasporique rejeté par tous. Là, les deux discours se rencontrent. On crée un Juif nouveau dans les deux cas, et un Juif émancipé dans les deux cas.

E. B. — Ces discours sont typiques du moment. Et les variantes en sont nombreuses, mais toujours congruentes. Ainsi les Juifs d'Europe occidentale ont-ils développé alors pour leurs frères d'Afrique du Nord ou d'Orient des projets assez comparables : créer en terre musulmane un Juif nouveau conforme au modèle européen du Juif émancipé. L'identité juive moderne s'est effectivement construite dans cette superposition de discours.

J.-C. A. — Nous n'en sommes pourtant plus vraiment là. Nous sommes aujourd'hui témoins de renversements spectaculaires. Le postsionisme en est un.

E. B. — Et il a de multiples facettes. Observe par exemple ce qui se passe actuellement en Israël avec les Juifs russes de l'émigration tardive, celle qui a commencé à l'extrême fin des années 80. Pour la première fois, ils ont brouillé les repères. Venant en Israël, ils ont considéré ce pays comme une diaspora, la mère patrie restant la Russie ! Difficile d'imaginer plus postsioniste que cela ! Sans théoriser, dans la pratique quotidienne, ils ont inversé tout le discours sioniste qui soutenait que venir en Israël signifiait revenir dans la mère patrie et couper avec la diaspora. Les Juifs russes d'Israël sont des Russes en exil, et restent fidèles à leur Russie d'origine. Là, le modèle est bel et bien cassé.

J.-C. A. — Cette singularité des Russes ne rencontre pas pour autant toutes les interrogations du postsionisme. Et il faut bien reconnaître, pour ne pas perdre de vue la juste proportion des choses, que le postsionisme comme idéologie ou comme forme de pensée ne concerne, en Israël, que quelques intellectuels.

E. B. — À la différence de leurs prédécesseurs des années 70, qui n'ont cherché qu'à s'intégrer pleinement, les Juifs russes arrivés dans les années 80-90 ont débarqué dans un Israël en pleine Intifada, en plein remue-ménage, dans un Israël qui commençait à se remettre en question, à se défier de la rhétorique et de l'idéologie sionistes. Leur réaction dans cet Israël un peu bouleversé a été de préserver leur identité, de ne pas renoncer à ce qu'ils étaient. C'est au même moment — même si ces Russes ne pouvaient être au courant — que le premier discours postsioniste, qui date de la seconde partie des années 80, s'est fait entendre. Symptomatique conjonction. À leur façon, et sans en épuiser tout le contenu, les Juifs russes symbolisent assez bien cette nouvelle phase du sionisme, que je qualifie de postsioniste faute d'un autre vocable. Leur attitude va concrètement, pratiquement, à l'encontre de tous les fondements du sionisme.

J.-C. A. — Justement, revenons-y. Avant d'être battu en brèche par le postsionisme, avant même de devenir une idéologie plus ou moins molle assez largement partagée par les Juifs, le sionisme, je le rappelle, s'est heurté, à ses débuts, à bien des obstacles. Les communautés juives du monde ont été longtemps, majoritairement, soit indifférentes, soit hostiles au sionisme. Cette attitude plus que réservée n'est pas une spécificité juive française. Elle est universelle. Il faudra du temps avant de mobiliser les consciences. En ce domaine, le traumatisme de l'extermination a joué un rôle tout à fait fondamental. Après le génocide, il était devenu difficile, pour bien des Juifs, de rester distants à l'endroit du sionisme ou, a fortiori, de lui être hostiles.

E. B. — Il était urgent de trouver un abri à tous ces Juifs en camps de transit. Mais la vraie prise de conscience, le sursaut généralisé d'adhésion à l'idéal sioniste ou israélien, date plutôt de 1967. Rappelons-nous qu'un sioniste, dans les années 20, est un utopiste. Pourquoi la France qui, aux termes des accords Sykes-Picot de 1916, s'était vu attribuer une partie de la Palestine, s'est-elle finalement à ce point désintéressée de cette région du monde ? Comment expliquer que la « Déclaration Cambon », lettre du secrétaire général des Affaires étrangères Jules Cambon adressée le 11 juin 1917 au leader sioniste Nahum Sokolow, qui apportait le soutien officiel de la France au projet sioniste et qui précipita la publication de la Déclaration Balfour, un texte britannique autrement plus décisif, ait finalement sombré dans l'oubli ? Il existe sans doute plus d'un motif à cette valse-hésitation. Mais il est clair que l'attitude de la communauté juive française elle-même avait influencé le quai d'Orsay. Ni elle ni ses institutions n'ont alors cru dans le sionisme. Pourquoi se faire taxer de double allégeance ou compromettre, en Europe occidentale, un confort difficilement conquis ? La Palestine pouvait tout au plus offrir un refuge éventuel aux Juifs persécutés d'Europe de l'Est.

J.-C. A. — Remettons tout de même les choses à leur place. À la fin du XIXe siècle, comment imaginer un seul instant que des Juifs, qui n'ont pas de territoire en commun, qui n'ont pas de langue en commun, qui vivent en diaspora et en exil depuis plus de 2 000 ans, comment imaginer un seul instant qu'ils puissent former un peuple, sur une terre, avec un État ? Un esprit sensé ne pouvait voir là qu'une folie.

E. B. — La France aussi, pourtant, a eu ses palestinophiles. Au XIXe siècle, le grand rabbin de France Zadoc Kahn a été palestinophile. Ce qui ne signifie pas qu'il pensait qu'un jour un État juif s'édifierait sur cette terre. Edmond de Rothschild, aussi, a aidé les colonies juives de Terre sainte. Il n'était pas sioniste. Et il s'est entouré d'autant de discrétion que possible. Il était connu sous un surnom : « la main généreuse ». En promouvant la colonisation agricole en Palestine, il comptait aussi montrer à l'Europe que les Juifs ne s'intéressaient pas seulement au commerce, qu'ils étaient capables d'une authentique régénération, telle que l'avaient appelée de leurs vœux les promoteurs de l'émancipation. Des Juifs savaient travailler la terre, les Juifs pouvaient donc avoir des racines.

J.-C. A. — Voilà qui ouvre sur un autre croisement entre émancipation et présionisme. Pour ces notables juifs français, aider les colonies en Palestine, c'était œuvrer aussi, par le travail, et particulièrement par le travail de la terre, à la réhabilitation de l'image des Juifs.

E. B. — Le sionisme, on le voit, se construit dans un climat typiquement européen et européocentré. La découverte des Sépharades par les Européens est ainsi tardive. C'est avec la colonisation que les Juifs de France découvrent les Juifs maghrébins, qu'ils essaient eux aussi de « régénérer », tenant sur leur compte un discours fort comparable à celui que les têtes pensantes de l'émancipation avaient autrefois tenu sur eux-mêmes. Les sionistes eux aussi découvrent les Sépharades comme un élément exotique. Ils ne prennent la mesure de ce qu'ils sont et du potentiel qu'ils représentent qu'avec retard. Sauf dans certaines régions, où le sionisme prendra bien, comme en Bulgarie. Entre 1948 et 1949, les 50 000 Juifs de Bulgarie émigreront en masse en Israël, un cas unique dans l'histoire du sionisme, puisque ce sont ordinairement les pauvres et les persécutés qui s'en vont, pas les intellectuels, ni les riches. La rencontre des sionistes avec les réalités sépharades se fait d'une manière plus concrète en Orient. Très tôt, après la révolution jeune turque de 1908, l'organisation sioniste mondiale, qui veut faire avancer les négociations avec les Ottomans sur la question de Palestine, entreprend de se servir des Juifs locaux pour peser sur ces tractations. La Palestine, ne l'oublions pas, est ottomane jusqu'en 1917. Et c'est dans ce contexte que les sionistes découvrent ces Juifs descendants des expulsés de la péninsule Ibérique. Ils créent, en 1908, à Constantinople, une agence sioniste, la première agence sioniste en terre sépharade. L'espoir est de trouver des interlocuteurs plus ouverts chez les Jeunes Turcs. On se souvient que Herzl avait lui échoué dans ses pourparlers avec le Sultan. Cette prise de contact est en fait principalement une instrumentalisation conjoncturelle. Les dirigeants sionistes ne croient pas que le sionisme pourra prendre dans ces régions. Méir Dizengoff, futur maire de Tel-Aviv, n'avait-il pas déclaré : « En Turquie, il y a des sionistes sans sionisme » ? On n'imaginait pas que ces Sépharades pourraient réellement contribuer à la construction du futur État. De fait, aucun vrai travail sioniste n'a été effectué sur place.

J.-C. A. — Est « Sépharade », au sens premier, un Juif originaire de la péninsule Ibérique, tu l'as rappelé. Beaucoup de Juifs d'Afrique du Nord n'ont rien d'ibérique.

Aujourd'hui, toutefois, l'usage est admis de désigner par ce mot tous les Juifs qui ne sont pas ashkénazes. Cette bipolarisation est bien un peu absurde, et gomme arbitrairement des distinctions nombreuses entre des groupes fort divers. Elle est le fruit d'une histoire récente, et notamment de l'histoire sioniste puis israélienne. Cette exoticisation des Sépharades, leur perception comme une masse indistincte par plus d'un sioniste, pèsera d'un poids relativement lourd sur le plan politique.

E. B. — Au départ, les « Sépharades » ne constituent nullement, pour les sionistes, une préoccupation majeure. Ce n'est que plus tard, et démographiquement, que leur existence se révèle importante. Ainsi, après la création de l'État, on négociera avec les communautés d'Afrique du Nord pour faire venir ces populations, ou tout au moins leurs couches les plus déshéritées. Mais dans les débuts du sionisme, ce n'est certainement pas à eux qu'on pense pour peupler le futur État. Istanbul même, qui abrite pourtant une communauté d'origine ibérique tout à fait considérable, n'est perçue que comme la porte d'Odessa, comme un lieu de transit... pour des immigrants juifs russes ! Ce sont des sionistes dits « pratiques » d'origine russe, appartenant à ce courant qui privilégie le travail concret en Palestine plutôt que la négociation avec les Puissances, qui vont devenir les dirigeants du sionisme local. Mais on fait aussi venir à Istanbul des Allemands, tel Richard Lichtheim. Même le père du sionisme « révisionniste », à savoir de droite, né en 1925 d'une scission au sein de l'Organisation sioniste mondiale et dont le Likoud, le parti de Sharon aujoud'hui, est l'héritier, même Vladimir Zeev Jabotinsky, fera un séjour à Istanbul. Au lendemain de la Révolution jeune turque, on parachute donc dans la capitale ottomane ce Juif doué pour les langues. Il a pour mission de créer des journaux. L'Organisation sioniste ira jusqu'à acheter certains périodiques nationalistes turcs pour les faire pencher en faveur de la création d'un foyer national juif en Palestine, sans référence, bien sûr, à aucun projet étatique. Elle tente aussi d'acheter les journaux juifs acquis à l'occidentalisation et liés à l'Alliance israélite universelle en France, qui tenaient jusque-là le discours officiel du judaïsme français : « Non à la double allégeance, non au sionisme. Il ne faut pas froisser les Ottomans, il faut franciser les Juifs orientaux, leur apprendre de nouveaux métiers, les productiviser, et espérer leur émancipation. » Jabotinsky fut la cheville ouvrière de cette vaste entreprise de presse ; il va même créer des journaux et écrire en français, la langue de l'intelligentsia et de la bourgeoisie juive sépharade de l'Empire ottoman. Cet activisme ne survivra pas au démembrement de l'Empire et à la Déclaration Balfour de 1917, puisque désormais les Sépharades ne peuvent plus guère servir à grand-chose.

J.-C. A. — En Europe centrale et orientale, pendant ce temps, en des régions qui se transformeront en un réservoir démographique et militant pour le sionisme, la résistance au nouveau mouvement est parfois très forte. Celle des milieux orthodoxes, notamment. Les sionistes sont à leurs yeux des renégats, des mangeurs de cochon, qui prônent une identité juive se passant complètement de références à la Tora, à Dieu. Ils compromettent en outre gravement la mission d'Israël en exil. En effet, Israël est en exil non seulement parce qu'il est châtié pour ses péchés, mais pour assumer, au cœur de cet exil, une fonction éthique, mystique et rédemptrice auprès des Nations. Le poète et penseur médiéval Juda Halévi lui-même n'affirmait-il pas déjà que Dieu a pour Israël un certain dessein comparable à celui qu'Il nourrit pour le grain ? Le grain tombe à terre et se transforme ; en apparence, il s'assimile à la terre, à l'eau, au fumier ; en réalité, c'est lui qui, devenant plante ou arbre, transforme la terre et l'eau, et leur donne sa propre nature, lui qui transmute graduellement les éléments en quelque chose de semblable à lui. Telle est la mission d'Israël en exil : disséminé, humilié même, il est là, il est partout, pour racheter ce monde. Il n'est pas en son pouvoir de mettre fin à cet exil. Tenter de le faire est une trahison.

E. B. — Le monde juif orthodoxe n'est cependant pas monolithique. On l'a dit précédemment, un sionisme religieux va apparaître et se développer, qui hésitera, parfois, à reconnaître une valeur foncièrement religieuse au sionisme, mais qui y verra quelque chose de positif, et qui l'accompagnera.

J.-C. A. — Une formule intégrée au rituel synagogal israélien témoigne de cette approche nuancée du sionisme par une certaine mouvance orthodoxe. Dans une bénédiction qui lui est consacrée, l'État d'Israël est appelé « le commencement du bourgeonnement de notre salut ». Il y a tout de même des étapes. Ce n'est pas le salut, ce n'est pas le Messie, mais quelque chose qui va dans ce sens.

E. B. — Et puis des événements, des circonstances feront basculer certains grands maîtres de la tradition orthodoxe. La catastrophe qui s'est abattue sur le judaïsme européen pendant la Seconde Guerre mondiale provoquera des réactions diverses. Soit une adhésion au principe du sauvetage des Juifs sur leur terre, voire, au-delà, à un sionisme modéré, soit, au contraire, la crispation sur le rejet radical, le sionisme étant perçu comme une hérésie moderne, comme une scandaleuse imitation de la voie des Nations, et la catastrophe elle-même comme la sanction de cette hérésie. S'ouvre là l'ère d'une fragmentation accrue de l'univers juif religieux, avec des religieux sionistes mystiques, des religieux sionistes par compromis, des religieux asionistes, et des religieux franchement antisionistes.

J.-C. A. — Complexité du sionisme, et des réactions qu'il suscite. Malgré l'incrédulité, le rejet, les conflits, le rêve de Herzl est devenu réalité. Mais est-ce bien son rêve qui est devenu réalité ? Lui qui avait tenté de neutraliser et de domestiquer la dimension religieuse, ou qui s'était aveuglé sur la gravité de la question arabe, s'il revenait faire un petit tour dans le pays qui se réclame de lui, reconnaîtrait-il là son œuvre ?

E. B. — Peut-être se dirait-il qu'il est complètement passé à côté, qu'il n'a finalement rien compris à tout cela. Ahad Ha-Am, le publiciste juif russe de la fin du XIXe et du début du XXe siècle, n'avait pas manqué d'alerter les théoriciens du sionisme sur des écueils dont certains se sont révélés insurmontables. L'acuité du conflit israélo-palestinien, le retour en force d'une religiosité agressive, voilà bien qui, aujourd'hui, pourrait surprendre ou choquer Herzl.

J.-C. A. — Tout de même, il reconnaîtrait peut-être en Israël quelque chose qu'il avait espéré : un pays hautement technologique. N'avait-il pas rêvé d'une société ultramoderne, dans un Orient en quelque sorte revivifié, et ranimé de ses cendres ?

E. B. — Tu oublies la levantinisation croissante d'Israël. Lui, le Juif viennois, ne serait-il pas étonné d'entendre tant de musique orientale dans tous les cafés et les lieux publics ? Avait-il vraiment réalisé que la Palestine était au Moyen-Orient ?

J.-C. A. — Il y a plus grave, cependant. Il lui faudrait constater que le sionisme n'eut pas le temps, pas les moyens d'éviter au judaïsme européen la persécution la plus effroyable de son histoire. Or, n'était-ce pas là le premier objectif du sionisme, offrir un abri sûr aux Juifs persécutés ? Pire : il devrait encore découvrir qu'il aurait fallu cette catastrophe pour convaincre tant d'incrédules, après coup, de la légitimité de l'entreprise sioniste. Et non moins problématique encore : il observerait, non sans stupéfaction, que dans l'esprit de beaucoup des hommes du XXIe siècle, la création même de l'État d'Israël pourrait passer pour une conséquence de la Shoah, et prendre l'étrange valeur d'un « dédommagement ».

E. B. — Israël n'est évidemment pas le « produit » de l'extermination des Juifs d'Europe. L'idée d'un État juif est largement antérieure, on l'a vu, à cette tragédie. Et cette tragédie, à elle seule, ne saurait expliquer la création de cet État en 1948. Comment pourrions-nous tenir pour si peu de chose plus d'un demi-siècle de recherche, de théorisation, et de travail sionistes ? Aujourd'hui, ce n'est pas seulement Israël, mais le fait juif dans son ensemble qui se trouve saisi à travers le prisme de la Shoah, qui a suscité, il est vrai, d'abondantes représentations documentaires, historiques et littéraires. Des hommes comme Élie Wiesel, leur œuvre et leur personnalité, ont contribué à sensibiliser un public jusque-là ignorant, ont pu jouer un rôle informatif capital. Sensibiliser, voilà qui est parfaitement légitime. Mais après, que peut-on, que doit-on faire ? L'accusation lancée contre un Wiesel et quelques autres d'avoir favorisé le développement d'un « Shoah business » — qu'on songe seulement au livre récent de Norman Finkelstein, *L'Industrie de l'Holocauste* — ne m'intéresse pas, cependant. Je ne sais pas à partir de quel moment on fait du business. Après tout, tout est affaire de business. Pourquoi la Shoah ne le serait-elle pas devenue ? Ce n'est pas là le vrai problème. Que Wiesel ait joué un rôle de sensibilisateur, fort bien. Qu'après la sensibilisation, il n'ait peut-être pas su s'arrêter, est une autre question. Que je ne saurais pas vraiment trancher. Les acteurs le savent : à un moment donné, il est sage de se résoudre à s'arrêter. Mais ce n'est pas là le plus important. D'autres questions sont plus fondamentales. Par exemple : est-il possible de prendre autrement l'idée de l'unicité du génocide des Juifs ? Il faut peut-être, d'une façon ou d'une autre, accepter de tenir ensemble ce qui est unique et ce qui est universel dans cet événement. Chaque génocide est spécifique. Chacun se déroule dans un contexte donné. Que ces génocides aient eu des racines raciales, ethnico-religieuses, politiques, religieuses, à la fin, tout revient au même : le meurtre massif d'êtres humains. L'unicité, donc ? Oui, l'unicité de chacun de tous les génocides, et donc du génocide juif aussi. Mais il importe que le caractère spécifique de cette catastrophe prépare les Juifs à se sensibiliser aux génocides des autres, à la tragédie des autres. Et c'est cela, ce passage du particulier à l'universel, qui sera sans doute au cœur des débats des années à venir. Est-ce que cette part importante que joue le génocide des Juifs dans la conscience juive et dans la conscience israélienne aujourd'hui, a été assez universalisée pour ouvrir les Juifs aux tragédies des autres ? Là réside la question. Le douloureux conflit du Moyen-Orient place cette question au cœur d'une problématique qui n'est pas seulement la mienne, mais qui est de plus en plus débattue. Là, je crois, l'on accède à un autre niveau de réflexion. Wiesel est-il capable, après avoir sensibilisé le monde à la souffrance des Juifs, de prendre le relais pour sensibiliser les Juifs aux tragédies des autres ? Peut-être n'est-ce pas son rôle, en effet. Mais aujourd'hui nous en sommes là. C'est l'une des raisons — pas la seule bien sûr — pour lesquelles nous ne devons pas oublier la Shoah. Parce que l'oublier serait se condamner à fermer les yeux sur ce qui arrive aux autres, à l'humanité. J'insiste fortement sur ce point. Il ne faut pas oublier la Shoah. Mais l'unicité mise en avant aujourd'hui, l'idée que le génocide juif serait, devrait être absolument unique, ne revêt aucun sens.

J.-C. A. — Le discours largement répandu aujourd'hui sur le silence de Dieu, ou sur l'absence de Dieu à Auschwitz, s'avère à ce point de vue hautement significatif.

C'est un discours a-théologique, ou anti-théologique, qui est une forme nouvelle de théologie. Une théologie du silence ou de l'absence de Dieu, une théologie qui prescrit, d'ailleurs, le silence sur la Shoah. Ce discours est encore largement dominant. On ne peut rien dire. Il n'y a pas de justification, bien sûr, il n'y a pas d'explication non plus. Face à l'absolu de l'horreur, et à son caractère inintelligible et injustifiable, en fait, il n'y a rien. Ce discours prévaut aussi bien chez des croyants juifs que chez des gens indifférents au religieux, ou carrément athées. Et pourtant, dans certains milieux orthodoxes, on a pu se poser, sur la Shoah, des questions restant globalement conformes aux schémas traditionnels. Car la Shoah interroge à plus d'un titre la conscience religieuse juive. Et le silence n'est pas pour tous une réponse. Comment expliquer que Dieu ait à ce point abandonné le peuple d'Israël, Son peuple bien aimé, Son fils aîné ? Deuxième question : comment expliquer que, dans le massacre, il n'y ait eu aucune différence de traitement entre les plus assimilés, les plus irréligieux, les plus coupés des racines juives, et les masses juives pratiquantes, orthodoxes, attachées à la tradition, d'Europe orientale ? Car ce n'est ni la foi en Dieu, ni la fidélité au judaïsme qui ont pu sauver qui que ce soit de la mort. Comment expliquer encore que ceux qui ont été sauvés soient au contraire les pionniers, laïcs, antireligieux, qui s'étaient installés en Palestine ? Toutes ces questions, qui ont été posées, vont bien au-delà, parfois, du silence, de ce silence très bruyant, qui s'impose en général. Enfin, pour revenir à ce que tu disais, l'extermination oblige à reformuler, d'une autre façon, la question de l'unicité du destin juif lui-même. La Shoah est-elle une persécution de plus dans une histoire juive qui serait intrinsèquement unique ? Ou est-ce la Shoah qui, en elle-même, événement intrinsèquement unique, singularise à jamais l'histoire juive ? Ce n'est pas la même chose. Ou encore : l'extermination est-elle d'abord un fait humain, dont la signification peut être, ou doit être, universalisée, et dans lequel on ne saurait trouver ni l'unicité du destin juif, ni l'unicité d'un événement ?

E. B. — Shoah... Ce terme hébraïque peut se traduire par « catastrophe », par « destruction ». Il s'est imposé dans l'usage, en France du moins, comme un véritable nom propre. Dans les années 50, les autorités israéliennes elles-mêmes le rendaient en anglais par « *Holocaust* » — un vocable qui avait perdu depuis longtemps, dans cette langue, sa connotation sacrificielle. J'admets que ce mot, popularisé par la série américaine *Holocauste*, n'est pas, lui non plus, pleinement satisfaisant. On peut aussi employer extermination, Solution finale, ou simplement génocide.

J.-C. A. — L'utilisation ordinairement faite du terme Shoah tend à singulariser l'événement à l'extrême. Un seul mot pour un seul événement. Et un mot qui ne saurait être associé à aucun autre événement. Ce qui n'est pas le cas de génocide. Toute bataille sur les mots est une bataille sur le sens.

E. B. — Il est à ce propos fort curieux que ce soit précisément en France, pays de l'universalisme, à la suite de la diffusion du film très fort de Claude Lanzmann, que le terme particularisant de Shoah l'ait si unanimement emporté. Je puis utiliser Shoah moi-même, puisque tel est l'usage. Holocauste me convient aussi. Ma préférence va pourtant à génocide, un terme qui a le mérite de ne pas couper l'histoire des Juifs de celle d'autres peuples tragiquement décimés, et de l'histoire humaine en général. De quelque façon qu'on le nomme, cet événement pose d'abord pour moi la question de l'indifférence, une question qui permet ce passage du particulier à l'universel, et qui se formule ainsi : quelle est notre attitude, à nous Juifs, face à la souffrance des autres ? L'exemple du génocide arménien est de ce point de vue instructif. Quel fut le comportement des Juifs en Palestine, lors des massacres de 1915 ? Les enfants des pionniers ont manifesté une réelle sensibilité à l'égard du génocide arménien ; ils ont réagi. Ainsi le groupe Nili, une organisation secrète pro-britannique active entre 1915 et 1917, avec son chef, Aaron Aaronson. Les natifs, ceux qu'on devait appeler les sabras, aussi. En France, il y eut Bernard Lazare, dès 1895. Tous les Juifs ne se sont pas tus. En Palestine, cependant, les Juifs immigrés, qui venaient surtout de Russie, ont bien davantage cédé aux impératifs d'une realpolitik. L'idée était alors la suivante : les Ottomans, les Jeunes Turcs doivent rester nos alliés, parce que c'est avec eux que nous devrons régler la question de Palestine. Cette realpolitik a perduré bien après la création de l'État d'Israël. Dès le début du sionisme, des relations plus ou moins cordiales se sont nouées avec les Ottomans. Et la Turquie fut plus tard le seul pays musulman à entretenir des rapports plutôt harmonieux avec le jeune État juif. Tout au long des dernières années, le principe d'une sauvegarde de ces relations a régulièrement primé. En 1978, un film sur le quartier arménien de Jérusalem devait être projeté. À la dernière minute, il a été décidé qu'il ne le serait pas. Des problèmes ont de même surgi autour du musée de l'Holocauste, à Washington. Dès 1983, les responsables de ce musée ont voulu l'ouvrir à d'autres génocides, à celui des Arméniens notamment. La chose a été confirmée en 1987. On sait maintenant que la place accordée au génocide arménien allait être plus importante, mais que, sous la pression, elle a été limitée. Le plus significatif intervient en 1989. Les sénateurs américains proposent une journée nationale de commémoration du génocide arménien pour le 24 avril 1990. Et sous l'influence de l'ambassade d'Israël aux États-Unis, puis sous la pression, entre autres, du lobby juif de Turquie, un pays dont la communauté juive compte à peine 20 000 membres, cette proposition ne sera pas retenue. Cette journée du souvenir devait marquer le 75e anniversaire du génocide arménien. Une semblable proposition avait déjà été rejetée en 1985 et en 1987. Le grand rabbin de Turquie écrivit à chacun des sénateurs pour leur expliquer que les Turcs avaient recueilli les Juifs expulsés d'Espagne en 1492, qu'on avait là la preuve manifeste de la mansuétude de ce pays à l'égard de toutes les minorités, et que l'interprétation retenue par eux des événements auxquels les Arméniens avaient été mêlés était infondée. Ces interventions répondaient aux sollicitations du gouvernement turc, lequel, pour forcer l'entrée dans la communauté européenne, cherchait à lever l'obstacle que constituait l'accusation de génocide. La même année, le ministre des Affaires étrangères turc lui-même intervenait auprès de l'Anti-Diffamation League, puissante branche de la B'nai B'rith américaine, une organisation philanthropique juive structurée sur le modèle des loges maçonniques, pour la convaincre de la validité de la thèse turque, selon laquelle il n'y a pas eu génocide. De leur côté, les Juifs turcs avaient intérêt à une entrée de leur pays dans l'Europe, à un moment où les islamistes gagnaient du terrain. Leur loyauté à l'égard de la Turquie n'a d'ailleurs pu qu'être confortée par les récents accords de coopération militaire et économique qui la lient maintenant à Israël. Tous les Juifs américains n'ont pas marché. Des rabbins réformés se sont opposés à ces manœuvres. Et l'Anti-Diffamation League n'a pas rejoint les rangs hostiles à cette journée de commémoration. En Israël, une forte polémique a éclaté sur l'interventionnisme de l'État dans cette affaire. L'élément constamment mis en avant restait la nécessité d'une préservation des anciennes relations nouées avec la Turquie. À tout cela s'est ajoutée, en 1990, l'annulation de la diffusion du film *Le Voyage en Arménie*. En Israël, les débats ont à chaque fois été vifs. Et l'on a vu se dessiner une évolution. En 1994, on a ainsi diffusé un film sur les Arméniens.

J.-C. A. — Je rappelle aussi cette intervention récente du ministre de l'Éducation de l'ancien gouvernement de gauche Barak, Yossi Sarid, demandant que l'on enseigne le génocide arménien dans les écoles israéliennes au même titre que le génocide juif. La prise de conscience fait manifestement son chemin.

E. B. — Pourquoi, cependant, avoir si longtemps résisté à reconnaître les enseignements universels susceptibles d'être tirés du génocide arménien ? Pourquoi si peu de livres sur cette affaire dans un pays où la conscience collective est fondée, en partie, sur le génocide juif ? J'y insiste donc : il est de notre devoir de tirer de l'expérience juive de la catastrophe de quoi réagir, de quoi répondre, non seulement aux terribles épreuves engendrées par le génocide arménien, mais à celles du Cambodge, du Rwanda, et à tout ce qui se passe, aussi, dans le voisinage immédiat d'Israël. Divers intellectuels israéliens se posent la question à peu près dans ces termes. Ce sont eux, les premiers, qui disent : notre propre expérience doit nous aider à réformer en profondeur notre comportement à l'égard des Palestiniens.

J.-C. A. — Ce que tu évoques là n'est pas seulement une question d'ordre moral ou politique. Quand tu dis que la leçon doit être universalisable, tu laisses entendre que des génocides peuvent être mis en rapport, qu'il peut y avoir comparaison.

E. B. — Cela n'oblitère nullement la particularité de chacun d'eux.

J.-C. A. — Tout événement historique est par définition « unique ». Il n'y a pas de répétition absolue en histoire. Ce que tu préconises est une approche foncièrement historienne de l'événement.

E. B. — Pas seulement historienne, mais politique aussi.

J.-C. A. — Un message politique peut se dégager de la pratique historienne. Ce que tu veux, c'est aussi que la parole soit donnée à ceux qui ont pour métier d'étudier les événements. Qui étudient le génocide juif et le génocide arménien comme des événements apparentés.

E. B. — Voilà pourquoi je pense plus utile de mettre en valeur la spécificité, plutôt que l'unicité, du génocide des Juifs. Ce n'est pas vraiment la même chose. Il est primordial de rendre la population attentive à tous les génocides. Enfermer le génocide des Juifs dans une absolue singularité risque aussi de freiner l'émergence d'une réceptivité, d'une réelle mise en rapport avec la douleur de l'autre. Cette extrême particularisation du génocide juif porte préjudice, me semble-t-il, aux Juifs eux-mêmes.

J.-C. A. — Et induit une perception par les Juifs de leur histoire qui est foncièrement a-historique. L'histoire des Juifs n'a plus de signification universelle, à partir du moment où son message est en quelque sorte circulaire.

E. B. — Si l'enseignement que l'on tire de sa propre histoire est tourné vers soi-même, en quoi peut-il ouvrir le regard et favoriser une autre vision du monde ? Ceci étant, tous les Juifs ne sauraient être logés à la même enseigne. Je n'ai évoqué le génocide arménien que parce que c'était en quelque sorte le massacre le plus proche, intervenant dans un contexte géopolitique dont la Palestine était partie prenante. N'oublions pas que la Palestine, jusqu'à la fin de 1917, était ottomane. Bien des voix juives, cependant, se sont élevées face aux atrocités. L'ambassadeur américain Henry Morgenthau, en poste à Istanbul de 1913 à 1916, en fut le témoin et les dénonça. C'était un Juif. Abraham Isaac Elkus, qui lui succéda dans cette charge de 1916 à 1919, Juif lui aussi, poursuivit l'œuvre de Morgenthau. Les voix discordantes n'ont donc pas manqué, l'indifférence n'a pas été totale. Ne cédons pas là non plus au manichéisme. Mais il nous incombe de comprendre les raisons de cette indifférence, pour que cette indifférence ne devienne pas la logique générale.

J.-C. A. — L'extrême sensibilisation à la Shoah qui s'est développée ces dernières années peut donc avoir des effets pervers.

E. B. — Chez les Juifs, certainement, mais chez les non-juifs aussi. Focaliser ainsi l'attention des non-juifs sur l'unicité du génocide juif ne conduit-il pas à les rendre eux aussi moins perméables à d'autres génocides ? Cette cristallisation n'a certainement pas servi la cause humaine, en laissant entendre que la Shoah a été un événement unique, n'ayant frappé que les Juifs, et finalement non susceptible de se reproduire ailleurs, sous une autre forme. Je note en passant que les débats sur l'unicité ont été bien plus vifs aux États-Unis qu'en France. Dans notre pays, ce thème n'est pas discuté publiquement, alors même qu'il est implicite dans l'usage systématique qui y est fait du terme Shoah.

J.-C. A. — Cette focalisation sur le génocide juif a un effet contraire, mais corrélatif, qui est la banalisation. Tout devient génocide, tout le monde devient nazi, dans la joute verbale, dans la polémique, au quotidien, les mots eux-mêmes ont fini par perdre leur sens.

E. B. — Cela est valable chez les Juifs aussi. Qu'on se souvienne de quelques raccourcis célèbres : Arafat = Hitler... Cette vulgate idéologisante, en Israël, a été aussi un élément de propagande. Pas massive, il est vrai, puisqu'on entend finalement plus de voix discordantes en Israël qu'en diaspora. Peut-on vraiment continuer à voir des ennemis partout, et à se dire que les Palestiniens ne sont à tout prendre que de nouveaux Nazis, l'incarnation nouvelle d'un ennemi éternel ? Sans doute l'exacerbation du conflit israélo-palestinien depuis octobre 2000 n'est-elle pas de nature à arranger les choses.

J.-C. A. — Par ailleurs, ce discours est entièrement réversible. Il est utilisé par l'autre camp : les Israéliens deviennent des Nazis, leurs dirigeants deviennent des Hitler.

E. B. — Dans cet emballement, le monde occidental joue lui aussi son rôle. L'Occident chrétien veut manifestement payer une dette, et se libérer ainsi du poids d'une écrasante culpabilité devant le génocide juif. On tombe là dans une sorte de perversion. Cet apitoiement généralisé, cette insistance éplorée et moralisatrice des intellectuels non juifs — ce n'est heureusement pas le cas de tout le monde —, cette constante mise en avant du génocide, ne conduisent pas seulement à la banalisation. Que deviennent dans tout cela ceux qui ont vécu la Shoah dans leur chair, leurs descendants définitivement marqués par la tragédie ? Comptent-ils vraiment là pour quelque chose ? Il y a plus que la banalisation : la surcharge affective qui me semble actuellement caractériser certaines franges intellectuelles n'est manifestement pas toujours des plus nettes. Comme si en parlant du génocide juif, en le ressassant continuellement, et en traquant ceux qui osent faire entendre une note un peu différente, on allait arriver à extirper de soi tout le mal. Chercherait-on là à créer la fiction d'une société « pure », tout entière au service du « Bien » ? Mais de quel « Bien » s'agit-il donc ? Depuis quand cet idéal de pureté est-il accessible ? Quelles autres turpitudes cache-t-on derrière tous ces beaux sentiments ? S'imaginerait-on que le sujet est « porteur » ?

J.-C. A. — Cette contrition collective, cet aveu sans cesse réitéré de la faute doivent laver de la faute — de toute faute ? Voir dans les Juifs les éternelles victimes d'un Mal total, ou voir dans les Israéliens de nouveaux Nazis, tout cela relève paradoxalement de démarches comparables. Dans les deux cas, il s'agit de s'exonérer, d'absolutiser le mal, et de le croire hors de soi. À la fois on banalise, et l'on se purifie de la souillure.

E. B. — Nous sommes hélas tout le temps dans ce circuit. Voilà pourquoi je reviens à ce que j'avais dit. Le plus grave, dans le « Shoah business », ce n'est pas le « business », c'est plutôt cette récupération polymorphe, idéologique surtout, cette mise au service d'intérêts problématiques. On sait qu'en Israël, il y a eu cette récupération idéologique du génocide juif. En diaspora aussi, l'appropriation s'est faite, puisque la Shoah, maintenant, fait intégralement partie de l'identité juive. Si l'on ne se réfugiait pas dans ce souvenir du génocide, existerait-on encore comme Juif ?

J.-C. A. — Je me demande s'il n'est pas un autre aspect de cette question qui permettrait de l'éclairer : un effet de contraste sidérant entre l'énormité de la tragédie et de la persécution, pendant les années de guerre, et le quotidien des Juifs aujourd'hui. Parce que nous vivons à une période, tout de même, où existe un État juif, où ne sévit plus le moindre antisémitisme destructeur, où les Juifs sont globalement en sécurité — même s'ils le sont peut-être moins, ces jours-ci, en Israël. Les Juifs ont rarement, dans leur histoire, joui d'une telle liberté de revendiquer leur identité et de l'affirmer — sans danger. Et c'est peut-être précisément ce qui, par contraste, devient difficile à vivre pour les Juifs, ou ne saurait être vécu par eux que dans la culpabilité.

E. B. — Voilà pourquoi, sans doute, certains sont tentés de voir partout des antisémites, ou pourquoi la presse juive accorde tant de place aux moindres incidents, généralement bien peu préoccupants. L'antisémitisme n'est sans doute pas mort, mais je ne vois nulle raison aujourd'hui de s'ingénier à le détecter ainsi un peu partout. La presse non juive entretient elle aussi le phénomène. Je ne sais trop comment l'appeler. Une obsession ?

Quel périodique laissera passer un mois, parfois une semaine, sans consacrer un article à la Shoah, ou à telle dernière manifestation d'antisémitisme ? Tout cela intervient, notons-le bien, à un moment où les Juifs n'ont jamais été aussi loin de leur judéité, de la pratique religieuse, du savoir juif et de la transmission du judaïsme.

J.-C. A. — Ni aussi loin, je le répète, du danger de persécution.

E. B. — Les deux choses convergent, apparemment.

J.-C. A. — Il est étonnant, par ailleurs, que bien des Juifs, sans le savoir, participent de cette manière à une christologisation du destin juif. La lecture de l'Holocauste comme autosacrifice rédempteur, une lecture dont Mauriac fut l'un des principaux relais en France dès la fin des années 50, a connu une certaine vogue dans les milieux chrétiens. Et encore aujourd'hui, pour certains, le peuple juif martyrisé est comme un nouveau Christ. Mais un Christ de substitution, complètement laïcisé, sécularisé. Un Christ qui n'émerge même pas à la conscience du commun des mortels comme Christ. Mais une figure christique tout de même. Comme si, pour être pleinement acceptée, et justifiée, en Occident du moins, la figure du Juif avait dû, pour finir, se confondre avec celle d'un Christ.

E. B. — Cette histoire, cette mémoire de la souffrance commune soude, à défaut d'autre chose, les liens d'un judaïsme en perte de sens. Qu'est-ce qu'être juif aujourd'hui ? Quand on me pose la question, et tant qu'il ne s'agit que de moi, je n'ai guère de peine à répondre. Je travaille sur les Juifs, j'écris modestement leur histoire, je suis en quelque sorte Juive par profession, pas seulement, bien sûr. Au fond, pour moi, la question ne se pose pas vraiment, alors même que je ne suis pas du tout pratiquante. Mais si je dois répondre pour les autres, ou leur suggérer une piste possible, les choses se compliquent.

Qu'est-ce qu'être juif aujourd'hui ? Se sentir proche d'Israël ? Partager une mémoire de l'extermination ? Et quoi d'autre ? Parfois, j'ai envie d'ajouter, peut-être naïvement : être juif, c'est aussi vivre dans une certaine éthique, avoir l'amour de la vie — et pas la passion de la mort. C'est une passion morbide que ce culte de la mort dont on entoure le génocide. Et si cette passion de la mort ne devait pas beaucoup à cette autre « mort », mort d'un certain judaïsme, que vivent dans l'inquiétude tant de jeunes gens issus de parents, de grands-parents ou d'arrière-grands-parents pratiquants, et qui eux-mêmes ne le sont plus ? Les plus tourmentés sont le plus souvent des Juifs qui ont été privés de toute transmission, pas seulement de transmission religieuse, mais de transmission d'un savoir, d'un savoir-faire, d'une histoire. La seule transmission qu'ils aient parfois pu expérimenter est passée par un pathos, une vague nostalgie. Or la nostalgie ne peut pas combler le vide de judéité ressenti par certains.

J.-C. A. — Puis-je expliciter ton propos en me livrant à un petit détour talmudique ? Quelqu'un qui veut devenir Juif, comment l'accueille-t-on ? Qu'est-ce qu'on lui demande ? La première chose qu'on lui dit est ceci : « Tu veux vraiment devenir Juif ? t'agréger à une communauté, à un peuple qui se trouve persécuté, dispersé, soumis, déchiré ? » Et la réponse idéale du candidat, quelle est-elle ? S'il répond : « Je n'en suis pas digne », s'il se déclare indigne de partager la condition de souffrance de la communauté juive, alors on le convertit sans délai. Mais comment le convertit-on ? En lui enseignant la Tora, un peu de la Tora, les commandements positifs, les commandements négatifs, en lui expliquant qu'il y a des récompenses, des châtiments, et en lui indiquant que de toute façon ce n'est pas en ce monde-ci qu'Israël est récompensé, mais dans le monde à venir. Pour l'instant, Israël souffre, pour gagner son paradis. Ce rituel élaboré fait donc intervenir en même temps deux éléments : d'abord, la souffrance, la communauté de souffrance, mais une souffrance réelle, en acte ; ensuite, la Loi. Que reste-t-il au Juif contemporain de ces deux éléments ? Lui, qui est né Juif, qui ne le devient pas, à qui personne ne vient poser de question, mais qui, seul avec lui-même, s'interroge — lui n'a plus ni l'un, ni l'autre. Il n'a plus la Loi. Il n'a plus la souffrance. Il ne lui reste que la mémoire de la souffrance.

E. B. — À revenir sans cesse sur l'antisémitisme, à dénoncer sans relâche tout discours qui n'est pas tout à fait dans la norme, à traquer infatigablement les moindres indices de haine, de rejet, voire seulement d'indifférence, on se crée indubitablement une communauté de souffrances fantasmées. À quoi l'on associe, le plus souvent, la proximité avec Israël, la solidarité avec Israël. Une proximité souvent profondément ressentie, qui n'est pas illégitime en soi, mais mise en difficulté, quoi qu'on en dise, par un conflit qui s'éternise, et qui renvoie de ce pays une image point toujours commode à gérer.

J.-C. A. — Et si l'on revenait aux chiffres. Peut-être expliqueront-ils, ou confirmeront-ils cette place prédominante de l'imaginaire dans l'identité juive contemporaine. Quelle proportion de Juifs français n'ont-ils jamais mis les pieds dans un lieu juif ?

E. B. — D'après une étude des années 80, à peu près 60 %. On comprend que la Shoah, pour ceux qui ne l'ont pas vécue, pour les descendants, ne prescrive pas seulement un devoir de mémoire, elle fournit un substitut d'identité. Il est remarquable que cette centralité du génocide, dans la mémoire, dans l'identité, dans les représentations, soit plutôt un phénomène tardif. Elle émerge à la fin des années 70. Dans l'immédiat après-guerre, les Juifs parlent encore peu de leur expérience, on les écoute peu quand ils en parlent, les intellectuels français s'y intéressent peu, et globalisent, ne faisant guère la différence entre les déportés raciaux et les autres. La prise de conscience, la verbalisation à grande échelle ont été progressives. Mais nous en sommes aujourd'hui à une surconscience, à une surverbalisation. Dans le sillage de la guerre des Six-Jours, puis de la guerre de Kippour en 1973, des Juifs sont partis à la recherche de leur judéité. Alain Finkielkraut ne fut certes pas le seul « Juif imaginaire » de sa génération. Ce retour s'est trouvé diversement orienté. Pour certains, cela a été la religion, pour d'autres, la culture, et pour d'autres encore, la mémoire du génocide. Dont le poids n'a pu qu'être alourdi au fil du temps par les déclarations et les actions des autorités françaises elles-mêmes. Tout cela a marché de pair.

J.-C. A. — On doit aussi compter avec autre chose, avec une tendance sociologique globale. On observe tout de même, à un niveau général, une attention prêtée aux victimes toujours plus forte. La fin du XXe siècle a survalorisé le statut de victime.

E. B. — Bien sûr. Mais la quête d'identité, dans le cas des Juifs, a joué un rôle primordial. Et dans cette quête, plusieurs tendances ont pu s'affirmer en même temps. Aujourd'hui, par exemple, le retour à une pratique rigoureuse est clairement l'une de ces tendances. En outre, Ashkénazes et Sépharades n'ont pas forcément vécu les choses de la même manière. L'arrivée des Juifs d'Afrique du Nord, à partir de la fin des années 50, a provoqué en France un vrai bouleversement. Ces Juifs avaient une identité juive affirmée, visible, et se montraient en même temps capables d'une intégration rapide et profonde. Ils incarnaient un judaïsme sans complexe, s'acclimatant sans trop de problèmes au contexte français. Or observons que ces dernières années, le poids de la Shoah est devenu fort dans la conscience des descendants de ces Juifs nord-africains. Comme si, aujourd'hui, le seul moyen d'être un bon juif passait par l'appropriation de cette expérience traumatique. Or les Juifs d'Afrique du Nord n'ont pas vécu le génocide, même s'ils ont souffert de la politique de Vichy. Que dire alors de leurs enfants ? Peuvent-ils encore faire pleinement reconnaître leur qualité de Juifs sans communier, même abstraitement, même par le biais de l'imaginaire, dans cette mémoire de la tragédie ? On comprend ainsi la place que le génocide occupe de plus en plus dans les rangs de cette jeune génération. Il faut bien donner de l'épaisseur à son judaïsme.

J.-C. A. — Il y a une substitution tout de même, d'une religion à une autre, d'un culte à un autre. Avec des cérémonies spécifiques.

E. B. — Le génocide remplace la religion perdue. Il donne lieu à des commémorations, à tout un ensemble de rituels qui s'apparentent étrangement à du religieux. C'est en fait là une religion accessible à la fois aux Juifs non-religieux et aux non-juifs. Et plus cette religion prendra de place, plus la banalisation sera forte.

J.-C. A. — Une religion, pourtant, ne saurait tourner seulement autour de la mort. La mémoire du génocide érigée en religion est une religion sans Dieu, et sans espérance. Admettons qu'une religion puisse se passer de Dieu. Mais de l'espérance ? Une religion, n'est-ce pas tout de même aussi une projection dans l'avenir, des aspirations rédemptrices, l'expiation, le dépassement de la culpabilité, et de la souffrance, un espoir de résurrection ? C'est une drôle de religion qu'on laisse en quelque sorte aux Juifs sans religion. Je vois assez mal, dans ces conditions, ce que demain nous réserve. Mais qui parle de demain ?

E. B. — J'ajoute que cette religion est entièrement fermée sur elle-même, et s'auto-alimente. Et que cette sacralisation clôt le débat. Il est à souhaiter qu'il ne s'agisse là que d'un moment critique, susceptible de dépassement. Je me demande seulement si ce dépassement ne s'accomplira pas dans le retour à une ultra-religiosité. Heureusement, ce n'est pas partout la même chose. Aujourd'hui, en Israël, se développe une profonde réflexion sur ce problème, aux États-Unis aussi. En France, nous sommes plus bridés. On a le sentiment de se heurter à un mur compact, qui n'admet aucune issue, ni le moindre débat.

J.-C. A. — En fait, cette religion est tout le contraire d'une religion. Elle est un enfermement.

E. B. — Je ne vois pour cette raison de salut que dans l'universalisation. Universaliser n'est pas oublier. C'est de l'excès de parole que découle l'oubli, la normalisation.

J.-C. A. — Mais reconnais que la religiosité est aussi du côté des non-juifs. Les repentances ? Elles entretiennent une atmosphère, elles justifient des attitudes. Et parfois elles frisent le ridicule. J'observe que ceux qui se repentent ce ne sont pas ceux qui ont fait le mal. Et que ceux qui pourraient pardonner ne sont plus là. Là encore, je soupçonne une ritualisation creuse. Dans la repentance, celui qui se repent est celui qui a commis la faute. S'il meurt avant de se repentir, c'est trop tard. Il faut passer à autre chose.

E. B. — Nous sommes tous dans cette soif de religion. Mais d'une religion sans trop de pratiques encombrantes. À l'ère du libre service, on ne prend du religieux que ce qui peut aider, et qui pallie une absence.

J.-C. A. — Je voudrais cependant poser une autre question : est-ce la première fois, dans l'histoire juive, que les Juifs sont confrontés à un traumatisme aussi radical ? Nous avons déjà mentionné les massacres ayant accompagné la première croisade, à la fin du XIe siècle, qui ont inspiré de poignantes chroniques juives rédigées à la gloire des martyrs. Nous pourrions aussi évoquer les émeutes qui accompagnèrent la révolte cosaque dirigée par Bogdan Chmielnicki, en 1648-1649, et qui frappèrent de plein fouet le judaïsme polonais. Mais je songe surtout à certains travaux qui ont été consacrés aux expulsés d'Espagne, et à leurs descendants de la première, voire de la seconde génération. Le désespoir est patent. Le sentiment que Dieu a abandonné son peuple, qu'Israël va peut-être disparaître, que ceux qui n'ont pas été convertis de force périront entre les mains des pirates, ou mourront d'épidémies sur leurs nouveaux lieux d'accueil. Mais s'exprime en même temps une volonté de tenir, avec cette obsession : faire à tout prix des enfants pour assurer l'avenir, pour perpétuer le judaïsme. Malgré le désespoir, subsiste cette projection dans l'avenir. On donne une double valeur au traumatisme. Il peut être châtiment, ou catastrophe injuste et inexpliquée, mais, dans tous les cas, il ne doit pas empêcher de bâtir demain, de bâtir le judaïsme de demain.

E. B. — Aujourd'hui, point de foi pour soutenir les défaillants, point de religion véritable susceptible de nourrir une espérance, envers et contre tout. On s'imprègne de cette catastrophe, elle se transforme en un élément identitaire. Mais si, d'aventure, on allait tout à coup contre cette « religion de la Shoah », contre cette religion de ceux qui n'en ont plus, que resterait-il donc ? Israël en conflit ?

J.-C. A. — Il resterait tout de même l'orthodoxie, à laquelle de plus en plus de Juifs font finalement retour. Une orthodoxie qui, pour certains, fonctionnera même comme refuge — loin d'Israël, et loin de la Shoah. J'admets cependant que cette mouvance demeure encore minoritaire.

E. B. — L'ironie tient à ce que cette orthodoxie religieuse, sous ses formes nouvelles, nous vient largement d'Israël. Lorsque nous avons retracé le parcours historique de la naissance du nationalisme juif, nous n'avons peut-être pas assez souligné le fait que, longtemps, c'est l'aile socialisante qui a dominé, et qui a refoulé la religion, tout en prônant le retour au sol ancestral, tout en se réclamant d'un enracinement juif millénaire sur ce sol. Cette mobilisation du passé fut en même temps sécularisation. Au moins dans l'imaginaire sioniste socialiste, qui a tenu les rênes du pouvoir jusqu'à la victoire du Likoud, à savoir de la droite du sionisme, en 1977. À partir de là on observe les premiers signes patents d'un retour du refoulé. La religion refoulée resurgit sous ses formes les plus extrémistes. Aujourd'hui, je dirais qu'Israël vit un retour de tous les refoulés. Le retour du refoulé religieux, et le retour du refoulé oriental.

J.-C. A. — C'est d'ailleurs un petit peu la même chose. Le phénomène est démographique. Lorsqu'une forte présence orientale s'impose en Israël, s'impose du même coup une forte présence de populations juives plutôt traditionalistes, et non formées au sionisme.

E. B. — Je ne voulais pas dire exactement cela. Les Sépharades, longtemps perçus comme « traditionnels », ont été aussi, sous la domination du sionisme socialiste, considérés comme une population non sioniste, n'ayant pas collaboré de manière significative à la fondation de l'État d'Israël. Les Sépharades étaient au fond des citoyens, sinon de seconde zone, du moins pas de premier rang. Et le Shas, un parti religieux recrutant majoritairement dans les milieux issus d'Afrique du Nord, incarne aujourd'hui le mieux ce retour d'un double refoulé dont je parlais à l'instant. Nombre de ses membres sont des Marocains, la population la moins bien vue d'Israël. Ce sont ces gens-là qui ont voté contre les socialistes, et ont fait venir le Likoud au pouvoir. Dans le Shas, refoulé religieux et refoulé oriental ont trouvé les moyens de leur retour. Car le Shas s'est transformé en une force politique majeure, face à l'aile sioniste dominante, de gauche, laïque, et ashkénaze. À ce point de vue aussi, le sionisme, en Israël, est entré dans une phase nouvelle et doit faire face à ses propres refoulements. Au nombre desquels il faut bien sûr compter également le refoulement de l'Arabe.

J.-C. A. — Le poids des préjugés et des défiances, entre Orientaux et Ashkénazes, n'est pas lourd en Israël seulement. Les stéréotypes menacent souvent d'empoisonner les rapports.

E. B. — Un exemple. Récemment, j'ai reçu deux invitations, pour deux festivals de musique « juive », organisés par la même institution. Le programme du cycle de musique « yiddish », en fait classique, alignait les noms de Bloch, de Chostakovitch, et de quelques grandes gloires du répertoire. De son côté, l'annonce du cycle de musique judéo-espagnole était illustrée d'une photo de vieilles dames arborant le costume traditionnel du XIXe siècle, et il n'y était guère question que de romances et autres chants populaires. L'intention était louable, il n'y avait aucune volonté de nuire à l'image des Sépharades. Mais le contraste était saisissant. D'un côté les Ashkénazes, aristocrates de la culture, assimilés aux valeurs de l'Occident, de l'autre les Sépharades, source de folklore, objets de nostalgie. Là réside, tout de même, une partie des problèmes. Les États-Unis ne sont pas concernés, parce que la majorité de la population juive y est ashkénaze. En revanche, l'arrivée en France des Juifs d'Afrique du Nord a créé une tension. Leur intégration, leur réussite rapide n'a pas été bien vue par tous au sein du groupe juif. La communauté ashkénaze, bien installée, avec ses intellectuels, ses lettrés, sa valorisation du savoir, ses enfants réussis, a regardé les nouveaux venus, je ne dirais pas avec mépris, mais avec quelque condescendance. Les barbares étaient arrivés. Une vieille tradition qui se répète. Au XIXe siècle et au début du XXe siècle, les documents émanant de l'Alliance israélite universelle, organisation juive française qui a fondé de nombreuses écoles dans l'Empire ottoman et en Afrique du Nord, portaient déjà sur les Orientaux un regard bien colonial. On les décrivait comme primitifs, superstitieux, les ongles sales, vivant dans une hygiène douteuse et se traînant encore dans leurs costumes traditionnels.

J.-C. A. — Notons au passage que les israélites ont aussi porté un regard quelque peu condescendant sur leurs coreligionnaires d'Europe orientale arrivant en un flot continu dans l'entre-deux-guerres... Reste que certains milieux ashkénazes ont, de quelque origine qu'ils soient, tout à fait intégré cette vision coloniale du Sépharade.

E. B. — Cette vision n'a pas sévi qu'en France. Actuellement, une nouvelle génération d'historiens et de sociologues israéliens, les fameux postsionistes, réexamine les origines et les effets de cette distinction dichotomique établie entre Ashkénazes et Sépharades, et cherche les raisons de la non-réussite des seconds en Israël. Sans doute la peur de la levantinisation. À quoi s'est ajouté le prestige attaché aux fondateurs, d'origine allemande, et à l'Europe de l'Est, aussi, berceau du sionisme historique. Le pionnier était, d'emblée, un Ashkénaze. On a même gommé de l'historiographie et de la mémoire du militantisme sioniste en Afrique du Nord. On a préféré se rappeler d'abord que les Juifs orientaux venus en Israël étaient des pauvres, que les notables des communautés ne voulaient ou ne pouvaient plus nourrir, et dont ils s'étaient débarrassés en les poussant à l'émigration. Ils avaient décidément peu de chose à leur actif. Leur seul mérite consistait en leur traditionalisme, si du moins c'était bien là un mérite.

J.-C. A. — Ils avaient un autre défaut : ils ne parlaient pas le yiddish, comme s'il fallait parler yiddish pour être vraiment Juif. Ce qui ne manque pas de piquant. La tradition sioniste valorise l'hébreu contre le yiddish, perçu comme un jargon. Mais tout de même, un Juif dont la langue maternelle n'est pas le yiddish, est-ce vraiment un Juif dont Israël a besoin ?

E. B. — Ils ne parlaient pas yiddish et ils étaient traditionalistes. Or la branche dominante du sionisme était laïque. Elle a mésestimé la religiosité de ces gens, n'y a vu qu'une négativité à gommer, à surmonter. Aujourd'hui, les Orientaux tirent tout leur orgueil de cette négativité, et n'hésitent pas à voter contre la gauche. Toutes les humiliations se sont politisées. La *Mimouna*, une fête typiquement nord-africaine qui clôt la période de Pâque, est quasiment devenue une fête nationale israélienne. Les Sépharades ont revendiqué précisément ce qu'on leur avait reproché : leur religiosité. Ils l'ont convertie en positif. Le parti Shas n'incarne pourtant pas la « revanche » sépharade sans ambiguïté. Des sympathisants du Shas envoient leurs enfants dans des écoles orthodoxes ashkénazes. Comme si eux-mêmes avaient intégré le principe d'une supériorité du modèle ashkénaze, sur le terrain religieux cette fois. Derrière tout cela, se cachent les blessures de l'émigration. Les Juifs orientaux et nord-africains sont restés dans des camps de transit en Israël pendant des années. Et la rancœur s'exprime aujourd'hui sans honte. Les Russes arrivent ; on leur donne des appartements, on les aide financièrement pour s'installer dans des centres urbains. Les Juifs marocains, eux, ont été envoyés loin des métropoles, dans des villes de développement, où ils n'ont pas pu s'en sortir. En France, toutes ces défiances se déclinent autrement : les Sépharades ont réussi, mais ils n'ont pas vécu l'expérience de la Shoah, et ils n'ont pas, aux yeux des populations juives installées avant eux, le privilège de la culture.

J.-C. A. — Ce qui ne correspond pas à la moindre réalité. Parce qu'une énorme partie de la culture juive de langue française produite à partir des années 60 l'a été par des Sépharades.

E. B. — Sociologiquement, le Juif français est Sépharade. Il y a les Juifs d'Afrique du Nord, les Juifs qui viennent d'Orient, moins nombreux. Tout ce monde, on l'a vu, est dit « sépharade », même si le sens premier de « Sépharade » est « originaire d'Espagne ». Les Juifs d'Afrique du Nord sont majoritaires en France. Et leur ascension sociale est spectaculaire. À quoi faut-il l'attribuer ? Beaucoup étaient Français avant leur arrivée. Ainsi les rapatriés d'Algérie, qui ont pu s'insérer rapidement, et qui comptaient un grand nombre de fonctionnaires. Il s'agit de la première vague d'immigration juive en France qui se soit à ce point dispersée dans tout le pays, sans se concentrer seulement à Paris. Grâce aux aléas de la nomination des fonctionnaires, notamment, on trouvait désormais des Juifs un peu partout, en des lieux où il n'y en avait quasiment pas eu jusque-là. À quoi se sont ajoutés les Juifs tunisiens ou marocains, dont certains avaient la nationalité française, ou appartenaient à la crème de la société juive. Les pauvres, ceux qui n'étaient pas instruits, sont allés directement en Israël. D'autres ont pris le chemin de Montréal. En France, les nouveaux venus ont apporté tout leur dynamisme à une société juive sortie exsangue de la guerre. C'étaient en outre des Méditerranéens, dont certains ont pu regretter qu'ils ne soient parfois pas plus discrets.

J.-C. A. — Ne tombons pas dans la caricature cependant ! *La vérité si je mens*, c'est très bien, très sympathique, il y a des Juifs comme cela, mais il y en a qui ne sont pas du tout comme cela, y compris en France, y compris des Sépharades. Les Juifs de *La vérité si je mens* sont des Juifs, pas tous les Juifs.

E. B. — Tu as raison. Les Sépharades se sont en outre distingués intellectuellement dès leur arrivée. La renaissance culturelle juive des années 70-80 doit beaucoup aux écrivains juifs nord-africains. Dans la foulée, bien sûr, après la guerre des Six-Jours et la guerre de Kippour, de jeunes Juifs ashkénazes ont aussi fait un retour au judaïsme. Le contexte était porteur pour tous. Les Séphardes n'avaient pas honte d'être juifs, leur judéité s'est faite affirmative, ils ne l'ont pas cachée. Dans le même temps, chose étonnante, ils se sont intégrés avec une facilité telle qu'ils ont pu investir des secteurs qui restent souvent fermés aux nouveaux venus : pas seulement la médecine, mais l'édition, le journalisme, la culture. Les Ashkénazes arrivés dans l'entre-deux-guerres avaient eu à apprendre le français. Ce sont leurs enfants qui ont réussi. Ici, l'ascension a été immédiate. Et le défi, pour certains, avait pourtant été difficile : nombre d'Algériens appartenaient à la petite classe moyenne, et avaient tout laissé derrière eux. Et pour les Tunisiens et les Marocains les moins favorisés, et dont certains n'avaient pas la nationalité française, tout n'a pas été rose non plus.

J.-C. A. — Pour démêler l'écheveau de cette prétendue hiérarchie, qui place les Ashkénazes en haut, et les Séphardes en bas, il convient de remonter un peu dans le temps.

E. B. — Et de situer le problème dans la longue durée. La culture ashkénaze n'a été reconnue comme culture noble que lorsque les Ashkénazes ont émigré, en Amérique et ailleurs. Les grands écrivains, les Bashevis Singer et les autres, les grands compositeurs, les grands savants, ce n'est pas dans les bourgades de Pologne qu'ils ont connu la gloire. Il est vrai que pendant ce temps, en terre d'islam, il n'y avait guère de défis à relever. Les Juifs ne s'y sentaient pas inférieurs à l'environnement non juif. En Occident, et en Europe centrale, c'est ce qui a joué : on a voulu égaler les non-juifs sur leur propre terrain. On a voulu être artiste, écrivain, professeur d'université, avoir des bibliothèques, posséder des tableaux. En terre d'islam, cette idée que l'on n'était pas inférieur au musulman, malgré un statut de sujet de second rang, a pu contribuer à une certaine stagnation. Encore que cela ne soit pas tout à fait vrai. En Afrique du Nord et en Orient, les regards étaient tournés vers l'Occident. On s'est identifié à l'Europe, et là où il y avait eu colonisation, au colon.

J.-C. A. — La francisation fut précoce. Voilà pourquoi la France compte tant d'intellectuels sépharades. Et cette francisation n'a pas été seulement effective en Afrique du Nord.

E. B. — En effet, les Judéo-Espagnols issus de Turquie et des Balkans, qui sont minoritaires en France, ont été francisés, au moins certains d'entre eux, dès les années 1870, par les écoles de l'Alliance israélite universelle. Très vite, cette population s'est tournée vers l'Occident. La Bulgarie est tôt devenue un bastion du sionisme en terre sépharade. C'est d'ailleurs ainsi que s'explique l'acclimatation facile, en Israël, de ces Juifs bulgares parlant judéo-espagnol. Là-bas, les Juifs balkaniques font figure de Juifs « invisibles », parce qu'ils n'ont posé aucun problème d'intégration. De même, parce qu'ils parlaient le français, les Orientaux arrivés en France qui, à partir de 1909, se sont installés dans le XIe arrondissement de Paris, se sont harmonieusement intégrés. Ils n'avaient pas connu non plus le problème de la colonisation qui, en Afrique du Nord, a contribué à fausser les rapports entre les Juifs et leur environnement. Quelques personnalités françaises ou d'expression française de premier plan sont issues de ce groupe-là, même si elles ne le clament pas toutes. Il n'y a pas eu qu'Albert Cohen.

J.-C. A. — Tu présentes souvent les Judéo-Espagnols comme les plus ashkénazes des Sépharades. Ce qui ne manque pas d'ironie.

E. B. — En effet. Moi-même, qui suis née à Istanbul d'un père d'origine bulgare et d'une mère d'origine salonicienne, je me sens juive d'abord parce que je me sens judéo-espagnole. Je parle le judéo-espagnol, et j'ai bien conscience d'être sépharade d'une autre manière que les Juifs d'Afrique du Nord, ce qui n'implique nulle hiérarchie. Mais je porte le nom de Benbassa qui pourrait passer pour un patronyme d'Afrique du Nord, alors qu'il ne l'est nullement. Et face à l'injustice du regard souvent porté sur l'ensemble du groupe et sur moi, je me solidarise avec tous.

J.-C. A. — Tu te présentais il y a peu comme une « Juive par profession ». Ne serais-tu pas aussi une « Sépharade par profession » ?

E. B. — Dans ma carrière universitaire, c'est vrai, à un moment, j'ai obliqué et me suis tournée vers mes origines, au début avec nostalgie, ensuite avec toute l'exigence de scientificité requise. Et j'ai écrit l'histoire de mon groupe, qui est un groupe en voie d'extinction, avec un collègue américain, qui comme moi est un Judéo-Espagnol de Turquie, tout simplement parce que passer par l'écrit était une façon pour moi d'exister et de faire exister mes Juifs à moi. Et je revendique tout cela comme une dignité particulière uniquement face à ce regard dépréciateur qui aujourd'hui, en France, continue d'être celui d'une certaine intelligentsia ashkénaze. Un Sépharade est un marchand du Sentier. Quand il s'occupe d'écrire des livres, il devient facilement objet de moquerie, ou suscite l'incrédulité.

J.-C. A. — Mais les Ashkénazes ne tiennent plus le pouvoir, et c'est tout leur problème.

E. B. — En effet, une bonne part de cette attitude — nous ne sommes pas des frères ennemis — vient du fait que l'intelligentsia d'origine ashkénaze a été, en somme, supplantée. Quant aux Sépharades, ils ont fini par nourrir une sorte de complexe. Pas les Juifs d'Orient, parce qu'ils ont longtemps perçu leur origine ibérique comme un privilège aristocratique, et parce qu'ils ont traversé, eux aussi, l'épreuve du génocide. Les Juifs nord-africains, en revanche, ont conçu une sorte de culpabilité de n'avoir pas partagé cette épreuve. Cette gêne est bien là. Comme si, pour être un bon Juif, quand il ne subsiste plus grand-chose de la pratique religieuse, il fallait non seulement être ashkénaze, mais aussi avoir vécu l'expérience de la Shoah. Lorsque les grands-parents seront morts, que les traditions familiales se seront éteintes, que restera-t-il aux Juifs d'Afrique du Nord, hormis la religion ? On comprend mieux ainsi qu'en matière de « devoir de mémoire », certains Sépharades se montrent parfois presque plus zélés que les Ashkénazes. Est-ce pour toutes ces raisons que l'on voit quelques jeunes Sépharades centrer tant leur identité sur la Shoah, organiser des colloques sur l'antisémitisme, faire des thèses sur le génocide ?

J.-C. A. — On commence toutefois à percevoir des résistances, chez les Sépharades, à cette survalorisation du vécu ashkénaze. On a parfois le sentiment d'avoir atteint à une espèce de saturation, comme si l'on était en train de se nier soi-même, de s'aliéner en quelque sorte à une vision juive du monde somme toute étrangère. Moi-même, sans en avoir trop l'air, je suis Sépharade. À deux titres au moins. Généalogiquement, d'abord : mon père est un Judéo-Espagnol d'Algérie, dont la famille était originaire de Tétouan, l'équivalent, au Couchant, de ce que tu décrivais à l'instant au Levant. Sépharade, par ailleurs, je le suis aussi par cohabitation. Avec toi, j'entends ! Par ma mère, enfin, je ne suis ni sépharade ni ashkénaze, puisqu'elle n'est pas juive. Ou disons que, ma mère non juive, c'est un peu mon côté ashkénaze ! Dans les objets d'études que j'ai pu me choisir comme chercheur, et dans ma façon personnelle de me relier au monde juif, effectivement, la dominante est bien sépharade et méditerranéenne. Mon identification au judaïsme, assumée dans ma prime jeunesse et officialisée par une conversion — puisqu'aux termes du droit juif, étant né de mère non juive, je n'étais pas Juif au sens légal de ce mot —, a été grandement facilitée par l'existence des Sépharades. Je trouve là tout un climat qui me convient sans doute davantage.

E. B. — On nie trop communément la vitalité de la culture sépharade. On veut bien admettre qu'il y ait eu un moment fort, l'âge d'or espagnol, les philosophes et les poètes, et puis les kabbalistes. Rien de plus. Le commun des Juifs ignore généralement tout de la culture qui s'est développée en Afrique du Nord et en Orient au-delà d'une certaine date. On a le sentiment qu'après Maïmonide et le *Zohar*, la pièce maîtresse de la littérature mystique juive, tout s'est plus ou moins arrêté. La relève étant assurée par les seuls Ashkénazes. Belle simplification !

J.-C. A. — Le réel juif est fait de toutes ces différences, culturelles, voire cultuelles. Ces différences sont une richesse, elles sont génératrices de tension, mais ne devraient pas empêcher les rencontres. Ashkénazes et Sépharades peuvent fort bien prier ensemble. Les rites sont pourtant bien différents ! Un Sépharade qui n'a jamais pratiqué que le culte sépharade et qui se retrouve dans une synagogue ashkénaze, où l'on prononce l'hébreu à l'ashkénaze, sera complètement perdu. Il se repérera aux principaux gestes rituels, la sortie du rouleau de la Tora de l'Arche, sa lecture, mais il aura du mal à suivre, même le texte. Et pourtant, il existe de petites communautés où les fidèles sont mêlés par la force des choses. Des compromis, des liturgies un peu mixtes s'élaborent. On fait la part belle aux Sépharades, et puis aux Ashkénazes. Un modus vivendi est possible. Encore faut-il le vouloir, et reconnaître en toute judéité, quelles que puissent être ses formes d'expression, une judéité pleine, réelle et légitime, en évitant les classements hiérarchiques.

E. B. — En monde sépharade, en Afrique du Nord en particulier, la pratique religieuse me semble parfois moins coupée de la réalité quotidienne. Elle est coutume, vécu familial, sociabilité. Voilà peut-être pourquoi on rencontrera moins d'expressions d'ultra-orthodoxie en milieu sépharade — sauf en Israël, où le religieux, avec le Shas, est surpolitisé.

J.-C. A. — Peut-être simplement l'enjeu est-il moins central, et donc moins idéologisé. En terre d'islam, l'expérience de la rencontre avec la modernité est somme toute moins conflictuelle, et plus susceptible de favoriser les compromis. On ne s'y arc-boute pas sur une position antireligieuse, hyper-laïque, ou au contraire ultra-orthodoxe. On voit au contraire émerger beaucoup de formules souples, constamment révisables. On mangera cacher à la maison, pas à l'extérieur. On prononcera la bénédiction rituelle sur le vin chaque vendredi soir en famille, mais on ne s'interdira pas, le samedi matin, de prendre sa voiture pour aller à la synagogue... ou pour aller faire ses courses !

E. B. — En Europe orientale, pendant longtemps, le religieux et le quotidien n'étaient pas davantage séparés. Mais cette région du judaïsme a été le théâtre d'affrontements idéologico-politiques majeurs. L'histoire du judaïsme en Afrique du Nord, en revanche, ne semble guère prédisposer à l'extrémisme religieux. En Orient, encore moins.

J.-C. A. — N'oublions pas qu'avant la modernité, il n'y a pas de judaïsme « orthodoxe ». L'orthodoxie est un phénomène qui apparaît au XIXe siècle, en Europe centrale et orientale. En fait, l'orthodoxie émerge en tant que telle, et sous une forme proche de celle que nous lui connaissons encore aujourd'hui, précisément au moment où elle cesse d'être naturelle à beaucoup de Juifs, et où d'autres options, différentes, se cristallisent. Avec un Moïse Sofer, en Hongrie, face à la Réforme, une réaction ultra-orthodoxe s'organise. La Tora, à ses yeux, ne saurait s'accommoder de nouveauté. Cette volonté de figer le judaïsme dans un refus de la modernité n'en est pas moins elle-même une nouveauté. Une tendance à ne pas confondre avec la néo-orthodoxie qui, elle, répondant aux mêmes défis, va tenter de combiner la Tora, l'héritage traditionnel, les normes strictes du judaïsme, avec la culture moderne. L'ultra-orthodoxie est une forme de rejet catégorique — et moderne ! — de la modernité. Elle voit un danger dans le mouvement des Lumières juives, dans la Réforme, et jusque dans la néo-orthodoxie elle-même !

E. B. — Cette défiance à l'endroit des Lumières juives est loin d'avoir disparu. J'ai le souvenir d'un étudiant, issu des milieux rabbiniques, qui, après un cours sur ce courant de rénovation culturelle et sociale du judaïsme né à la fin du XVIIIe siècle, me prend dans un coin, et me dit : « Ce sont tout de même les Lumières qui ont tué le judaïsme, et vous parlez de cela avec facilité. Vous devriez réfléchir. » Comment, aujourd'hui encore, le mouvement des Lumières juives peut-il apparaître aux Juifs orthodoxes comme une négation du judaïsme ? Est-ce que ce sont les Lumières en elles-mêmes qui font peur ? Moïse Mendelssohn, le père de ce courant, ne cessa pas d'être un Juif pratiquant. Il est vrai que sa descendance, elle, s'est convertie au christianisme.

J.-C. A. — Il convient de bien se rendre compte que les orthodoxes contemporains, quoi qu'ils en disent, ont fabriqué un judaïsme fondamentalement moderne contre la modernité, à partir d'une sélection des sources susceptibles de faire autorité et d'imposer les normes de comportement retenues, d'une lecture elle-même sélective de ces sources, et d'une interprétation fortement biaisée du passé juif — en fait, ils nient l'histoire. Ce qu'on nous présente comme la tradition dans sa pureté est une tradition réinventée.

E. B. — Tu veux sans doute dire par là qu'il s'agit à la fois d'un rejet de la modernité et d'une adaptation à la modernité qui ne s'avoue pas. Ce n'est pas la première fois que le judaïsme s'adapte, et se transforme pour s'adapter.

J.-C. A. — Certes. Mais lorsque tu parles Juifs ou judaïsme aujourd'hui, qu'est-ce qui vient à l'esprit des gens ? Des hommes en noir, des barbus, des femmes en perruque. Or le judaïsme contemporain, ce n'est pas cela. Ces gens-là n'en sont qu'une toute petite partie, visible, peut-être démesurément. Mais les courants juifs réformés sont aussi le judaïsme. Sans doute sont-ils encore perçus en France comme un peu secondaires. Mais de l'autre côté de l'Atlantique, c'est tout à fait convenu, ordinaire, et légitime.

E. B. — Quand nous allons travailler à New York, au *Jewish Theological Seminary*, une institution d'enseignement supérieur appartenant à la mouvance *conservative* — plus ou moins à mi-chemin de l'orthodoxie et du judaïsme libéral —, nous logeons sur place. Et nous rencontrons là de jeunes étudiantes coiffées de la calotte traditionnellement réservée aux hommes, et se promenant ainsi dans les couloirs, avec le plus grand naturel, sans que cela suscite l'étonnement de qui que ce soit. Certaines exerceront des responsabilités communautaires. Certaines suivent une formation rabbinique, comme cela est admis dans ce courant depuis 1983.

J.-C. A. — Qui va assurer la pérennité, la survie du judaïsme ? Est-ce l'ultra-orthodoxie, prolifique, et repliée sur elle-même ? Ou au contraire des formes de judaïsme adaptées, réformatrices, en constante ébullition, et prêtes à innover tout en conservant des références plus ou moins fortes à la tradition ?

E. B. — On peut dire, je crois, que le judaïsme américain a été en grande partie sauvé par le mouvement réformé.

J.-C. A. — On peut dire le contraire aussi. Les orthodoxes poseront la question de savoir si ce judaïsme-là est encore du judaïsme. Un judaïsme transigeant avec la norme rabbinique, qui redéfinit le rôle et la place de la femme dans la société juive, un judaïsme qui prend des libertés avec le Talmud, et qui devient une affiliation à une congrégation assez abstraite — est-ce encore du judaïsme ? Personnellement, je juge absurde de poser la question en ces termes : le judaïsme est ce que les Juifs en font.

E. B. — Surtout à une période où chacun prend de la religion ce qui l'arrange ou lui est vital.

J.-C. A. — Peut-on néanmoins encore parler de religion, lorsque la religion est vécue hors de toute contrainte, et non comme soumission d'un individu non autonome à une Loi qui lui est présentée comme venant de l'extérieur, à savoir comme étant d'origine divine, et donc comme devant être acceptée « en bloc » ? Je ne sais. Mais peut-on par ailleurs penser le judaïsme historique lui-même comme un système, a fortiori comme un système clos ? Clairement non. Le judaïsme, historiquement, ne s'est pas construit ainsi. Le droit juif lui-même, dont la tradition rabbinique nous dit qu'il puise sa source, pour l'essentiel, dans la Révélation sinaïtique, est le fruit d'une formation lente, complexe et non exempte de tiraillements. Et il fut toujours capable d'innover, lorsque les circonstances l'exigeaient. Par ailleurs, le judaïsme ne s'est jamais doté d'une dogmatique véritablement élaborée. Des articles de foi ont bien sûr été mis en forme à l'époque médiévale, mais on en a bon nombre de variantes. L'adhésion à un credo est-elle véritablement au centre de la ferveur juive ? Elle n'est même pas, semble-t-il, formellement exigée du croyant.

E. B. — Ce qui ne veut pas dire que les Juifs ne croient pas en quelque chose. Subsistent tout de même un certain nombre de points autour desquels ils sont censés se retrouver.

J.-C. A. — Sans doute. Il y a bien la croyance en l'unité et en l'unicité de Dieu, en la Révélation, en la mission de Moïse qui transmet la Loi aux Hébreux sur le Sinaï. Ou encore l'idée de l'alliance passée entre Dieu et son peuple, qui engage Dieu envers son peuple, à qui Il donne la terre, à qui Il promet des récompenses, une fidélité — et qui engage le peuple qui accepte, plus ou moins sous la contrainte, de respecter les commandements divins. Une alliance qui consacre en fait la vocation sacerdotale du peuple juif tout entier.

E. B. — Un certain nombre d'éléments peuvent donc être perçus, ou mis en forme, comme un dogme, ou comme un credo juif.

J.-C. A. — Mais cela reste quand même assez peu central et quand on y réfléchit bien, les principaux éléments de ce credo, eh bien, on les retrouve dans d'autres monothéismes, dans le christianisme, dans l'islam. Est-ce là ce qui fait l'originalité du judaïsme ? L'idée de Révélation, l'idée d'alliance, l'unicité, le messianisme même, est-ce là ce qui fait la spécificité du judaïsme comme système ?

E. B. — L'élection, tout de même.

J.-C. A. — L'élection, difficile d'y échapper. C'est à la fois ce que les Juifs revendiquent, avec plus ou moins bonne conscience, et ce qu'on est le plus facilement tenté de leur reprocher. L'élection, effectivement, cela existe. À savoir que Dieu choisit son peuple, choisit un peuple parmi les peuples, qui sera pour lui un peuple de prêtres. L'élection distingue Israël des autres nations, et lui confère dans l'histoire sainte, dans l'histoire tout court, un rôle qui lui est particulier, qu'il est seul à prendre en charge, certes. Ceci étant, le thème de l'élection devient le motif d'un reproche, puisqu'on peut y voir l'exaltation du particularisme juif, voire une incitation à se percevoir comme supérieur aux autres peuples. Le risque est réel. Mais le judaïsme lui-même se défend un peu contre cette tentation, en autorisant à des non-juifs l'entrée dans le peuple juif. Il n'y a pas de missions juives auprès des Nations, on l'a déjà dit, mais il arrive que des Gentils se convertissent, et une procédure assez bien codifiée qui permet à ceux qui ne semblaient pas élus de le devenir. Il faut qu'ils le veuillent vraiment, en général on dresse pas mal d'obstacles sur leur chemin, mais la chose est possible, et elle arrive.

E. B. — Mais le Gentil qui choisit de rester ce qu'il est, à qui ne vient même pas l'idée de se convertir au judaïsme, a-t-il quelque espoir de se sauver ?

J.-C. A. — Justement. Si le judaïsme confère au peuple juif cette qualité de peuple élu, il reconnaît en même temps aux autres nations, et particulièrement aux chrétiens et aux musulmans, un véritable statut. S'il y a les fils d'Israël, il y a aussi les fils de Noé. Et les fils de Noé — soit toute l'humanité — ont un statut dans le judaïsme, ils sont eux aussi partie prenante d'une alliance, qui est l'alliance passée avec Noé après le Déluge, laquelle comporte des engagements divins, celui notamment de ne plus jamais effacer toute chair de la surface de la terre, et des obligations pour les humains. Sept commandements s'imposent aux fils de Noé : l'obligation d'instituer un système juridique ; l'interdiction du blasphème ; de l'idolâtrie ; de l'inceste et de l'adultère ; du meurtre ; et du vol ; l'interdiction de consommer un membre arraché à un animal vivant. Autre point : le judaïsme, même s'il le fait parfois à regret, et en y mettant les formes, se reconnaît lui-même en partie dans le christianisme et dans l'islam, puisqu'il leur assigne à tous deux une fonction plutôt positive dans l'histoire de l'humanité, une fonction de diffusion du monothéisme et de la connaissance de Dieu. Parce qu'en règle générale, les savants juifs concèdent que la croyance au Dieu *un* est effectivement partagée par les Juifs, les chrétiens et les musulmans. S'agissant des musulmans, la chose est évidente. S'agissant des chrétiens, c'est peut-être moins clair, parce qu'il y a la Trinité, Jésus, l'Incarnation, quelque chose qui semble s'apparenter à de l'idolâtrie. Mais même là, il est ordinairement admis que les chrétiens ne sont plus des idolâtres, ne sont plus des païens. Ils sont monothéistes. Pas parfaitement, pas comme ils devraient l'être. Mais grâce au christianisme et à l'islam, les Nations se préparent lentement à reconnaître la vérité ultime du judaïsme comme monothéisme pur.

E. B. — Beau renversement du thème chrétien de la préparation évangélique, qui reconnaît au judaïsme au moins le mérite d'avoir « préparé » l'avènement du christianisme !

J.-C. A. — En effet, dans l'esprit de plusieurs penseurs juifs médiévaux, parfois d'inspirations différentes, comme chez Maïmonide, le rationaliste, ou chez Juda Halévi, le fidéiste, le christianisme et l'islam sont en quelque sorte des préparations messianiques. Ces deux religions amènent les Nations à la reconnaissance du Messie ultime et authentique, qui sera le Messie juif, fils de David. C'est dans cette perspective messianique que le christianisme et l'islam trouvent une légitimité. Ce sont des formes abâtardies, incorrectes, encore pleines de scories, du judaïsme, mais elles jouent dans l'histoire un rôle positif de maturation religieuse de l'humanité.

E. B. — L'idée de l'élection a en même temps porté préjudice aux Juifs à l'ère moderne. Et l'on observe effectivement une tentation, particulièrement au XIXe siècle, dans certains milieux juifs intégrés, ou aspirant à l'intégration, de neutraliser cette dimension élective de l'identité juive, de gommer en fait toute dimension de particularisme.

J.-C. A. — Sans doute. Mais si l'élection est tant reprochée aux Juifs, c'est que d'autres, les chrétiens, prétendent les en avoir dépossédés. Connais-tu un peuple qui, à un moment ou à un autre de son histoire, ne se sente pas « élu », comme désigné par Dieu ou par le destin pour accomplir quelque grande tâche ? Songe seulement à « la France, patrie des droits de l'homme » ! Mais pour revenir au cœur de notre sujet, rappelons que le christianisme ne pouvait que chercher à récupérer à son profit le thème de l'élection, même si, par ailleurs, il prétendait « universaliser » le bénéfice de ce privilège. Pour un certain christianisme, en effet, l'Israël par la chair est déchu ; l'Israël par l'esprit, à savoir le peuple chrétien, est le véritable héritier des promesses.

E. B. — Mais crois-tu donc que le christianisme seul soit contraint de se penser en relation avec le judaïsme ?

J.-C. A. — Non point. Les Juifs ne cessent de se penser eux-mêmes face au christianisme et face à l'islam. D'un côté, la chute de Constantinople entre les mains des Turcs, en 1453, la Réforme protestante, seront perçues comme de bonnes nouvelles dans la mesure où elles ébranlaient la puissance de l'Église et fissuraient l'unité du monde chrétien. Elles pouvaient même être interprétées, par certains penseurs, comme des signes annonciateurs de la fin des temps. D'un autre côté, un défi majeur doit bien être relevé : qu'est-ce qui justifie la survie du judaïsme comme système de croyances et comme Loi révélée face au christianisme et à l'islam ? On veut bien concéder un rôle aux deux grands monothéismes concurrents dans l'histoire religieuse du monde. Mais on doit en même temps affirmer son antiquité, son excellence, et se légitimer face à un christianisme et un islam triomphant par le nombre et par les armes. Démontrer contre toute évidence la grandeur d'un judaïsme appauvri, affaibli, dispersé, sans État et sans territoire.

E. B. — Soutenir aussi, contre tout l'enseignement chrétien, que le Messie n'est point venu, mais encore à venir.

J.-C. A. — À ce propos, toutefois, ne nous méprenons pas sur le sens, ni sur la centralité, de l'espérance messianique au sein du judaïsme. On observe certes des périodes d'effervescence messianique, d'attente, plus fortes que d'autres. Mais on découvre aussi une sorte de volonté, chez certains penseurs, d'atténuer, de neutraliser l'attente messianique juive parce qu'en général, les fièvres de ce genre tournent à la catastrophe. Pour les Juifs du moins. Exacerbée, l'espérance messianique est ainsi perçue comme un danger, comme quelque chose qui peut inviter à la rupture avec les modèles admis, ou susciter inutilement l'irritation des Nations. Le judaïsme sait à l'occasion cultiver la prudence. Ne le réduisons pas au messianisme. Il n'est pas seulement un messianisme. On peut même concevoir un judaïsme qui repousse indéfiniment la venue possible du Messie. À l'inverse, et paradoxalement, comme je l'ai dit, le judaïsme médiéval sera capable de reconnaître une dimension messianique et au christianisme et à l'islam. Jésus et Mahomet sont l'un et l'autre considérés comme des figures messianiques imparfaites préludant à la révélation ultime du vrai Messie.

E. B. — Jésus est tout de même fort malmené par une certaine tradition culturelle juive médiévale.

J.-C. A. — Il apparaît en effet sous des traits peu flatteurs dans ces fameux contre-évangiles médiévaux dont les racines sont assez anciennes et dont de nombreuses versions ont été largement diffusées tout au long de la période prémoderne. Et pourtant, même dans ces parodies, violemment antichrétiennes, même dans la caricature, il n'y a pas que la haine, ou le ressentiment. Le beau rôle est certes donné à Judas, et Jésus est le personnage négatif. Mais par-delà la parodie, qui peut se révéler dure — aujourd'hui les Juifs eux-mêmes ne veulent pas trop en entendre parler, mais ces textes ont existé et ont été lus —, par-delà l'attaque polémique virulente, perce la reconnaissance d'une similitude dans l'autre. Tout le problème des auteurs de ces récits est de manifester aussi nettement que possible ce qui distingue le judaïsme du christianisme. À la fin de ces histoires, apparaît le personnage de Simon-Pierre, le fondateur de l'Église. Or là, curieusement, Pierre est présenté comme un Juif authentique, fidèle à la Tora, qui fait semblant d'être chrétien, se hisse à la tête de la nouvelle communauté, et met tout en œuvre pour que le christianisme se distancie liturgiquement, théologiquement, culturellement, et aussi définitivement et clairement que possible, du judaïsme. C'est là un renversement complet de l'histoire. Mais aussi la preuve que les Juifs médiévaux, auteurs et lecteurs de ces contre-évangiles, étaient parfaitement conscients de cette étrange parenté qui les reliait à ceux qui, bien souvent, étaient leurs persécuteurs. La négativité de l'autre, dans ces conditions, ne pouvait être absolue. Il avait une chance d'être rédimé. Et même de contribuer lui-même, sans le savoir, à une Rédemption en marche.

E. B. — Mais l'autre n'est pas toujours que l'approximation imparfaite d'une perfection encore à venir. L'autre peut aussi fonctionner comme modèle, susciter chez les Juifs un profond désir d'imitation. Ce qui étonne, à bien observer le passé, est la perméabilité des frontières culturelles. Au Moyen Âge, par exemple, le monde musulman a pu servir de modèle aux Juifs. Les principes et les règles de la poésie arabe ont été acclimatés à la poésie hébraïque. On s'est nourri de la relecture arabo-musulmane des grands classiques de la science et de la philosophie grecques anciennes. Lorsque leur environnement est stimulant et traverse une période de gloire et d'efflorescence rares, les Juifs ne manquent pas de s'identifier à lui. Il n'est pas jusqu'au messianisme juif lui-même, dont tu parlais à l'instant, qui ne s'inspire ou s'alimente d'attentes extérieures. Ainsi le mouvement messianique initié en terre ottomane, au XVIIe siècle, par Sabbataï Zevi est-il apparu au moment où le monde musulman et le monde chrétien étaient eux aussi parcourus d'espérances similaires. Même à ce niveau, les interrelations sont patentes. On les observe aussi dans les suites du mouvement. Certains sabbatéens vont se convertir à l'islam. Et dans l'avatar européen du sabbatéisme, dans le frankisme, c'est au christianisme que se convertiront les disciples de Jacob Frank. Ces interpénétrations avec la société globale ont tissé la vie juive pendant toute la période prémoderne. Elles connaissent leur apogée à la période moderne.

J.-C. A. — Effectivement. Et c'est alors qu'on voit se dessiner une forme de judaïsme insistant sur l'éthique, sur ce qu'on a appelé le monothéisme éthique, sur le message des prophètes. Ce faisant, les Juifs se délestaient plus ou moins ouvertement de tout ce qui a fait le judaïsme rabbinique, la Loi, le Talmud, la pratique, la méditation et l'étude quotidiennes des 613 commandements qui sont l'armature de la tradition juive, et qui sont la preuve, le signe de l'alliance et le témoignage de l'élection. Au XIXe siècle, ce retour au biblisme, comme ce fut souvent le cas dans l'histoire des Juifs, marque une rupture, plus qu'une continuité, un effort de modernisation, et, en l'occurrence, une volonté de mettre l'accent sur ce qui rapproche le judaïsme du christianisme plus que sur ce qui l'en sépare.

E. B. — Encore tout récemment, j'ai pu observer une manifestation curieuse de cette attitude typique du judaïsme intégré du XIXe siècle, lors de la soutenance d'une thèse de doctorat consacrée à une étude comparée de l'intégration des Juifs nord-africains en France et en Israël. Lorsque j'ai fait remarquer au candidat que l'affirmation, par ses interviewés, de la centralité, dans leur identité, de la référence biblique et des valeurs universelles qu'elle véhicule, était peut-être un discours ad hoc, destiné à satisfaire l'attente supposée d'un enquêteur français non juif, plus qu'un reflet fidèle du vécu quotidien, plus traditionnel, j'ai entendu de savants professeurs membres du jury, eux-mêmes d'origine juive, protester que dans leurs familles aussi, on n'avait jamais parlé que de la Bible ! Des familles sans doute intégrées, ou aspirant fortement à l'assimilation.

J.-C. A. — Les Juifs comme peuple du Livre sont une représentation plutôt exogène du judaïsme. Soit chrétienne, comme j'y ai fait allusion, lorsque Augustin réduit la vocation des Juifs à être les porteurs d'un Livre, l'Ancien Testament, dont ils ignorent les clés, et qui annonce et atteste la vérité du christianisme. Soit musulmane, avec le concept juridico-religieux de « gens du Livre », englobant d'ailleurs Juifs, Chrétiens et Zoroastriens, auxquels une protection spéciale est concédée. Il n'y a guère que le karaïsme, un courant situé à la frontière du judaïsme, qui ait placé la Bible au centre, et rejeté tout l'héritage rabbinique. Et le karaïsme lui-même, à certaines phases tardives de son histoire, a été tenté d'entreprendre la récupération, certes ciblée et sélective, d'une partie des enseignements rabbiniques extra-bibliques. Mais il arrive effectivement encore que des Juifs, toujours soumis aux influences de l'« israélitisme » ou du franco-judaïsme du XIXe siècle, tiennent des discours du genre de ceux que tu évoquais. À moins qu'il ne s'agisse que de discours de circonstance, destinés à présenter une image acceptable et valorisée à l'extérieur.

E. B. — En écartant du paysage juif la pratique quotidienne, l'observance traditionnelle, et la primauté de la Loi orale.

J.-C. A. — Or c'est la Loi orale, révélée sur le Sinaï, et transmise oralement depuis Moïse de maître à disciple et de génération en génération, qui, selon la tradition normative, fait le judaïsme. Sans elle, disent les rabbins, la Loi écrite elle-même demeure un texte scellé. Tu noteras en outre que lorsqu'ils parlent de la Bible, nos « israélites », réels ou fictifs, parlent d'une Bible fort sélective. D'une Bible dont ils ont finalement expurgé les quatre cinquièmes du Pentateuque, à savoir de tout ce qui, dans les cinq livres attribués à Moïse, parle de la Loi et des commandements. Ils ne conservent de l'Écriture que le prophétisme, et les récits, l'histoire des patriarches, et l'Exode aussi, naturellement, qui est la grande épopée de la libération. Voilà une Bible en quelque sorte neutralisée, déjudaïsée, et que l'on partage avec tout le monde. Universalisée. Quand les Juifs mettent l'accent sur leur rapport à la Bible, j'y insiste, quelque chose est en train de changer. On observe cela clairement au XIXe siècle. On trouve là un moyen de se garantir une légitimité aux yeux des non-juifs, chrétiens, et même laïques. Puisque la Révolution française, pour les israélites du dernier siècle, était ni plus ni moins que l'esprit messianique en marche et même réalisé.

E. B. — Une manière de se retrouver avec tous autour du patrimoine commun de l'humanité.

J.-C. A. — En effet, la Bible est à tout le monde. Et les Juifs sont ceux qui ont produit et apporté cela aux hommes ! Ils s'attribuent ainsi d'un même mouvement une légitimité, la ressemblance, et un privilège, l'antériorité !

E. B. — Le tout se combinant au thème, repris d'une certaine tradition, mais largement remodelé, de la mission des Juifs parmi les Nations.

J.-C. A. — Avec en prime une forte éthicisation du message adressé au monde par les Juifs. Contre cette tendance, certains penseurs juifs contemporains se sont, à juste titre, me semble-t-il, fortement exprimés. Insister tant sur l'éthique est une autre manière de mettre de côté ce qui fondamentalement fait le judaïsme : la Loi. L'éthique serait-elle donc une invention des Hébreux, diffusée par les Juifs ? Je n'en sais strictement rien. Je vois là aussi une manière qu'a l'Occident de s'octroyer un brevet de moralité. L'éthique, l'exigence éthique, serait l'héritage propre du judaïsme, et donc du christianisme, et donc de l'Occident. On entend parfois dire que les droits de l'homme sont inscrits dans le texte biblique. Certains, plus juifs, les retrouveront dans le Talmud. Je ne vois là rien de plus qu'une dérive d'apologètes. Les droits de l'homme sont le fruit d'une histoire plurimillénaire, et une production essentiellement occidentale. Il y a là conjonction de l'ethnocentrisme juif et de l'ethnocentrisme occidental. Le judaïsme ne se réduit pas à une éthique. Ce qui n'empêche pas les Juifs de vivre leur judaïsme comme une éthique. C'est là tout à fait autre chose.

E. B. — Confessons que la diversité des définitions et des références a de quoi égarer l'observateur extérieur au judaïsme. Le Juif, dans le regard de beaucoup de chrétiens, demeure une figure largement fantasmatique. Ce n'est pas vraiment nouveau. Mais au moins, lorsque la religion était un critère clé de définition et d'autodéfinition des groupes, chacun pouvait trouver ses marques, et insérer l'autre dans un cadre rassurant. Aujourd'hui, le Juif reste indéfinissable.

J.-C. A. — Et ce pour deux raisons. D'abord parce que lui-même a changé, qu'il ne se reconnaît plus seulement dans une conception religieuse du judaïsme. Ensuite aussi parce que les non-juifs ont changé. Le déclin de la culture religieuse, en Occident chrétien, particulièrement en France, empêche le commun des mortels de donner au Juif, dans une économie générale du sacré, la place qu'il pouvait avoir autrefois.

E. B. — Il est encore des chrétiens croyants et convaincus, tout de même, qui, tout en ayant rompu avec les aspects les plus problématiques de l'ancienne théologie, continuent de ménager aux Juifs un espace assez précisément défini dans l'histoire du christianisme, et dans l'histoire du monde.

J.-C. A. — Un nouveau discours, en effet, se fait entendre de ce côté. Ainsi dans les amitiés judéo-chrétiennes, qui réunissent, note-le, plus de chrétiens que de Juifs. Mais ce discours n'est pas du tout l'héritage commun, celui de la société française dans son ensemble. Il n'est le fait que de milieux particuliers, profondément chrétiens, qui ont accepté l'idée que le judaïsme était le grand aîné, le grand frère, toujours vivant, et toujours utile. Il y a là une façon de réhabiliter le judaïsme, de lui reconnaître une légitimité qu'il n'avait pas vraiment jusque-là. Mais je vois là en même temps une manière de l'enfermer dans une définition qui n'est valable, en gros, que pour les chrétiens. Pas pour les Juifs. Les chrétiens définissent toujours le judaïsme en rapport avec le christianisme. Les Juifs pas forcément, loin de là. Il est certes louable, du point de vue chrétien, de restituer au judaïsme un statut honorable, et même plus qu'honorable. Cela n'en encourage pas moins une perception du judaïsme et des Juifs qui est toujours aussi éloignée de la réalité. Un Juif qui ne connaît pas la Bible, qui ne connaît pas le Talmud, qui pratique de travers, ou qui ne pratique pas du tout, est quand même le type de Juif qu'on a le plus de chances de rencontrer. Il ne se perçoit comme l'aîné de personne. Et il est d'autant plus énigmatique qu'il est juif quand même.

E. B. — Et le non-juif se demande simplement en quoi il est juif. Comme il ne parvient pas à le cerner précisément en termes religieux, il s'attache alors à des signes extérieurs, inexistants, ou à un statut social. Le Juif est avocat, pas boulanger. Médecin, dentiste, pas agriculteur.

J.-C. A. — Universitaire aussi, parfois ! Mais pour revenir aux questions que j'évoquais tout à l'heure, pour le christianisme, la grande question est de se trouver un judaïsme utile. Et il s'en trouve toujours un, variable selon les époques. Ce qui est vrai dès les premiers siècles. Ainsi Philon, le philosophe, ou Flavius Josèphe, l'historien, son quasi contemporain, ont-ils pu fournir au christianisme antique un judaïsme « prêt à l'emploi ». Alors que dans le même temps, ces deux auteurs disparaissaient de l'horizon culturel du judaïsme normatif. On observe le même phénomène avec la traduction grecque ancienne de la Bible, celle dite des Septante, qui est une traduction juive. Elle servira de fondement à la lecture chrétienne de l'Écriture. Et sera finalement rejetée par les Juifs eux-mêmes. Je me demande parfois si pour bien des Juifs, toute réinterprétation chrétienne du judaïsme, même la mieux intentionnée, même la moins récupératrice, n'est pas toujours un peu suspecte.

E. B. — Il y a Paul, aussi. Surtout, même, dirais-je.

J.-C. A. — Paul, l'énigmatique, à qui les Juifs ont une forte tendance, aujourd'hui, à faire porter le chapeau. Jésus, passe encore, il n'est pas Dieu, pas Messie, pas vraiment prophète, mais il pourrait bien passer pour un rabbin vaguement non conformiste, et globalement sympathique. Paul, lui, est un enjeu. C'est à lui que l'on va attribuer la responsabilité de la fracture. Et, dans le même temps, il est bien difficile de reconnaître en lui un Juif. Et pourtant Paul aussi était Juif. Mais qu'est-ce qui reste de Juif chez Paul ? Qu'est-ce qui peut bien rester du judaïsme dans ce « renégat » ? Qu'est-ce que ce Juif vient donc faire dans cette histoire ? Il n'est point sûr qu'il s'agisse là d'une préoccupation majeure du judaïsme de l'intérieur. La reconnaissance de la judéité du christianisme des origines est bien davantage un souci chrétien. Depuis le XIXe siècle, cette reconnaissance n'a fait que s'affirmer. Judéité de Jésus, de ses disciples, de son milieu. L'idée peut provoquer ici ou là, en monde chrétien, des résistances, mais elle est maintenant assez bien établie, et admise. Elle peut être bien accueillie par les Juifs, et chez d'autres, au contraire, susciter une certaine gêne, parce qu'elle brouille les frontières.

E. B. — Le lieu de tous les brouillages, n'est-ce pas ce qu'on appelle le judéo-christianisme, la tradition judéo-chrétienne ?

J.-C. A. — Le « judéo-christianisme » est un concept de l'historiographie contemporaine. Le mot désigne là un moment de l'histoire ancienne du judaïsme et du christianisme où le partage entre les deux religions n'était pas encore clairement fait, où il pouvait y avoir des Juifs, fidèles de Jésus, et continuant d'adhérer à la Loi. La « tradition judéo-chrétienne » est quant à elle la perception idéologisée d'un trait caractéristique, valorisé ou rejeté, de la civilisation occidentale. Dans l'esprit de certains de ceux qui la dénigrent, cette tradition sera quelque chose de trop juif, de trop oriental, une survivance indue du sémitisme dans un Occident qui se devrait d'être d'abord aryen, ou chrétien. D'autres y attacheront le poids d'interdits, d'une morale, de préjugés, dont l'Occident, justement, devrait s'émanciper. Enfin, pour ses laudateurs, la tradition judéo-chrétienne est le moyen d'affirmer une continuité historique, théologique, éthique, entre le judaïsme et le christianisme. Mais c'est aussi souvent, pour eux, une manière d'évacuer le judaïsme dans sa spécificité, le judéo-christianisme mis en avant étant alors plus chrétien que juif. Je ne suis pas sûr que ces catégories soient intéressantes. Derrière tout cela, cependant, il se cache quelque chose d'autre, que les Juifs ne veulent peut-être pas assez voir : si le judaïsme conserve dans la conscience ou dans l'inconscient collectif occidental une telle place, alors qu'il peut être complètement méconnu ailleurs, c'est à cause du christianisme, grâce à lui, et pas seulement malgré lui. Parce qu'il s'est défini contre le judaïsme, et en même temps comme héritier du judaïsme, parce qu'il a renégocié sans cesse ses rapports avec la religion mère, le christianisme a placé les Juifs objectivement au cœur du débat, au cœur même de l'identité occidentale. Que cela ait souvent été dans le rejet, peu importe. Le christianisme a assuré au judaïsme, et malgré le judaïsme, une pérennité, une centralité culturelle, qu'il n'aurait pas eues, qu'il n'a pas eues en dehors de ce monde-là. En islam, les choses sont en effet déjà moins nettes.

E. B. — Et il suffit de quitter les frontières de la culture monothéiste, d'aller en Asie, pour découvrir qu'ailleurs, le judaïsme ne compte pour rien, pour personne. Ce qui se révèle reposant pour le voyageur juif !

J.-C. A. — Voilà une chose que l'Occident et les Juifs ont tendance à oublier : des questions, des enjeux nous tiennent à cœur, nous déchirent, qui ne comptent strictement plus pour rien, hors de notre petit univers culturel.

E. B. — Mais pour revenir à cette ambiguïté du rapport du christianisme au judaïsme que tu évoquais à l'instant, il se pourrait qu'elle soit à la racine même de l'antijudaïsme, et plus tard de l'antisémitisme. Le poids de la dette en quelque sorte.

J.-C. A. — Mais la dette, j'y insiste, n'est pas d'un seul côté. Le christianisme et l'islam ne sont pas seulement des religions filles du judaïsme. Il n'est pas toujours si facile de dire qui est le père, qui est le fils de l'autre. À regarder avec un tant soit peu de justice l'évolution historique du judaïsme, on ne saurait qu'admettre que lui aussi est débiteur. Parce qu'il s'est redéfini sans cesse, parce qu'il s'est repensé, enrichi, parce qu'il s'est transformé en fonction des défis que pouvaient lui lancer les deux autres monothéisme proches de lui, en même temps différents de lui, que sont le christianisme et l'islam. Le judaïsme rabbinique ne serait pas ce qu'il est s'il n'y avait pas eu le christianisme. Le judaïsme médiéval, en Orient et en Occident, n'aurait pas été ce qu'il est devenu sans le défi philosophique, théologique, linguistique, culturel arabo-musulman. Le judaïsme est donc fils du christianisme et de l'islam peut-être autant que l'inverse.

E. B. — Ces questions de filiation sont au cœur du débat. Un débat que l'on cherche à apaiser aujourd'hui. Les dialogues, les rencontres, les liens institutionnels ont créé une stabilité nouvelle des relations.

J.-C. A. — Que le pape soit allé à Jérusalem est sans doute une bonne chose. Mais ce que fait le pape concerne assez peu les Juifs, et assez peu les chrétiens déchristianisés. Le chrétien d'Occident doit déjà avoir un rapport au christianisme particulièrement construit et informé pour s'interroger sur les racines juives de sa tradition, ou sur les liens à entretenir avec le judaïsme encore vivant. Le phénomène est sympathique, mais minoritaire. Pour la plupart, tout cela demeure bien vague.

E. B. — J'observe tout de même tout cet intérêt porté, en milieu chrétien, et au-delà, à l'héritage culturel juif.

J.-C. A. — Cet intérêt n'est peut-être pas absolument une nouveauté. La littérature exégétique chrétienne médiévale manifestait déjà un souci fort de la « vérité hébraïque », et n'hésitait pas, pour la découvrir, à s'en remettre au jugement des rabbins et à leur traitement des difficultés présentées par certains textes bibliques. La nouveauté tient à ce qu'un certain christianisme ne peut plus se penser aujourd'hui en dehors d'une référence désormais positive, et culpabilisée, au judaïsme. C'est un phénomène moderne, dont les racines remontent au XIXe siècle. Le philosémitisme chrétien n'est pas une invention de l'après-guerre.

E. B. — Mais la prise de conscience qui a suivi le dernier conflit mondial a joué un rôle capital. Alors, l'historien juif Jules Isaac, dont la femme et la fille ont péri dans l'extermination, travaille à une rénovation en profondeur des rapports judéo-chrétiens. En 1948, il fonde l'Amitié judéo-chrétienne, toujours en place, et dont la revue *Sens* est actuellement l'organe. Coauteur des fameux manuels d'histoire Mallet-Isaac, qui ont formé des générations d'écoliers français, il presse Jean XXIII de réformer les rapports de l'Église avec le judaïsme. Mais ce n'est qu'au milieu des années 60, avec le concile Vatican II et l'élaboration de la déclaration *Nostra Aetate* sur les religions non chrétiennes, que celle-ci rompra officiellement avec son « enseignement du mépris ». L'accent est désormais mis sur l'unité profonde qui rapproche christianisme et judaïsme. L'Église invite ses fidèles à un changement radical d'attitude envers les Juifs et stigmatise toutes les manifestations d'antisémitisme. Elle appelle à la connaissance et à l'estime mutuelles.

J.-C. A. — Les Amitiés datent de l'après-guerre. Mais auparavant, dans les années 30 ?

E. B. — Face au déferlement de la haine antisémite, de nombreux chrétiens se rangent aux côtés des Juifs pour réagir. *La Vie catholique*, fondée entre autres pour contrer les thèses de l'Action française, la revue *Esprit*, la publication hebdomadaire des Dominicains *Sept* et bien d'autres diffusent les principes du philosémitisme chrétien. Oscar de Férenzy joue un rôle de premier plan dans ce combat, avec sa revue *La Juste Parole*, qui paraît entre 1936 et 1940.

J.-C. A. — Cette revalorisation, en quelque sorte, du judaïsme, et la reconnaissance du fait que le judaïsme n'est pas mort avec le christianisme, qu'il est peut-être toujours là comme source d'inspiration vivante, voilà qui ne peut que combler l'observateur juif. Toutefois, ceci est une affaire chrétienne, plus qu'une affaire juive. Les chrétiens ne peuvent se penser eux-mêmes sans référence au judaïsme, et il y a pour eux plusieurs façons de le faire. Le discours dominant actuel est plutôt, du point de vue juif, réconfortant. À cette seule réserve, tout de même, que le judaïsme valorisé par le christianisme est un judaïsme dans lequel tous les Juifs ne se reconnaîtraient pas si facilement. Pour beaucoup d'entre eux, le judaïsme est quelque chose qui n'a rien à voir avec la religion. Et un Juif laïc pourra ne pas apprécier cette façon que les chrétiens ont de mettre le judaïsme à la sauce religieuse, qui plus est chrétienne. Par ailleurs, le judaïsme n'est pas seulement ce qu'il partage avec le christianisme, une certaine éthique, une référence aux Dix commandements, la Révélation, etc. Le judaïsme est aussi la Loi. On ne saurait la faire passer, comme cela, par pertes et profits. Quelle est la validité de la Loi ? La Loi n'était-elle que l'annonce voilée d'un monde appelé à se passer d'elle ? Quelle justification donner aujourd'hui à la continuation d'une pratique en acte, par les Juifs, de tous les termes de cette Loi ? Nombre de ces questions restent pendantes.

E. B. — De ce point de vue, l'âpreté des disputations médiévales cache mal la réalité d'un débat parfois plus profond, plus radical.

J.-C. A. — Il ne s'agit pas de jouer au nostalgique, et de valoriser à l'extrême des joutes verbales qui ont bien vite tourné au désavantage des Juifs. Mais il est vrai qu'à un certain point de vue, la période médiévale est un « âge d'or » de la confrontation intellectuelle entre judaïsme et christianisme. Malgré les massacres, les expulsions, les persécutions, la rencontre culturelle et idéologique me semble avoir été alors plus forte, et plus claire, qu'elle ne le fut dans l'Antiquité tardive ou qu'elle ne l'est devenue à l'époque contemporaine. Les intellectuels chrétiens ont manifesté un intérêt réel, point toujours teinté d'hostilité, ni même de visées apologétiques, pour la science rabbinique. Le Moyen Âge a par ailleurs produit une abondante littérature polémique chrétienne contre le judaïsme. Outre un projet prosélytiste, d'ailleurs pas toujours nettement attesté, cette littérature soutient une volonté de se définir par rapport au judaïsme, même si c'est contre le judaïsme. Or chez les Juifs, apparaît, au même moment, une riche littérature tout à fait homologue : une littérature de défense du judaïsme contre le christianisme, une littérature fortement antichrétienne. Voilà par exemple ce que n'offre pas l'Antiquité tardive. Alors, face à une abondante littérature de polémique chrétienne contre le judaïsme, le judaïsme lui n'offre rien, ou presque rien. Pour l'instant, aucune réponse pleinement convaincante n'a été fournie sur les causes et le sens de ce déséquilibre. En fait, une authentique pensée juive du christianisme n'apparaît véritablement qu'au Moyen Âge et à l'époque prémoderne. Elle se manifeste à nouveau, sous une forme moins polémique, plus sereine, et parfois brillante, chez certains penseurs juifs de la fin du XIXe et du début du XXe siècle. Mais aujourd'hui, mis à part quelques essais marginaux et peu convaincants...

E. B. — Quoi qu'il en soit, de nos jours, ce sont les rapports avec l'islam qui sont devenus les moins iréniques.

J.-C. A. — La difficulté, pour l'islam, est d'une autre nature. Elle relève d'un renversement des rôles. Le *dhimmi*, le protégé d'hier, l'ancien sujet de seconde zone, est devenu autonome. Sur le terrain, en Palestine et en Israël, il est devenu dominateur. Il réduit à son tour le musulman palestinien à une situation de dhimmitude. À quoi on doit ajouter, tout de même, l'appropriation par un certain islam de tous les clichés antisémites occidentaux.

E. B. — Dès le XIXe siècle, je l'ai dit, ces clichés pénètrent en effet au Moyen-Orient. Et plus tard, le conflit israélo-arabe a joué son rôle, naturellement. Mais les choses sont bien plus compliquées. Et peut-être conviendrait-il d'éviter de ramener ce type de conflit à sa dimension religieuse. En Israël même, le négatif, c'est l'Arabe, pas tant l'islam. Ou ce sont les deux, étroitement confondus. L'Israélien moyen ne fait guère de distinction entre l'ennemi arabe et l'ennemi musulman. Et ce rapport à l'autre musulman, ou arabe, demeure souvent ambivalent. Même chez les Juifs issus d'Afrique du Nord. Il y a toute l'amertume à l'égard des Arabes, qui date de leur départ, et que le conflit actuel ne peut qu'exacerber. Et dans le même temps, le monde arabe dont ils sont originaires devient, dans l'imaginaire, un paradis perdu.

J.-C. A. — Subsiste envers et contre tout une mythification, une idéalisation de l'Arabe que l'on a quitté, de l'Arabe marocain, tunisien. Tu entendras facilement dire : « Nos Arabes n'étaient pas les mêmes. » Ou encore : « En Tunisie, ceux que je préférais, ce n'était pas les Juifs, c'était les Arabes. » N'en demeure pas moins une espèce de volonté de se distinguer, de s'opposer à l'Arabe palestinien, à l'Arabe israélien. Une inimitié profonde. Les deux attitudes peuvent se conjuguer chez le même individu. Il peut y avoir aussi une mythification de l'islam en tant que tel : l'islam serait ce qu'il y a de plus proche du judaïsme, entend-on parfois dire. Et par ailleurs le refus virulent d'un islam dur, intégriste, qu'on comprendra.

E. B. — Les sentiments éprouvés ou exprimés se compliquent en outre de la variété des rapports que les Juifs issus de pays arabes entretenaient avec leur terre d'origine. On sait par exemple que les Juifs d'Irak ne voulaient pas émigrer en Israël. Selon les derniers travaux des historiens, ce sont des émissaires sionistes qui ont précipité leur départ en plaçant une bombe dans une synagogue de Bagdad qui a causé beaucoup de dégâts et qui, surtout, a provoqué une panique chez les Juifs irakiens, qui se sont alors décidés à s'en aller. Les Juifs d'Afrique du Nord, de leur côté, ont émigré parce que, après l'indépendance des États du Maghreb, ils avaient tout lieu d'appréhender l'avenir. Les relations ont donc été complexes. Aujourd'hui, dans les pays musulmans, il n'y a pratiquement plus de Juifs. Sauf en Turquie, principalement, où, on l'a dit, il en reste 15 à 20 000.

J.-C. A. — Ne cédons pas, en tout état de cause, à l'idéalisation. Les Juifs en terre d'islam n'ont généralement pas connu les mêmes avanies que leurs coreligionnaires d'Europe chrétienne. Mais cela n'a pas empêché l'explosion, même au Moyen Âge, de courants musulmans extrémistes, qui ont pu décimer des communautés entières.

E. B. — Le Juif ayant vécu en terre musulmane a nourri une certaine idée de l'islam, avec ses hauts et ses bas, ses problèmes, et il s'imagine lui-même facilement que son existence y a été plus douce. Ce n'est sans doute pas tout à fait faux. Dans l'Empire ottoman, dont la structure fut assez particulière, ce fut peut-être même plus vrai qu'ailleurs. Dans une mosaïque de cultures et de religions, avec un pouvoir central éloigné, et une organisation confessionnelle des populations, le chrétien comme le Juif avaient leur place, même si cette place n'était pas toujours aussi bien définie qu'on le croit parfois. Lorsque cet équilibre fut brisé, plus tard, par la naissance des États-nations et le morcellement consécutif de l'Empire, les choses se sont gâtées. Qui dit morcellement, dit bien sûr revendications nationales. Ce sont ces revendications nationales, à l'intérieur de l'Empire puis dans les États autonomes nés de son démembrement, qui ont empoisonné les relations interconfessionnelles à la fin du XIXe et au début du XXe siècle. Et jusqu'à nos jours, ainsi qu'en témoigne la tragique histoire récente de l'ex-Yougoslavie.

J.-C. A. — Un autre élément doit encore être pris en compte. L'ère du divorce est aussi marquée par la présence de plus en plus marquée de l'Occident. Soit par une colonisation, en Afrique du Nord, soit par une présence économique forte, parfois par une sorte de colonisation économique, dans l'Empire ottoman. L'intrusion du colon jette les communautés les unes contre les autres. Les Juifs vont être pris entre ces deux pôles, et s'identifier en partie à l'Occident, ce qui va créer une nouvelle ligne de partage avec les populations locales, musulmanes, ou arabes, ou arabo-musulmanes. Ils sont partis parce qu'ils ne pouvaient pas s'identifier au nationalisme local, à l'arabité locale, et qu'ils regardaient depuis longtemps du côté de l'Occident.

E. B. — Partout, aussi bien en Inde qu'en Afrique du Nord, les Juifs ont opté pour le colon, dont ils attendaient une amélioration de leur statut, voire l'accès à la citoyenneté. Et quand les colons sont partis, qu'ils les ont abandonnés, ils les ont suivis. Ils ne pouvaient continuer leur chemin dans des États nationaux, aux luttes desquels ils n'avaient généralement pas participé.

J.-C. A. — On ne saurait donc tout mettre sur le compte du conflit israélo-arabe. La dégradation des rapports remonte à plus haut.

E. B. — Le Moyen-Orient actuel est né sur les cendres de l'Empire ottoman démantelé, du désordre auquel les puissances européennes ont largement contribué, d'un découpage plus conforme à leurs intérêts qu'à ceux des populations locales. En Israël, cependant, il me semble que le conflit n'est pas entre Juifs et musulmans, mais entre Israéliens et Arabes. Le conflit est national et territorial.

J.-C. A. — Il n'empêche que, dans ce conflit, les deux parties instrumentalisent à leur profit la dimension religieuse. Selon les circonstances, selon les besoins, le conflit national se déguise en conflit religieux.

E. B. — Du côté israélien, cette confusion des genres est bien illustrée, nous l'avons vu, par des groupuscules comme le *Goush Emounim*, le Bloc de la Foi, ces militants religieux qui se sont approprié l'ethos sioniste du travail de la terre, ou plutôt de son occupation. En combinant ces deux sources d'inspiration, un sionisme irrédentiste et une religiosité combattante, de tels groupes remettent le religieux au centre de la scène politique et nationale. Ils ne sont pas les seuls. Le couple religion-nationalisme fonctionne tout aussi bien chez les Palestiniens. C'est une foi intensément travaillée, un profond désespoir, et une immense humiliation, et pas seulement une conviction politique, qui peuvent pousser de tels hommes à se sacrifier dans des attentats suicides contre la population israélienne.

J.-C. A. — Mais pour revenir à des considérations plus internes, et nonobstant les cas d'instrumentalisation politique, l'être-juif dépasse le religieux. Il peut même s'en passer tout à fait.

E. B. — Le crois-tu vraiment ?

J.-C. A. — Je suis un peu surpris que ce soit toi qui puisses émettre un tel doute ! Tu sais bien que c'est précisément là toute la différence entre les rabbins et des gens comme nous. Et que c'est même cela qui explique que nous soyons somme toute optimistes. Et eux plutôt pessimistes.

E. B. — L'assimilation, en effet, voilà bien une hantise des rabbins.

J.-C. A. — Et de pas mal de responsables communautaires.

E. B. — Alors que l'assimilation n'est peut-être pas autant à l'ordre du jour qu'ils le croient. Les identités se recomposent, elles ne se diluent pas nécessairement. Cette inquiétude excessive tient peut-être à une absence de vision historique.

J.-C. A. — Certains orthodoxes ont une définition du judaïsme tellement restrictive, au fond, que des Juifs comme nous ne sont plus vraiment des Juifs.

E. B. — Peut-être que nous n'accomplissons pas les 613 commandements prévus par la Loi. Mais au moins, en travaillant sur les Juifs, nous nous occupons à plein temps du 614e.

J.-C. A. — Mais il n'y a pas de 614e commandement ! Et si tu l'inventes, peu importe, il ne compte pas !

E. B. — Voyons, nous-mêmes allons un peu au-delà. Nous marquons les grands cycles de la vie, célébrons à notre façon les grandes fêtes, même si nous n'avons pas de pratique quotidienne. Ce faisant, nous nous comportons d'ailleurs exactement comme les fidèles d'autres traditions. Nous ne nous approprions de la religion que ce qui nous aide à structurer notre édifice identitaire.

J.-C. A. — Les rabbins, les tenants de l'orthodoxie n'ont cependant peut-être pas tout à fait tort. Une fois que l'on a renoncé à l'idée que le peuple juif est un peuple de prêtres dont la fonction principale est de servir Dieu et d'appliquer ses commandements, il est vrai qu'il est bien difficile de définir un judaïsme qui tiendrait la route, qui résisterait à l'usure du temps, et même de fournir une légitimation à sa survie, au simple fait de persister à être. Si le peuple juif n'est pas d'abord un peuple de prêtres, qu'est-il ? Et pourquoi faudrait-il qu'il continue à être ce qu'il est ? Là est la vraie question. Les orthodoxes y répondent facilement : « Il ne fallait pas trahir, il ne fallait pas renoncer. » C'est bien gentil de le dire, mais cela vient trop tard, cela ne convainc pas grand monde, et la majorité des Juifs ont bel et bien renoncé à cette définition-là de l'identité juive. Et l'on a du mal à proposer autre chose à la place, qui soit à la fois aussi fédérateur et aussi justifié historiquement. Quelle justification historique donnera-t-on à la survie d'un peuple juif laïcisé ? Les Juifs sécularisés peinent à répondre à cette question. Et c'est sans doute pour cette raison qu'ils y répondent de manière si diverse. D'où, chez tous, rabbins et laïcs, une espèce de désarroi, le sentiment d'une pauvreté subite, et à la fois d'une grande variété d'options, d'une grande dispersion des choix possibles. C'est cela qui crée la perplexité. Pas seulement le vide, le trop-plein aussi.

E. B. — Et pourtant, je vois aussi une immense richesse à disposer de toutes ces variantes de l'être-juif. Il est vrai qu'il faut les gérer. Et que c'est cette gestion qui est difficile. Est-ce qu'un judaïsme circulaire — qui, à mon avis, n'est pas un judaïsme — donne cette facilité de gestion ? Se couper du monde, et en se coupant du monde s'appauvrir irrémédiablement, est-ce là la meilleure façon d'être juif ? Je ne suis pas tenante a priori de l'universalisme. L'« universel » est chrétien. L'universel est chrétien, masculin, et occidental. Mais cet universel mérite d'être redéfini et assumé.

J.-C. A. — Ton discours, le différentialisme modéré qu'il exprime ont, si je puis me permettre, de curieuses résonances traditionalistes. Dans le judaïsme orthodoxe, Dieu, en tant que créateur du monde, n'est certes pas oublié. Et il est bien sûr toujours reconnu comme puissance universelle. Mais il intéresse moins qu'un Dieu nettement plus « particulariste », celui qui se révèle au peuple d'Israël et le dote d'une Loi...

E. B. — Mais l'universel ? La réalité contemporaine veut qu'un Juif puisse vivre les deux. Vivre comme tout le monde et en même temps préserver une certaine identité. La modernité, aujourd'hui, nous autorise ce genre de bricolage. Et ce bricolage, chacun le pratique à sa manière. Et tant pis pour cette tension entre l'être-juif religieux et l'être-juif laïc, entre le Juif du shabat et le Juif de Kippour — qui ne va à la synagogue qu'à l'occasion de ce grand jeûne de l'automne, souvent d'abord pour faire plaisir à ses parents. Tant mieux, veux-je dire, puisque cette tension fait du judaïsme une réalité vivante. De cette tension, de ces déchirements naissent aussi une production culturelle, une réflexion. Et dans cette réflexion, il est possible d'avancer. Je rêve sans doute. Mais c'est un rêve d'historienne : ces tensions sont celles de l'époque moderne ; dès que le Juif est sorti du ghetto, ces problèmes se sont posés à lui ; il ne les a pas réglés ; et ce n'est pas pour autant que le judaïsme a disparu.

J.-C. A. — L'ensemble de règles alimentaires dont le judaïsme impose le strict respect à ses fidèles est un bon indice de ces évolutions. Il est en principe un élément clé de la différenciation sociale. Son application rigoureuse limite forcément les contacts, les échanges entre Juifs et non-juifs. On ne va pas manger chez les non-juifs, on ne boit pas avec eux. Ce système a en outre derrière lui une histoire ancienne. La Bible énumère déjà nombre de prescriptions alimentaires relativement précises, qui se sont compliquées, enrichies, augmentées, à l'époque post-biblique, et jusqu'au Moyen Âge. Eh bien aujourd'hui, plus d'un Juif se contente tout à fait d'être cacher, ou approximativement cacher à la maison, et de ne l'être pas du tout à l'extérieur. Une manière de rester juif, tout en se mêlant aux Gentils. Je note en passant que ce type d'arrangement n'est peut-être pas aussi nouveau qu'on pourrait l'imaginer. À la période pré-émancipation elle-même, on a des attestations de repas pris en commun, on ne sait pas trop comment. Des formules de compromis ont, semble-t-il, été mises au point à date relativement ancienne.

E. B. — Nous savons qu'en Espagne médiévale, au sein de certaines élites, le laxisme, si je puis dire, était de règle. Y compris dans la vie sexuelle ! Les prescriptions alimentaires n'étaient sans doute pas suivies de près dans ces milieux, qui mangèrent à la table des musulmans, puis à celle des chrétiens. Et que dire de cette poésie profane hébraïque chantant les plaisirs de la chère et de la chair, le bon vin, les belles femmes, les beaux garçons ? Pures conventions empruntées aux modèles arabes ? Ou évocations de la vie telle qu'elle était vécue ? À la fin de la période médiévale, cette liberté de mœurs trouvera d'autres adeptes — ainsi chez ces marranes portugais qui reviennent au judaïsme dès la fin du XVIe, et surtout au XVIIe siècle.

J.-C. A. — N'oublions pas non plus qu'une des constantes de la littérature homilétique juive, des sermons réellement prononcés ou simplement rédigés, est la dénonciation des travers des Juifs du moment : nos contemporains ne sont pas à la hauteur, ils se laissent aller dans l'observance des commandements, leur foi s'étiole, la pureté des relations familiales n'est plus préservée. Ou bien le genre du sermon oblige à stigmatiser ces fautes, ou simplement nous avons tort d'idéaliser le passé. Ce n'est apparemment pas d'aujourd'hui que date un certain relâchement des mœurs, une pratique approximative de la Loi juive.

E. B. — Cette morale du *carpe diem* que trahit la poésie profane dont je parlais à l'instant est tout à fait remarquable. Mondanités, vie de cour, joutes littéraires, fêtes somptueuses, on aimait vivre alors, et bien vivre. Et le même homme, un Juda Halévi par exemple, pouvait en même temps, ou à des moments successifs de son existence, célébrer la beauté des éphèbes dans sa poésie épicurienne, écrire de magnifiques chants liturgiques, défendre le judaïsme contre ses détracteurs, rédiger une œuvre de science ou de philosophie, et finalement monter en terre d'Israël. Ce Juif qu'on imagine enfermé, à l'abri de toute influence corruptrice... Halévi et ses homologues, les Abraham Ibn Ezra, les Salomon Ibn Gabirol, attestent suffisamment ces interpénétrations culturelles. Un peu plus tard, dans le sud de la France, on rencontre des poètes juifs inspirés de la poésie courtoise. Jamais le monde juif ne fut aussi monolithique ni aussi recroquevillé que certaines mises en scène contemporaines veulent le faire croire, comme si un judaïsme monolithique et recroquevillé semblait plus sécurisant à certains.

J.-C. A. — La liturgie elle-même, qu'on pourrait a priori imaginer plus figée, a, comme le reste, une histoire riche en rebondissements. Sa langue est ordinairement l'hébreu, et dans certains passages l'araméen. Mais elle peut être aussi parfois le judéo-arabe, le judéo-espagnol, le judéo-persan ou le yiddish. Elle présente effectivement des éléments clés qui varient peu d'une communauté à l'autre, et qui peuvent être intégrés à des ensembles différents. Mais on voit aussi les poètes espagnols médiévaux rejeter radicalement l'ancienne tradition du poème liturgique hérité de Terre sainte et proposer des règles de composition religieuse entièrement inédites. Les hommes portent partout, pendant l'office du matin, un châle de prière blanc à franges, rayé de noir ou de bleu. Tous se couvrent la tête pendant la prière, mais ce couvre-chef revêtira les formes les plus diverses. Certains, en pays musulman, auront pour habitude de se déchausser avant d'entrer à la synagogue. La diversité des rites, des textes, des traditions musicales est la règle. Le changement, les interférences extérieures n'épargnent rien, ni la prière et ni le culte.

E. B. — Dieu lui-même, me suis-je laissé dire, n'est pas à l'abri.

J.-C. A. — Là-dessus, le débat est ouvert. Il existe bien une vulgate sur l'altérité radicale de Dieu. Celui-ci est conçu, en général, mais pas toujours, comme fondamentalement autre, comme essentiellement autre. Il ne s'incarne pas. Il échappe à toute corporéisation. On est d'accord. Ceci étant, dans le même temps, Dieu est quelqu'un de proche. Ce n'est pas seulement le Dieu caché, ou le Dieu terrible qui se révèle sur le Sinaï. Existe aussi un Dieu quotidien. Celui qui regarde ce que l'on fait, et qui juge ce que l'on fait. Qui inscrit ou non au Livre des vivants les jeûneurs du jour de Kippour. Il y a aussi un Dieu immanent, en quelque sorte, et familier.

E. B. — Il est là même pour les non-croyants, paraît-il. Dans les communautés d'où je viens, dans l'Orient balkanique, on était souvent, et parfois depuis longtemps, fort peu religieux. Mais même pour nous, Dieu faisait partie du paysage. Au même titre que les voisins. On ne les fréquente pas forcément. Mais il y a des choses qu'on ne fait pas, parce qu'on ne sait pas ce qu'ils pourraient dire !

J.-C. A. — Dieu n'est pas seulement totalement au-delà de ce que nous sommes, tu as raison d'y insister, Il est aussi très proche. Et puis, Il a ses intermédiaires. Les intermédiaires ? Les prophètes. Par exemple Élie, ce personnage étrange dont on espère la venue, à Pâque, à la table du repas rituel. Pourtant, dans la vie, ce n'était pas un plaisantin. Dans la Bible, il égorge allègrement les prophètes idolâtres. Mais il est devenu, dans la tradition populaire, tout au contraire, un personnage humain, et très simple. Qui annonce de bonnes choses. Qui annonce le Messie, tout de même, mais qui annonce à chacun un bonheur, offre une solution ou une protection, donne un conseil.

E. B. — Curieuse proximité. Élie, messie avant l'heure ?

J.-C. A. — Élie a indéniablement une dimension messianique. Mais on peut le rencontrer à chaque coin de rue. Il ressemble, un petit peu, à ces divinités grecques qui pouvaient prendre les traits de tel ou tel mendiant, passant, voyageur. On trouve ainsi, dans le judaïsme, des personnages de ce genre, qui jouent effectivement le rôle d'intercesseurs. Le surnaturel imprègne le quotidien juif traditionnel. À quoi l'on doit ajouter les saints. Il faut bien les appeler comme cela.

E. B. — Ce culte des saints arbore toujours des traits culturels empruntés aux civilisations locales. Ainsi Esther, devenue la « Sainte reine Esther », pour les marranes qui ont vu en elle un modèle : elle-même avait caché sa religion pour pouvoir entrer dans le gynécée du Perse Assuérus et l'épouser, et c'est ce « marranisme » avant l'heure qui allait, dans un second temps, lui permettre de sauver son peuple de la destruction.

J.-C. A. — Le phénomène existe au sein du judaïsme normatif lui-même. Certaines figures ont fait l'objet d'une véritable vénération. Leurs tombes sont devenues des destinations de pèlerinage. La chose est fréquente au Maghreb. Mais on observe aussi, dans le judaïsme ashkénaze, avec le hassidisme, l'irruption de personnages charismatiques, les *tsadikim*, guides des communautés et chefs dynastiques, faiseurs de miracles. Qui n'a pas croisé, dans tel ou tel magasin juif, la photo du défunt chef du courant loubavitch, Rabbi Menahem Mendel Schneersohn, ou celle de Baba Salé, le Marocain vénéré enterré à Netivot, en Israël ? Ce ne sont peut-être pas des saints, mais ce sont des figures médiatrices entre le divin et l'humain. Le judaïsme a cela aussi, même s'il proclame souvent le contraire. Ces gens-là ne sont pas des dieux incarnés, mais ils sont, comme l'échelle de Jacob, ce qui fait le lien entre le Ciel et la Terre.

E. B. — Quand Dieu et ses saints font défaut, quand la pratique a disparu et que faiblit l'adhésion à des articles de foi déjà réduits au minimum, quand, sorti de son milieu et confronté à un monde extérieur qu'il valorise, le Juif veut néanmoins préserver sa judéité comme élément identitaire fort, que lui reste-t-il donc ? Surtout lorsqu'il n'est pas comme moi, comme nous, « Juif par profession », que lui reste-t-il, après tout, et malgré les réserves que tu exprimais tout à l'heure, si ce n'est l'éthique ? L'éthique juive, si elle existe, est la religion des Juifs ayant perdu toute religion. En somme, la religion des irréligieux. Et elle a au moins le mérite d'être universalisable. Elle peut s'adresser à d'autres. Elle n'est ni abstraite, ni impraticable. Moi, je suis pour un judaïsme positif, et je vis mon judaïsme de manière positive. Comme le philosophe Franz Rosenzweig, je me sens membre d'un peuple, mais d'un peuple du monde. Le Juif est l'homme du monde. Ce désir d'altérité et ce désir de justice sont, je crois, caractéristiques d'un rapport juif au monde. Lequel conserve certains des éléments forts de la religion, sans la pratique pointilleuse des commandements. Je vois là un judaïsme certes sécularisé, mais juif toujours. C'est cela qui, dans le judaïsme, me guide, me donne encore la conscience et l'envie d'être juive. Avec cette primauté accordée à la vie, une primauté proclamée à tout moment.

J.-C. A. — Pas de manière indifférenciée, cependant. Je songe ainsi à un problème casuistique évoqué dans les sources rabbiniques anciennes, et réexaminé, à l'ère contemporaine, par un nationaliste juif que nous avons déjà rencontré, Ahad Ha-Am. Deux hommes traversent un désert. Ils ne disposent que d'une seule outre d'eau. S'ils se partagent le contenu de cette outre, ils mourront tous deux de soif. Et si l'un boit l'outre tout entière, l'autre mourra, mais lui sera sauvé. Quelle est la solution la plus éthique de ce problème ? Celle-ci : l'homme qui porte l'outre, la boit, et se sauve. Cela peut paraître choquant, et contraire au principe d'un altruisme authentique. Pourtant, si l'on imagine que l'un et l'autre sont d'un égal altruisme, et partagent un goût identique pour le sacrifice, l'on pourra craindre que ni l'un ni l'autre ne consente à boire l'outre. La vie prime pourtant, un seul doit mourir, puisqu'une existence, au moins, peut être sauvée. Et le choix doit être fait en toute objectivité, hors de tout pathos. Or la Bible, source objective de l'autorité, est claire sur ce point : « Tu aimeras ton prochain comme toi-même » (Lévitique 19, 18). Comme toi-même. Pas plus que toi-même. Celui qui a l'outre la boira : telle est la seule décision éthique possible. Parce que l'éthique commence par les devoirs que l'on a envers soi-même. Voilà un type de réflexion éthique à contre-courant de la morale spontanée. Notons en outre qu'en l'occurrence, la détermination de la réponse à la question posée se fonde sur un texte scripturaire, et sur l'interprétation précise — certains diront la surinterprétation — de ce texte. Peut-être doit-on voir là quelque chose de typiquement juif. Ceci dit, j'y insiste, la préoccupation éthique, elle, est simplement humaine. Enfin, j'espère qu'elle l'est.

E. B. — Moi, je ne suis absolument pas religieuse. Toi, tu as un fond religieux.

J.-C. A. — Possible... Ce qui a été vrai un jour peut fort bien avoir cessé de l'être. Ma religion est fort résiduelle. Elle s'est réduite au statut de question. Et encore d'une question qui ne me torture pas. Ce qui est mauvais signe.

E. B. — Moi, quand on me demande en quoi je suis juive, je réponds que je suis juive en ce que j'observe certaines règles, une certaine conduite qui, bien que n'étant pas religieuses au sens strict, tirent leur origine d'un passé qui n'est plus mon présent, mais qui l'a marqué. Ces normes, cette conduite me sont dictées par un vécu, et peut-être au-delà par une religion que par ailleurs je ne sais plus pratiquer. Toi qui as connu la religion, qui as — ou as eu — plus de foi que moi — on ne saurait en avoir moins que moi en tout cas —, peut-être que ton éthique est faite différemment.

J.-C. A. — Ce que tu appelles « éthique », je l'aurais appelé un certain type de rapport au monde qui se trouve informé par ta condition et ton passé juifs. J'ai bien du mal, je l'ai dit, à faire de l'éthique le propre du judaïsme, parce que ramener le judaïsme à l'éthique revient à le diluer dans quelque chose qui n'est plus le judaïsme, et que judaïser l'éthique revient curieusement à s'imaginer que certaines exigences morales pourraient ne pas être partagées par d'autres. Tout cela me gêne un peu. J'aurais plutôt tendance à parler d'une certaine forme d'attitude juive face aux problèmes éthiques universels, qui se trouve déterminée, orientée par un vécu juif, par la constance d'une histoire juive particulière. À savoir que je puis imaginer l'existence, chez tel ou tel Juif, d'une réactivité très vive à l'injustice, qui se trouve en quelque sorte renforcée par la conscience des persécutions ou des injustices que lui-même, sa famille ou son peuple ont subies. Mais je n'irais vraiment pas au-delà. L'éthique du Sinaï ? Mais qu'est-ce que les gens savent du Sinaï, vraiment ? J'ai l'impression que ce prétendu héritage éthique du Sinaï est une sorte de vulgate moyenne, sans aspérité, partagée par tous et partagée par personne. Le judaïsme a effectivement produit une littérature éthique, dont l'étude se révèle fort instructive, mais je le répète, il développe aussi et surtout une pensée de la Loi.

E. B. — L'éthique dont je parle ne serait-elle pas un inconscient du groupe, transmis jusqu'aux moins religieux de ses membres, au terme d'un long compagnonnage avec le judaïsme ? Je le sens un peu de cette manière-là. Le judaïsme n'a pas inventé l'éthique, mais l'éthique était aussi dans le judaïsme. Et cette éthique a guidé des générations, sous sa forme religieuse ou sous une autre.

J.-C. A. — Disons donc qu'il y a une mise en œuvre juive de l'éthique. Une manière juive de penser la justice et de la mettre en pratique.

E. B. — Pas seulement la justice. L'attention à l'autre, à sa faiblesse, à sa souffrance, à sa pauvreté.

J.-C. A. — Voilà des thèmes bibliques, mais ce sont aussi des thèmes post-bibliques. Et ce sont eux qui ont, pour le coup, dicté la création d'institutions fondamentales dans les communautés juives. On entretenait une société pour habiller les gens les plus démunis, une pour marier les filles pauvres sans dot, une pour visiter les malades.

E. B. — Tu ne nieras pas l'existence d'une gestion proprement juive des problèmes éthiques, ou sociaux.

J.-C. A. — Certes. Ainsi la *tsedaka*, l'acte de « charité », conçu comme un véritable impôt, comme retour à l'indigent de ce qui aurait dû être sa part. Ce n'est pas seulement de la générosité, qui vient, comme cela, du cœur. On pose même des limites à l'intérieur desquelles cette générosité doit s'exercer. On donnera jusqu'à 1/5e de ses revenus, mais pas au-delà, et pas moins de 1/10e. Il ne s'agit pas de devenir pauvre à la place des pauvres. Cela, pour le coup, me paraît tout à fait juif. De même les modalités du don. Le don se fera de manière discrète. La main gauche ne saura pas ce que donne la main droite. Effectivement, je vois là une manière juive, traditionnelle juive, de faire la « charité », qui est à la fois dans les textes et dans la pratique.

E. B. — Cela ne veut pas dire que les principes de cette éthique ne soient pas aussi universalisables. Je ne veux pas tout ramener au seul monde juif, cela va de soi ! Mais moi, personnellement, j'essaie de gérer de cette façon ma conduite éthique. Comme si j'avais effectivement cet héritage. À quoi s'ajoutent aussi les particularités régionales. Ne l'oublions pas : les Juifs de la Méditerranée ont peut-être une idée moins individualiste de la société, des relations humaines, qui les rend parfois plus proches ou plus soucieux de l'autre. Mais ce sont de simples variantes, et je crois qu'il est difficile de les définir d'une manière strictement normative. Tiens, à ce propos, une question : le trouves-tu parfaitement éthique, le statut que le judaïsme traditionnel a réservé aux femmes ?

J.-C. A. — Ce statut, pour commencer, avant de dire des choses plus sévères, ne doit pas être présenté comme figé. Il a évolué au Moyen Âge, sous la pression de circonstances historiques, de ce qui prévalait dans le milieu ambiant. On est passé d'une polygamie acceptée, ou tolérée, à une monogamie obligatoire, non seulement en monde ashkénaze mais aussi en monde sépharade.

E. B. — Rappelons ce fameux règlement, dont la paternité est attribuée au rabbin Guershom ben Juda, dit « Lumière de l'Exil », à la fin du Xe et au début du XIe siècle, et qui interdit, en monde ashkénaze, la polygamie. Ces textes ont circulé, leur autorité s'est imposée, la pratique des normes qu'ils prônent était largement répandue avant même leur promulgation. Mais la coutume a pu varier.

J.-C. A. — Le monde sépharade et oriental, de ce point de vue, n'est pas uniforme. Globalement, on y est monogame, sauf dans certaines régions, plus excentrées. Au Maroc ou au Yémen, jusqu'à la veille de l'émigration en France ou en Israël, la polygamie a subsisté, non comme institution généralisée, mais à l'état résiduel, et même si les rabbins déconseillaient de multiplier les épouses, parce qu'il était difficile de gérer deux femmes, deux familles.

E. B. — N'oublions pas la pratique du lévirat, qui s'impose à la femme dont le mari est mort sans laisser de descendance.

J.-C. A. — Mais deux possibilités restent ouvertes : ou bien la veuve du conjoint mort sans enfant épouse le frère de celui-ci, pour donner au défunt une descendance de substitution, ou l'on procède à la cérémonie rituelle du « déchaussement » — du beau-frère par la veuve —, qui libère de cette obligation. Historiquement les autorités rabbiniques sont globalement allées dans le sens d'une libération, plutôt que du lévirat, pour éviter la polygamie et les mariages forcés. L'évolution, dans un sens positif, du statut de la femme est évidente tout au long de l'histoire du droit juif. Ainsi sur la question du divorce. L'homme en garde l'initiative. Mais un tribunal rabbinique est habilité à faire pression sur un mari indigne pour qu'il accorde à sa femme la « répudiation » qu'elle demande.

E. B. — Songe aussi au cas douloureux de ces femmes abandonnées, dont le mari s'obstine à refuser le divorce ou dont le mari a disparu sans laisser de traces, sans que sa mort puisse être prouvée, auxquelles les rabbins interdisent tout remariage, pour empêcher tout risque de procréation adultérine.

J.-C. A. — C'est vrai. Il y a sans doute encore beaucoup à faire, en droit juif, pour renforcer l'autonomie de la condition féminine, et rapprocher son statut de celui de l'homme !

E. B. — Il n'empêche que nombre de femmes orthodoxes ont le sentiment de s'épanouir en tant que femmes dans le judaïsme. Faire la part entre ce qui est mythifié et ce qui est réel est difficile. Peut-être y a-t-il parfois là une volonté de se convaincre soi-même. Ou une aliénation consentie, surtout chez celles qui reviennent au judaïsme orthodoxe sur le tard. À regarder les choses dans la longue durée, pourtant, le statut de la femme, dans la religion juive, comme dans tous les monothéismes, n'est guère égalitaire.

J.-C. A. — C'est une évidence. La question de savoir si cela relève de l'essence du judaïsme ou si c'est une survivance des sociétés traditionnelles n'est pas facile à trancher. Cela peut en tout cas avoir quelque chose à faire avec la masculinité de Dieu. Dieu le Père, qui est en plus le Dieu des Pères, celui d'Abraham, d'Isaac et de Jacob, est clairement un être viril. Même si dans la tradition juive, et dans la tradition kabbalistique notamment, il y a du féminin en Dieu. L'immanence divine, la présence divine, la *Shekhina*, est féminine. Ce qui, de Dieu, réside ici-bas, est féminin. Et dans le système de représentation kabbalistique du monde supérieur, le féminin a effectivement sa place. Mais les problèmes de hiérarchie demeurent, jusque dans l'idée que le masculin et le féminin en Dieu se complètent, et doivent être en harmonie. Et dans l'ensemble, domine une représentation fortement masculine de la divinité. La tradition elle-même est portée par les hommes. Abraham est le père de la nation. Il y a bien sûr Sarah. Mais ce n'est pas elle qui découvre le monothéisme, c'est Abraham. Et la transmission, du savoir, de la foi, des valeurs, se fait par les hommes.

E. B. — Sauf dans des circonstances précises, puisque l'on sait que chez les marranes, dans une situation de repli et de peur, quand le foyer avait remplacé la synagogue, où l'on ne pouvait plus aller ouvertement, ce sont les femmes qui ont, pendant des générations, été les dépositaires et les maîtresses d'une oralité ayant assuré la pérennité de l'identité cryptojuive. Lorsque les textes écrits et la sociabilité masculine avaient perdu le moyen de s'imposer, ce sont les femmes qui ont recréé et transmis tout un rituel et tout un savoir.

J.-C. A. — Même chose pour la liturgie. Les prières marranes étaient transmises par les femmes. Quand les hommes sont contraints de perdre le pouvoir, on observe une véritable cassure du modèle. Dans le contexte marranique, interviennent une déchéance du masculin et la disparition du livresque. À savoir que lorsque le judaïsme cesse d'être une religion de l'écrit, de la parole écrite, effectivement, il redevient la religion des femmes.

E. B. — Cela n'a pas duré longtemps. Dès que les cryptojuifs ont rejoint le judaïsme dans des terres plus clémentes, le livre a repris le dessus, et avec le livre, les hommes ont reconquis le rituel, donc la parole religieuse. C'est toujours dans des périodes critiques que les femmes parviennent à se faire une place dans le judaïsme. On sait ainsi que ce sont les femmes qui ont ouvert la voie, dans la période pré-émancipation, à une modernité juive. Les salonnières du XVIIIe siècle, ces femmes juives cultivées, à qui leurs pères exigeants avaient donné une culture diversifiée, avec un apprentissage des langues, de la musique, ont reçu chez elles la meilleure société non juive de leur temps, ont mis en rapport hommes et femmes, intellectuels juifs et intellectuels non juifs, et ont par là rehaussé l'image du Juif aux yeux de l'intelligentsia. Ainsi Dorothea Schlegel, la fille du fameux Mendelssohn, l'homme des Lumières juives, Fanny von Arnstein à Vienne, Henrietta Hertz à Berlin, Rahel Varnhagen, immortalisée par la biographie de Hannah Arendt, ont-elles été des précurseur(e)s de l'émancipation. Dans ces périodes charnières, lorsque les hommes hésitent encore, certaines femmes franchissent un pas, et servent de passeuses d'idées.

J.-C. A. — Pas nécessairement dans des périodes de crise, ou de transition sociologique au sens large. Même dans le judaïsme prémoderne, on voit émerger des personnalités féminines éminentes, ou dominantes, dans le cadre d'un veuvage. Parce que c'est finalement quand l'homme meurt, quand l'époux disparaît, que la femme accède à une réelle majorité. Elle devient indépendante. Et l'on voit se dessiner des personnages de femmes d'affaires, de femmes chefs de famille, de femmes maîtresses de leurs biens et de leur destin. Le cas de Gluckel de Hameln, à la fin du XVIIe et au début du XVIIIe siècle, est à ce titre emblématique : elle est la première mémorialiste féminine de langue yiddish.

E. B. — Ajoutons que malgré toutes les restrictions, la femme, jusque dans le rituel, s'est frayé un chemin. Par les *tehines*, par exemple, ces compositions liturgiques en yiddish, dont une large partie a été écrite par des femmes. Certaines, de même, avaient accès à la lecture des textes scripturaires et de leurs commentaires traduits ou compilés en yiddish. Par ce biais, les femmes ont pu à la fois prendre conscience des limites de l'espace qui leur était concédé par les hommes, et l'élargir, même modestement.

J.-C. A. — Je suis d'accord avec toi. Les femmes ont effectivement eu accès à un certain type de savoir, y compris écrit, par l'intermédiaire des langues vernaculaires, des judéo-langues. Toutefois, cette littérature accessible aux femmes fut majoritairement produite par des hommes pour les femmes. Il convient donc d'être nuancé. Il s'agit là d'une littérature masculine pour un public féminin. Dans la hiérarchie des savoirs, ou des littératures, ce n'est pas ce qui est placé le plus haut. L'accès aux textes en hébreu, à l'Écriture, aux textes araméens, au Talmud, demeure une prérogative foncièrement masculine. Faire l'histoire des exceptions est certes louable. On pourra toujours citer l'exemple de telle fille unique que son père talmudiste aurait formée quasiment comme un garçon — en l'absence de garçon. Le tableau général n'en sera pas modifié pour autant.

E. B. — La langue vernaculaire sert souvent de refuge aux femmes exclues. Ainsi, à la fin du XVIIIe siècle, en monde sépharade, en Orient, naît une littérature nouvelle consistant en commentaires de la Bible rédigés en judéo-espagnol, nourris de récits, anecdotes et enseignements puisés dans l'antique fonds du savoir rabbinique traditionnel : le *Meam Loez*. Cette littérature s'est enrichie tout au long du XIXe siècle, et même au début du XXe. J'avais moi-même une grand-mère réputée pour connaître merveilleusement ces textes. Elle pouvait les réciter par cœur, et les savants, dit-on, venaient la consulter.

J.-C. A. — Elle pouvait les réciter par cœur, dis-tu. Est-ce qu'elle les lisait ou est-ce qu'elle n'en avait qu'une connaissance orale ? Il y a toujours eu des femmes savantes. Mais de quelle nature était ce savoir, à quelles limitations n'était-il pas soumis ? L'étude scientifique du judaïsme et de son histoire a longtemps fait l'impasse sur tout ce qui relève du féminin. Les choses ont bougé, notamment outre Atlantique, où l'on est plus en pointe dans de tels domaines. Mais fait-on assez d'anthropologie ? Étudie-t-on assez les rites domestiques, les cultures en langue vernaculaire ? Cette prééminence qu'une certaine tradition savante donne toujours au texte écrit, à la source hébraïque, ou à la source araméenne, résulte encore de la domination des hommes. Être exclue de la langue sacrée, ça n'est pas rien. Je le rappelle à chaque occasion à mes étudiants : N'oubliez pas que dans le judaïsme, il n'y a pas de parité. Et que ce que nous étudions est la parole des hommes.

E. B. — Ne vas-tu pas trop loin ? Les femmes ont tout de même su se ménager une place, même mineure. Elles se sont frayé une voie, même modeste. L'appropriation de ces textes en langue vernaculaire reste significative. C'est là qu'elles pouvaient s'installer. C'était une stratégie, un moyen de ne pas être entièrement exclues. Et gardons-nous d'un autre mythe, celui selon lequel toutes les femmes juives auraient été analphabètes, ou illettrées. Aujourd'hui, on ignore moins la part féminine dans la culture juive, on sait que les femmes pouvaient être lettrées, en yiddish par exemple, même si elles ne l'étaient pas en hébreu.

J.-C. A. — Les femmes ont le plus souvent trouvé le moyen d'affirmer leur autonomie culturelle, et même cultuelle. Il existe même une apologie orthodoxe féminine de toutes les pratiques spécifiques imposées aux femmes : l'abstention de relations sexuelles et de contacts conjugaux pendant la période menstruelle, le bain rituel qui clôt cette période, cacher de son corps ce qui est susceptible d'éveiller la sensualité masculine, les cheveux notamment, etc. Toutes ces règles sont interprétées et vécues de manière variable par les hommes comme par les femmes. Mais elles peuvent aussi prendre une tonalité fortement répressive, lorsqu'elles expriment d'abord la peur, chez les hommes, de tout ce qui, dans la femme, relève du mystère de la vie et de la mort. Le judaïsme n'a certes pas développé, comme d'autres pensées religieuses, de défiance excessive à l'encontre du plaisir charnel. Et dans certaines limites, il l'a au contraire fortement valorisé. Reste qu'il existe bien une défiance traditionnelle des hommes juifs à l'égard de la femme : songe à ces démones, à Lilith notamment, qui lui sont associées, quoiqu'elle puisse aussi en être la victime, pense au soupçon qui pèse sur elle d'un appétit sexuel difficile à assouvir. Toutes ces contraintes qu'on impose à la femme sont aussi les protections que les hommes érigent entre eux et les femmes.

E. B. — Des inventions d'hommes. Une lecture de la religion par les hommes.

J.-C. A. — Ceci dit, existent des manières, y compris orthodoxes, de vivre ces interdits et ces restrictions qui permettent d'en subvertir, réellement ou fantasmatiquement, la signification première. Ainsi certaines femmes juives orthodoxes perçoivent-elles tout cela comme un moyen d'affirmation de leur autonomie. Le fait qu'elles doivent périodiquement se tenir à distance de leurs maris devient le moyen de se soustraire au pouvoir de l'homme, de cesser d'être en permanence un objet de désir, et soumise à ce désir. La voie est ainsi ouverte à une lecture quasiment « féministe » de ces interdits. Ne réduisons tout de même pas l'orthodoxie des femmes juives à des affaires de perruque et de bas en laine !

E. B. — La femme juive, qu'elle ait le crâne rasé, ou qu'elle soit perçue comme sensuelle, a souvent fait fantasmer l'homme chrétien. C'est une constante. La littérature française est traversée par ce modèle. On n'a qu'à relire *Splendeurs et misères des courtisanes* de Balzac. La Juive et l'Orientale se fondent en un seul et même personnage, qui exerce un pouvoir de séduction irrésistible, susceptible de mener à la déchéance tous ceux qui s'y abandonnent. De ce personnage funeste, la littérature fut friande au XIXe siècle. La peinture aussi. Songeons à Delacroix, avec ses belles Juives marocaines. La femme, la Juive, l'Orientale fascine. Elle est la quintessence de l'autre. La tentatrice, la démone qui prend le non-juif dans ses rets. Pense même aux stéréotypes de la tradition picturale la plus ancienne. Qu'est-ce qu'une femme juive ? Judith, qui tranche la tête d'Holopherne. Et Salomé qui, en dansant, obtient celle de Jean-Baptiste ! Cette attirance pour la femme juive demeure entière aujourd'hui, mais elle a pris une forme nouvelle. Elle se double d'étonnement, d'incrédulité. Même l'ultra-orthodoxe excite l'imagination. Elle est cette fois la femme qui interdit toute sensualité, et qui devient par là encore plus étrange et attirante. Même si elle n'est pas conforme aux normes. Elle exerce au moins une fascination intellectuelle. Mais tu as raison, il faut tout de même mettre les choses au point. Les femmes religieuses, orthodoxes, n'ont pas toujours été rivées à l'univers domestique. Et aujourd'hui moins qu'hier. Elles travaillent, occupent différents secteurs de l'économie, exercent de nombreux métiers, de la psychologie à l'informatique. De ce point de vue, l'orthodoxie juive moderne ne se distingue guère d'un certain islam moderne, où l'on discerne des tendances similaires.

J.-C. A. — Mais cela, c'est la rançon du machisme. À partir du moment où le Juif, homme, est quelqu'un qui étudie la Loi, qui passe tout son temps à étudier la Loi, quelqu'un d'autre doit bien faire vivre le ménage. Et pendant longtemps, tandis que l'homme étudiait, la femme travaillait, y compris dans la société traditionnelle, pas seulement dans la société moderne.

E. B. — Aujourd'hui, certaines expriment des revendications qui rejoignent les revendications féminines d'autres cercles, non religieux. Mais elles leur donnent une tournure qui convient mieux à la façon dont elles vivent. Il ne faut pas les juger d'un seul bloc. Même à l'intérieur de ces groupes, certains discours quasiment « féministes » sont entendus. On a du mal à les croire, mais...

J.-C. A. — Simplement, ce qui reste difficile pour ces femmes-là est de sortir, tout de même, d'une division des tâches. Le féminin est posé comme un absolu, et des tâches sont perçues comme typiquement féminines. L'éducation des enfants en bas âge, l'observance des règles alimentaires au foyer, mais aussi certaines formes de philanthropie, la charité. Mis à part le monde du travail, qui leur est effectivement ouvert, mais qui relève de l'extérieur, de la sphère non juive, des types d'activités sociales existent, à l'intérieur de la communauté juive, où les femmes se réalisent. Mais ce sont des activités féminines. Pour l'instant, ce modèle tient, en tout cas dans certains milieux. Chez les libéraux et chez les conservateurs, il s'effondre. On y observe une redéfinition de la répartition des rôles. En fait, chez eux, il n'y a plus de répartition du tout. Les femmes peuvent avoir accès, si elles le souhaitent, aux mêmes obligations, aux mêmes devoirs, aux mêmes droits que les hommes, y compris dans le domaine cultuel et religieux.

E. B. — Il s'agit là d'une vraie volonté réformatrice. En Amérique, on trouve aujourd'hui des synagogues lesbiennes, comme des synagogues d'homosexuels. Mais tout cela est nouveau, et loin d'être partout admis ! Aucune religion n'échappe à cette dimension répressive, me semble-t-il. Il s'agit de systèmes rigides, même si, à l'intérieur de ces systèmes, s'esquisse un espace pour le jeu. Et ces systèmes sont exactement en phase avec l'état de la société qui les abrite, et se sert d'eux. Le judaïsme, les religions bougent comme la société. Ni plus, ni moins.

J.-C. A. — La parole juive, jusqu'à l'époque contemporaine, est une parole masculine, je l'ai dit. Les sages du Talmud, les penseurs du Moyen Âge, les juristes sont des hommes. Et cette parole d'homme est une parole le plus souvent misogyne. Ou philogyne, ce qui ne vaut guère mieux : elle valorise le statut de la femme, mais en l'enfermant dans une spécificité irréductible, la femme enfante, la femme est la ménagère, elle a sa fonction éducative — limitée.

E. B. — La religion joue là son rôle. Elle fige et protège un modèle. Elle ne fait qu'entériner, en leur conférant tout le poids d'une prescription divine, des choix faits par les hommes. Il n'est pas étonnant, par exemple, que le judaïsme sanctionne si lourdement l'homosexualité masculine. Les évolutions récentes outre Atlantique ne doivent pas faire illusion sur ce qui a été le lot commun des Juifs pendant des siècles : une homosexualité réprimée, réprouvée, assumée dans le secret, lorsqu'elle l'était. Il y a sans doute maintes raisons à cela. Et entre autres celles-ci : garantir coûte que coûte la reproduction, sauver la famille.

J.-C. A. — Il est vrai qu'un peuple dispersé et souvent migrant a besoin, peut-être plus qu'un autre, d'une cellule familiale forte. La cellule familiale, c'est Israël en miniature, la table du shabat, l'autel du Sanctuaire, le père de famille, le Grand Prêtre. On fait en petit ce qu'on ne peut plus faire en grand, et la famille est perçue par les autorités rabbiniques comme ce qui assure la continuité.

E. B. — Mais par le christianisme et par l'islam aussi. Aujourd'hui, le judaïsme s'adapte pourtant. Le mouvement réformé, aux États-Unis, bénit les unions homosexuelles, même s'il ne s'agit pas de « mariages » proprement dits. On peut y être rabbin, femme et lesbienne. Ou rabbin gay.

J.-C. A. — Ce phénomène est sans doute typiquement américain. Ce qui me semble en revanche modifier radicalement la donne est l'accès des femmes au savoir. Cette évolution-là est fondamentale. Autrefois, les exigences en matière d'éducation juive pour les filles étaient faibles. Elles apprenaient en gros à faire ce que leurs mères faisaient. Aujourd'hui, tout cela est en train de changer. De toute façon, les femmes l'exigent. Et elles finissent par l'obtenir. Et elles l'obtiennent, notamment, dans le courant réformé. Il s'agit d'un vrai bouleversement : que les femmes étudient avec les hommes, comme les hommes, les mêmes textes que les hommes, et qu'elles s'arrogent un droit de regard sur le savoir ainsi acquis. Rien à voir avec le savoir pour femmes que distille l'orthodoxie, et qu'elle distillait déjà avant l'émancipation. Actuellement, le savoir juif tout entier est à la disposition des femmes juives. Et des femmes juives contribuent de nos jours à produire ce savoir, ou à en transformer en profondeur l'interprétation qui en était jusque-là traditionnellement faite.

E. B. — Dans les milieux orthodoxes aussi, le tableau n'est ni statique ni homogène. Et si l'avortement, qui n'est pas tenu pour un meurtre, y est fortement réprouvé, certaines pratiques contraceptives y sont parfois tolérées. Et hors de la tutelle des hommes, certaines femmes pratiquantes montent des groupes de travail, d'apprentissage des textes scripturaires. Néanmoins ce n'est qu'en Amérique, pour l'essentiel, que la bataille est menée, et là que les femmes accèdent à la parité religieuse, et à une parité vécue de façon naturelle.

J.-C. A. — La synagogue traditionnelle ne fait pas toujours preuve d'une extrême inventivité. Or les Juifs, aujourd'hui, exigent du judaïsme cette créativité, de laquelle dépendra largement, je crois, leur avenir. L'époque contemporaine a bien sûr connu de fortes personnalités rabbiniques orthodoxes, inventives, audacieuses. Il ne faudrait pas imaginer l'orthodoxie comme un territoire mort. Loin de là. Mais combien de Juifs sont-ils réellement atteints par de tels courants de pensée ? Sont-ils donc si nombreux les Juifs à se penser eux-mêmes, à se vivre eux-mêmes, comme les hommes et les femmes de la Loi ? Le juridisme du judaïsme est rédhibitoire pour plus d'un. Il est vrai aussi que ce type de judaïsme partage, en Occident à tout le moins, avec les autres religions, le fait d'être sur la défensive. En France, terre de laïcité, encore plus qu'ailleurs peut-être. Aussi, si tu cherches de la créativité, de l'inventivité, de la richesse conceptuelle, ce n'est peut-être pas du côté de la synagogue officielle, ou des représentants rabbiniques, que tu la trouveras. Mais le judaïsme ce n'est pas que cela. Le judaïsme est traversé aujourd'hui de courants multiples, qui ne s'expriment pas de la même manière, mais qui, en France, s'expriment hélas relativement peu. Que le judaïsme institutionnel, en tant que religion, accuse à la fois cette faiblesse et ce rigorisme, à l'instar d'autres traditions religieuses occidentales, il n'y a pas lieu de s'en étonner.

E. B. — Aux États-Unis, la diversité est de règle. Les différentes sensibilités du judaïsme contemporain s'y expriment sans complexes. En Israël aussi, s'élèvent des voix détonnantes.

J.-C. A. — La France semble plus consensuelle, ou simplement plus silencieuse, ou plus terne, mais ce n'est peut-être qu'une apparence.

E. B. — Il n'y a pas, en tout cas, un judaïsme. Voilà ce que parfois l'on ne veut pas comprendre, et qu'il est difficile d'expliquer. Le judaïsme, actuellement, se décline sous différentes formes. Et les pratiques, les positions varient considérablement d'un courant à l'autre, du libéralisme jusqu'à l'ultra-orthodoxie.

J.-C. A. — Une ultra-orthodoxie dont le juridisme même, dont l'insistance sur la Loi et le rigorisme — je le souligne — ne doivent pas être conçus a priori comme contraires à une religiosité vécue profondément, à un mysticisme véritable. L'un des plus grands juristes juifs, Joseph Karo, auteur au XVIe siècle d'un code de la Loi juive qui fait toujours autorité, est en même temps l'un des plus grands mystiques de la tradition juive, gratifié pendant une cinquantaine d'années des visites d'un mentor céleste. Tout est, en l'occurrence, affaire d'interprétation. Quel sens veut-on donner à la pratique quotidienne ? Quel poids lui reconnaît-on dans l'économie du sacré ? Chaque acte de l'homme ici-bas, même le plus humble, a un impact cosmique, et résonne jusque dans les sphères supérieures du divin. Le juridisme et le mysticisme peuvent fort bien marcher de pair, dès lors que peut se développer une interprétation, une valorisation mystique, théurgique, de la pratique des commandements. Réduire le judaïsme, même ultra-orthodoxe, à un juridisme sec est évidemment une erreur. Nul ne niera qu'il s'organise autour d'une pensée juridique forte, articulée, centrale, mais celle-ci n'est pas exclusive, tout au contraire.

E. B. — Le judaïsme a su aussi se distinguer par ses transgresseurs.

J.-C. A. — Sans aucun doute. Périodiquement, un rapport de rejet ou un penchant au relativisme se font jour. Il existe des traditions antinomiques dans le judaïsme, qui se sont imposées même à des époques relativement anciennes, quitte à ce que ce soit de manière parfois détournée.

E. B. — Et qui ont fait, elles aussi, la richesse du judaïsme.

J.-C. A. — Quelque chose d'essentiel risque par ailleurs d'échapper à l'observateur extérieur. La pratique de la Loi, dans tous ses détails, n'implique pas nécessairement, chez l'observant, d'angoisse ou d'obsession de la transgression. La plupart des gestes du quotidien juif se font naturellement et avec une relative facilité. C'est véritablement un mode de vie, et à ce moment-là, la dimension juridique, le côté un peu triste du juridisme disparaît. Nombre de ceux qui reviennent au judaïsme, de ceux tout au moins qui n'en adoptent pas les formes orthodoxes extrêmes, cherchent précisément cela : le réconfort d'une existence sacralisée dans la simplicité, la joie du commandement accompli dans la sérénité.

E. B. — Actuellement, le mouvement de retour à une religion sévère nous vient largement d'Israël. Dans ce pays, on observe un repli sur le religieux de certaines franges des populations les plus sécularisées. Devant l'impasse du conflit, un certain désespoir commence aussi à s'exprimer. Ce retour concerne beaucoup de jeunes issus de groupes ayant longtemps connu un judaïsme conjugué au quotidien, selon des modalités domestiques et souples, et qui fait de plus en plus défaut. Le manque est alors comblé par l'adhésion à une stricte observance. Ce phénomène est sensible par exemple chez les enfants sortis de milieux orientaux, peu observants, mais imprégnés d'une religiosité traditionnelle, donnant un contenu juif aux gestes les plus simples de la vie de tous les jours. Ce modèle a été cassé par l'émigration et par l'intégration, ou sous l'effet de la sécularisation ambiante de la société israélienne. La seconde ou la troisième génération réagit avec les moyens dont elle dispose au vide ainsi créé. En Israël, ce retour à la religion est net. Il influence la diaspora, c'est certain. Il faudra voir de quoi sera fait l'avenir. Je ne crois pas, sincèrement, que ce soit la seule issue, mais seulement une parmi d'autres. Certains n'en imaginent pas moins qu'aucune autre voie légitime n'est ouverte au judaïsme.

J.-C. A. — Personnellement, j'ai aujourd'hui du mal à me reconnaître là-dedans, même si, moi aussi, il y a une vingtaine d'années, j'ai pu me poser des questions similaires. Et ce que je peux observer chez certains de ceux qui font aujourd'hui « retour » ne m'incite pas particulièrement à l'optimisme. J'ai tout de même l'impression qu'il s'agit là d'une forme de rejudaïsation sélective, finalement bien étroite, et en même temps terriblement sûre d'elle-même, non dépourvue de visées hégémoniques. Voilà ce qui m'inquiète.

E. B. — Je partage tout à fait cette inquiétude. Mais on n'insistera jamais assez sur l'extraordinaire variété de la palette orthodoxe elle-même. Il existe en France comme en Israël des religieux dont le mode de vie ne suscite chez moi que de la sympathie, voire de l'estime. De même, bien des « revenants » modérés, ou simplement équilibrés, ne nourrissent aucune tendance à surcompenser, à corriger dans l'excès de rigorisme un passé de transgressions, et ne cherchent pas à convaincre les autres à toute force pour mieux se convaincre eux-mêmes. Bien des religieux sont même fort capables d'admettre que leur façon de vivre le judaïsme n'est aujourd'hui qu'une des façons de le vivre.

J.-C. A. — Certainement. Et même s'il leur arrive d'espérer la « conversion » à leur modèle de ceux qui leur sont proches, au moins n'exercent-ils aucune pression sur eux. Ils se contentent de témoigner par l'exemple de la vérité à laquelle ils adhèrent. Ce ne sont pas ceux-là que je redoute. Mais bien certains courants ultras, auxquels la situation présente, malheureusement, fournit un surcroît de visibilité, et aux yeux de certains, un surcroît de légitimité.

E. B. — Et cela pourrait bien ne pas s'arranger, parce qu'il est un autre motif d'inquiétude : la disparition prochaine des derniers survivants de la Shoah. Si la Shoah, avec le temps, perd son statut de religion séculière, ou si cette religion séculière ne suffit plus, à quoi pourront bien s'accrocher les générations à venir ? Cette communion autour du souvenir du génocide fonctionne aujourd'hui comme ciment, nous l'avons dit. Ce ciment est fragile. Tiendra-t-il encore longtemps ? Je ne sais. À part la religion, je me demande parfois s'il est une autre voie de secours pour ceux qui veulent rester juifs. Qu'est-ce qui va alimenter leur identité ? Comment sera-t-on juif dans trente ans ? Je ne dis pas que la mémoire de la Shoah s'éteindra, loin de là, mais il est clair que le temps atténuera la religiosité qui l'entoure. Que restera-t-il ? Que restera-t-il aussi lorsque aura disparu ce vécu au quotidien des Juifs originaires d'Afrique du Nord, avec leur tradition, avec un certain sens de la sociabilité juive ? Le lien avec Israël lui aussi se distend par moment. Nul ne sait quel sera l'avenir de ce pays, ni s'il pourra indéfiniment servir de pilier à l'identité des Juifs de diaspora. Cette combinaison de facteurs me conduit effectivement à me demander si une certaine orthodoxie, un retour à une pratique religieuse dure, ne sera pas la seule voie ouverte à ceux qui voudront encore vivre en Juifs. Les Juifs ont-ils donc un avenir ? Si oui, quel peut-il être ?

J.-C. A. — Voilà une préoccupation souvent mise au premier plan par les responsables communautaires juifs : la survie du judaïsme, comment rester juif. Rester juif, voilà qui est fort bien, sans doute. Mais ce qui est le plus préoccupant, ce que je n'arrive pas toujours à voir venir, c'est un judaïsme créatif, producteur de culture. Quel type de production culturelle juive pourrait émerger dans les dix, vingt, trente ou quarante prochaines années ? Il y a Israël, qui est un foyer important, où l'on crée en hébreu. Mais s'agit-il de culture juive, ou de culture israélienne ? Il y a les États-Unis, aussi. Et la France ? Et l'Europe ?

E. B. — Je vois pointer un autre danger, ou une autre facette du même danger, et tu y faisais toi-même allusion il y a un instant : la mince frange qui fait retour à l'orthodoxie voudrait bien imposer son modèle au dehors. C'est ce qui arrive en Israël, où une minorité religieuse relativement importante exerce une pression forte, que certains jugent intolérable, sur la majorité laïque. Le gros problème d'Israël aujourd'hui — les Palestiniens mis à part — est d'ailleurs cela : cette société coupée en deux.

J.-C. A. — En diaspora, au moins, la pression des orthodoxes est forcément limitée. Parce qu'il n'existe pas d'enjeu politique national susceptible de renforcer leur poids. Et parce qu'en Occident, la religion demeure largement une affaire privée.

E. B. — Subsiste cette tendance, fort nette dans les milieux orthodoxes, mais aussi au-delà, à séparer le monde entre bons et mauvais Juifs.

J.-C. A. — Tu oublies la hantise majeure : les mariages mixtes.

E. B. — Tous les groupes minoritaires sont préoccupés par cette question. Le mariage endogame, la famille, sont perçus comme un moyen, voire comme le seul moyen, de préserver les traits ethnico-culturels du groupe et sa cohésion. Le principe de l'endogamie, non seulement religieuse mais ethnique, n'est pas une nouveauté, et il ne concerne pas que les Juifs. Cette préférence est ancienne, largement répandue, constante dans bien des sociétés. Il n'empêche que la peur de l'exogamie est devenue une véritable obsession, dans les milieux rabbiniques, dans les instances communautaires, et chez plus d'un Juif ordinaire. Comme si l'exogamie était la seule menace pesant sur l'avenir des Juifs ! Quand tu es aux États-Unis tu n'entends que cela. En France, même chose. Chez nous, le taux des mariages mixtes est élevé, outre Atlantique, il l'est encore plus. Mais aux États-Unis, malgré cette forte exogamie, ce qui sauvegarde le judaïsme est que certains de ses courants acceptent de faire « avec », et non de se mobiliser seulement « contre ». Car là n'est pas le seul danger qui guette un groupe minoritaire et dispersé dans une société ouverte.

J.-C. A. — Le mariage exogame conduirait directement à la dilution de la communauté, à son inéluctable effacement. Mais si l'on réagit autrement, comme dans certaines franges du judaïsme américain, le mariage exogame ne signifie pas nécessairement, pour celui qui le fait, une sortie du judaïsme. Mais l'invention d'une nouvelle forme d'identité juive, qui permet de se marier à l'extérieur tout en continuant d'être membre de sa communauté, et de transmettre cette identité à sa descendance. Tous les judaïsmes en place ne se déterminent pas de la même façon. Soit l'on voit là un danger majeur, et l'on milite — sans le moindre succès d'ailleurs — contre la multiplication des unions exogames. Soit, au contraire, on se contente de constater cette multiplication, on en prend acte, et on fait en sorte que ces mariages mixtes n'aient pas l'effet redouté. C'est ce que tente de faire le judaïsme libéral. Soit en permettant une conversion plus facile du conjoint non juif, soit en reconnaissant à l'enfant, même lorsque sa mère est non juive, une identité juive, et en acceptant de lui donner une éducation juive. Là, effectivement, on brise certains modèles. Mais la société juive a cassé avec les modèles de toute façon.

E. B. — Le mariage mixte peut être facteur de dilution, ou symptôme de dilution. Mais le vrai problème est l'extrême acculturation, la non-transmission de l'identité, de certaines de ses valeurs séculières, et pas seulement religieuses. Les Juifs appartiennent à un peuple. On continue bizarrement de penser, comme on l'a cru au XIXe siècle, que le judaïsme est principalement une religion, voire une confession, et que seule une adhésion ferme à ses principes et à ses pratiques est de nature à en assurer la survie. Je crois qu'on se trompe. La majorité des Juifs qui préservent aujourd'hui au moins des bribes solides de leur identité et de leur héritage sont plus les membres d'un peuple — quelque définition qu'on donne à ce terme — que les adeptes d'une religion. Et même pour un orthodoxe, le Juif qui ne prend de tout cela que ce qui lui plaît, reste un Juif, un mauvais Juif, mais un Juif.

J.-C. A. — Certes, mais un Juif à rédimer. Et je ne veux pas être rédimé malgré moi ! Mais revenons à nos revenants, à ces Juifs déjudaïsés qui font « retour ». Ils nous disent, ils se disent qu'ils font retour à un judaïsme « authentique ». En fait, ils sont en train de s'inventer un judaïsme nouveau, qu'ils perçoivent et revendiquent comme authentique. À la différence des retours observés dans les années 80, ceux auxquels on assiste aujourd'hui ne sont pas des retours « culturels » au judaïsme des parents, ou des grands-parents. Les modèles orthodoxes particulièrement prisés aujourd'hui sont le plus souvent des modèles ashkénazes. Ce qui, en France, est tout de même paradoxal, puisque la communauté juive y est majoritairement sépharade. La rupture, donc, est multiple. Rupture avec la République, rupture avec les formes culturalistes, ouvertes, de retour au judaïsme, rupture avec le judaïsme des parents, y compris lorsque ce judaïsme est un judaïsme pratiquant ou traditionnel. Je vois là, non sans inquiétude, une forme de renoncement radicale à toutes ces strates culturelles qui donnent à la judéité son épaisseur, me semble-t-il. Ce phénomène de retrait, de réinvention d'une tradition, est une nouveauté. Les Loubavitch, par exemple. Que sont-ils à l'origine ? Un mouvement hassidique né en Europe de l'Est, qui s'est transplanté aux États-Unis, et dont le centre est à Brooklyn. Et qui a développé tout un travail de prosélytisme interne au judaïsme, partout dans le monde, y compris en France. Il s'agit donc d'un modèle largement importé, étranger à la culture juive moyenne en France par exemple. Voilà une illustration claire de ce côté fabriqué, réinventé, de ce retour orthodoxe au judaïsme auquel on assiste aujourd'hui. Je lis là une espèce de vieillissement, de rigidification. Plus ironique du point de vue historique, né au XVIIIe siècle, le hassidisme, courant d'inspiration mystique, valorisant la spontanéité de la dévotion religieuse, reconnaissant au plus modeste, voire au plus ignorant des Juifs, une voie d'accès à l'accomplissement plénier de sa vocation, s'est avec le temps rapproché de son contre-modèle, à savoir la société juive traditionnelle, talmudocentrée, élitiste, légaliste, d'Europe orientale. C'est contre cela que le hassidisme s'est constitué, contre cette forme de tradition-là qu'il s'est battu pendant des générations. Mais une fois que sont apparus des ennemis communs, les Lumières, la réforme, l'émancipation, effectivement, le chemin s'est ouvert à une homogénéisation relative du judaïsme traditionnel d'Europe orientale, qu'il soit hassidique ou pas. N'oublions pas non plus que le judaïsme traditionnel de ces régions a été détruit. Seule une partie, une infime partie de ces milieux a eu le temps de se transplanter, avant la guerre, soit en Palestine, soit aux États-Unis. Ce sont là des formes nouvelles et déracinées d'une religiosité, d'une tradition culturelle, qui avait sa raison d'être à un moment de l'histoire européenne. Et qui aujourd'hui change d'ailleurs considérablement. Parce qu'on observe une rediversification des courants, des tendances, à l'intérieur même de l'orthodoxie. Des luttes opposent naturellement toujours ces différents mouvements. Mais la question est de savoir si les forces de rénovation, dans ces courants-là, sont suffisamment puissantes pour que cela tienne et que cela se développe. Le plus curieux est aussi que vieilli, rigidifié, tragiquement détruit, déraciné, le modèle juif d'Europe orientale, traditionnel, hassidique ou non, s'est mué en même temps en une espèce de fantasme d'authenticité perdue dans le regard des Juifs les plus sécularisés. Un vrai Juif, un Juif authentique, un Juif comme nous aurions dû tous le rester — même si bien sûr, on se garde bien de le redevenir — est un Juif habillé en noir, avec un chapeau, des papillotes. D'où cette espèce de romantisme du *shtetl*, de la bourgade juive d'Europe orientale, avec ses *hassidim*, qui continue d'alimenter l'imaginaire des Juifs les plus déjudaïsés. Cela n'est pourtant qu'une facette du judaïsme.

E. B. — Et peut-être pas aussi vivante qu'on voudrait le faire croire.

J.-C. A. — La question la plus délicate reste en effet celle-ci : Que va-t-il se passer ? Ces Juifs qui reviennent au judaïsme vont-ils être en mesure de le transmettre ? Les « revenants » changent complètement de vie. La deuxième génération va-t-elle suivre ? On prétend incarner la continuité, et cette continuité n'est pas complètement factice. Elle est en partie réelle, culturelle, théologique, naturellement. Mais saura-t-on l'assurer pour demain ? Est-il absolument sûr que les nombreux enfants des ultras et des repentants ultras seront seuls à même de garantir la survie du judaïsme et des Juifs ? Est-il légitime de penser, pour dire les choses plus largement, que seule une « rejudaïsation » des Juifs est en mesure de les mettre à l'abri d'une dilution autrement inéluctable ? « Rejudaïser » les Juifs. Voilà bien un leitmotiv du judaïsme contemporain — et pas seulement ultra-orthodoxe. Cette valorisation du modèle du « Juif juif » ! Comme s'il ne suffisait pas d'être juif, mais qu'il fallait être juif au carré. Le « Juif juif » est actuellement en vogue !

E. B. — On observe aussi des réactions en sens inverse. Tous ne voient pas en la modernité le mal absolu. Et tous ne croient pas que ce soit nécessairement contre cette modernité qu'une « authenticité » juive doive se construire. Le goût de l'« authenticité » n'en est pas moins fort répandu, tu as raison. On est là loin du Juif du Sartre de *La Question juive*. Au XIXe siècle, la naissance de la néo-orthodoxie, on l'a vu, était une forme de réaction à la modernité qui n'en était pas pour autant un pur et simple rejet. On pouvait être néo-orthodoxe, pratiquer de manière stricte, et s'insérer pleinement dans la société moderne. Aujourd'hui, ce n'est plus l'« authentique » qui rêve de modernité, mais le moderne qui rêve d'« authenticité ». Ces courants de retour à un judaïsme intransigeant, souvent, trahissent un malaise plus général. En France, un mal-être né de la prise de conscience aiguë de la rupture, pendant les années noires, du contrat de confiance passé avec l'État. En Israël, un effritement de la conviction sioniste.

J.-C. A. — La recherche de l'« authenticité » peut cependant mener loin, y compris aux plus étranges déviations.

E. B. — En effet. Je songe par exemple à un courant tout récent, qui sévit en Israël, et qui se présente comme l'héritier des enseignements d'un Nahman de Bratslav — ce que les véritables continuateurs du hassidisme de Bratslav, né au tournant du XVIIIe siècle, contestent vivement. Là, de jeunes Israéliens, après avoir vécu d'autres « expériences », en Thaïlande ou ailleurs, se trouvent ramenés à l'orthodoxie dans le cadre d'une sorte de secte errante. Ils découvrent l'« authenticité » du judaïsme non dans l'étude ou dans la prière en commun, mais en forêt, au désert, près des sources et des rivières. Ils ne travaillent pas, refusent même le principe du travail — les parents, des laïcs, sont invités à payer pour leurs péchés —, chantent et dansent au coin des rues. Et vendent aux passants une littérature qu'ils n'ont pour beaucoup pas lue. Il est pour le moins curieux de voir certains d'entre eux, Sépharades, en costume noir, barbe et papillotes, coiffés de leur *shtreimel*, ce couvre-chef à large bord, garni de fourrure ou de velours, traditionnellement porté par les Juifs de Pologne et de Galicie — de voir ces jeunes Sépharades se chercher ainsi dans le vagabondage. Ces formes de « retour » sont fortement critiquées par l'orthodoxie institutionnalisée, qui y voit des déviances. Mais précisément, ce type de « déviances » intervient lorsque le rapport à toutes les institutions, État compris, s'est affaibli. Car nulle institution, même une institution religieuse, aucun État n'est plus en mesure de répondre à ce désir d'une religion totale.

J.-C. A. — Redoutable illusion de l'authenticité, voire de la pureté théologique, ou culturelle ! Ce qu'il serait intéressant de vérifier, ce serait de voir précisément sur quel type de culture, sur quels types d'apprentissage, se fondent ces retours au judaïsme. Aujourd'hui, revenir au judaïsme n'est pas étudier l'histoire des Juifs ou de la pensée juive. Revenir au judaïsme est essentiellement revenir à une pratique. À une observance aussi rigoureuse que possible, d'une part, à l'ultra-revalorisation d'une certaine strate de la culture juive, et de la culture religieuse juive, d'autre part. Ultra-revalorisation des études talmudiques, par exemple, laquelle est sans doute caractéristique d'un certain judaïsme traditionnel, mais se conforme en l'occurrence à un modèle fortement ashkénaze. Ultra-revalorisation aussi, y compris dans les milieux périphériques, de l'étude de la Kabbale. Avec cette idée que le Talmud, et éventuellement la tradition kabbalistique, sont le cœur, le noyau du judaïsme. Que ces sources classiques représentent quelque chose qui n'a jamais varié, jamais bougé, qui se serait conservé dans sa pureté originelle, et qui véhiculerait le message du judaïsme dans sa vérité ultime. Une demande qui se double naturellement d'une volonté d'échapper complètement à l'histoire de ces textes eux-mêmes. Refus de voir, par exemple, qu'il y a eu un judaïsme sans le Talmud. Un judaïsme sans Joseph Karo. Un judaïsme sans le Zohar, le texte de référence de la tradition kabbalistique qui a acquis, dans certains milieux, un statut quasi équivalent à celui de la Bible ou du Talmud. Car bien qu'il soit traditionnellement attribué à Siméon bar Yohaï, un maître palestinien du IIe siècle, le Zohar est en réalité un écrit tardif, datant du XIIIe siècle espagnol. Beaucoup de « revenants » veulent ignorer cela, cette profondeur historique, cette diversité diachronique, du judaïsme. Ils focalisent l'étude sur quelques textes et oublient que le judaïsme est infiniment plus complexe, plus riche, et contradictoire. La quête de la « vérité » est aussi quête de cohérence. Mais la cohérence, ainsi entendue, c'est la mort.

E. B. — Reconnais cependant que la majorité des Juifs ne lit pas le Talmud. Ce sont pour la plupart des Juifs culturels, des Juifs psychologiques. Ou traditionnels. Sacrifier au rituel du couscous familial, le vendredi soir, est aussi une manière d'être Juif. Il existe encore, Dieu merci, mille manières d'être Juif. Nous sommes bien à l'ère des identités fortes, des identités d'affirmation, consécutivement, sans doute, à la mort des idéologies. La rigueur, le fanatisme de ces nouveaux religieux rappellent ce que nous avons connu dans les années 70, avec les idéologies marxistes et autres. Face à cet écroulement des certitudes d'hier, on croit avoir trouvé une planche de salut, qui a traversé les siècles : la religion. On observe des mouvements de repli parallèles en islam. Dans le christianisme aussi. Mais les églises sont encore assez vides, alors que les synagogues commencent à se remplir. Ces cristallisations identitaires, ces formes d'ultra-religiosité, il faut bien les constater, mais il serait utopique de croire que tous les Juifs redeviendront orthodoxes.

J.-C. A. — Tu veux dire effrayant.

E. B. — Ce qui a « sauvé » le judaïsme américain, j'y insiste, ce sont les libéraux, ce ne sont pas les orthodoxes. Cette frange des ultras, d'ailleurs, bien souvent, ne se mêle pas aux autres. Elle peut être militante, parfois, mais vivre aussi repliée dans sa défiance, coupée du reste du monde juif.

J.-C. A. — Un autre phénomène mériterait d'être étudié. Pas seulement l'adhésion idéologique à certaines vérités, à certains textes — mais comment fonctionne le retour à l'orthopraxie. Qu'est-ce que cela signifie, dans la vie des gens, que de revenir à une pratique rigoureuse du judaïsme ? Est-ce que cela correspond à un profil socio-psychologique ? Est-ce structurant ? Est-ce que focaliser tant d'énergie, tant d'attention sur la pratique quotidienne n'est pas finalement le moyen d'éviter certaines questions ? Parce que cette pratique exigeante est une vraie nouveauté, pour les « revenants ». Or cette pratique, qui semble complexe, contraignante, a été vécue par les Juifs pendant des siècles de façon naturelle, socialement, en famille, de manière non réfléchie. Certainement pas comme une contrainte, ni comme une nouveauté. Aujourd'hui, en revanche, pratiquer le judaïsme, surtout dans une société éclatée comme la nôtre, qui fait relativement peu de place à certains modes de vie, implique un effort considérable de volonté, d'apprentissage de gestes au quotidien. Il serait intéressant de voir avec quoi cela entre en résonance, à quel type de demande cela répond. L'orthopraxie de nos « revenants » est quelque chose de réinventé. Et je ne sais que trop, pour l'avoir expérimentée moi-même, à quel degré d'obsession une telle orthopraxie peut mener, ou de quel comportement obsessionnel elle émane.

E. B. — Et ce n'est rien en comparaison de ce qui nous attend, avec la reconstruction du Troisième Temple, la réinstauration d'un culte sacrificiel pointilleux !

J.-C. A. — N'allons pas si vite en besogne. Quelques groupuscules extrémistes sont certes périodiquement tentés de poser la première pierre de cet édifice, sur la fameuse « esplanade des Mosquées », qui est aussi, pour les Juifs, le « mont du Temple ». On en a encore eu un exemple en juillet 2001, lequel n'a pas manqué de susciter de violentes réactions palestiniennes. La plupart des religieux, cependant, attendent sagement l'arrivée du Messie avant de se lancer dans la moindre ébauche de reconstruction. Et certains se demandent même ce qu'on pourrait bien y faire, dans ce Troisième Temple, lorsqu'il sera reconstruit. Des sacrifices d'animaux ? Pas si sûr. Je songe ainsi à la vieille tradition maïmonidienne d'interprétation de ces rites qui laisse entendre que leur instauration ne fut au fond, à la période antique, qu'une concession faite par Dieu à Israël, qui voyait les autres peuples honorer leurs propres divinités de cette façon-là. Dieu aurait en quelque sorte concédé aux Hébreux un culte sacrificiel minimal, épuré, éthicisé, normalisé. Mais cela n'était peut-être finalement destiné qu'à être un moment dans l'histoire du judaïsme. Alors un Troisième Temple sans sacrifices, pourquoi pas ? Je ne sais pas si je verrai cela. Je n'ai d'ailleurs jamais visité l'« esplanade » — lorsque j'étais religieux, je ne l'ai pas fait pour me conformer à un interdit rabbinique formel, et depuis que je suis laïc, je ne le fais toujours pas parce que j'y vois au fond surtout un lieu musulman, et que je n'ai pas, comme d'autres, le goût de la provocation politique. Le judaïsme, sans le Temple, a montré qu'il était tout à fait viable. Je dirais même : ce n'est que lorsque le Temple comme réalité a disparu pour ne se maintenir que comme horizon, que le judaïsme est devenu ce qu'il est. Un Troisième Temple, des sacrifices, voilà qui me contraindrait à redécouvrir le judaïsme comme quelque chose de complètement exotique. J'ai beau avoir lu le Lévitique, j'ai beau savoir que l'étude attentive des rites sacrificiels fait toujours partie de l'étude juive traditionnelle. Ce n'est pas la même chose d'étudier le culte sacrificiel et de le pratiquer. Le judaïsme a remplacé le sacrifice par l'étude. Cela a été sa force. C'est cela même qui le fonde. Est-ce qu'il est possible de faire le mouvement inverse, et de réinstaurer le sacrifice, et peut-être de faire perdre à l'étude cette prééminence qu'elle a acquise durant à peu près deux mille ans ? Ce serait peut-être fatal. Je ne suis pas loin de penser que c'est précisément le retour aux origines qui risque de faire perdre au judaïsme son identité même. L'identité du judaïsme n'est pas dans son origine — mythifiée —, mais dans son histoire.

E. B. — Puisque nous en sommes à nous faire peur, imagine un Israël peuplé d'ultra-orthodoxes. Ce serait un pays invivable. Ce serait un pays juif...

J.-C. A. — Juif, peut-être...

E. B. — En tout cas, ce ne serait plus Israël. Pour moi qui ai vécu assez longtemps dans ce pays, Israël est d'abord peuplé d'Israéliens qui, généralement, sont aussi juifs. Mais imaginer un Israël exclusivement peuplé de pratiquants... Ce ne serait plus Israël, ni l'Israël de ceux qui l'ont rêvé, ni l'Israël de ceux qui l'ont construit, ni l'Israël de ceux qui habitent actuellement dans ce pays. Israël est le pays où se trouvent réunis des Juifs absolument antireligieux, des Juifs religieux, des Juifs très religieux, des Arabes israéliens, des Druzes israéliens, des Arméniens, des chrétiens de toutes origines, des Juifs venant de tous les pays et qui, parfois, selon les normes orthodoxes, ne sont pas tout à fait juifs. C'est un pays tout le temps en mouvement.

J.-C. A. — Un Israël de *hassidim*, ce serait quoi ? Une grosse communauté à l'échelle de la planète. Exactement ce qu'Israël ne doit pas devenir.

E. B. — Ce serait un Mea Shearim élargi aux proportions d'un État, pas Israël. Mea Shearim, le quartier ultra-orthodoxe et antisioniste de Jérusalem, est-ce Israël ?

J.-C. A. — Puis-je revenir à des considérations moins sinistres ? Et poser cette question : les autorités rabbiniques elles-mêmes sont-elles toujours absolument convaincues d'être seules dépositaires de la transmission ?

E. B. — N'imaginons pas que ces autorités, certaines d'entre elles tout au moins, malgré leur rigorisme, soient inconscientes, et ignorent que le judaïsme se décline aujourd'hui au pluriel. Le mouvement libéral a su ne pas manquer le coche, s'est mis en situation de ne pas perdre ce qui allait être irrémédiablement perdu pour le judaïsme. Le rigorisme extrême de certaines autorités orthodoxes tient peut-être aussi à cela : la peur d'être un peu dépassées.

J.-C. A. — Un certain judaïsme religieux veut faire croire que seules l'étude des textes et la fidélité aux commandements qu'ils contiennent ont garanti la pérennité du peuple juif. Peut-être. Peut-être pas. Cela s'est passé de manière différente. Sinon, les femmes ne seraient pas juives, ou le seraient moins. Elles n'ont pas la circoncision pour officialiser leur entrée dans la communauté. Elles n'avaient pas la *bar mitsva* ritualisée, qui est l'accès à la majorité religieuse. Elles n'ont jamais pratiqué qu'un nombre réduit de commandements. Elles ont généralement été exclues de l'étude. Or les femmes juives sont pleinement juives, que je sache.

E. B. — La pratique du judaïsme, nous l'avons signalé, s'est en fait historiquement colorée de spécificités locales.

J.-C. A. — Et ce sont précisément ces colorations locales qui ont fait le Juif. Pas une liste abstraite de commandements.

E. B. — Regarde le cas de la France. Dans la première moitié du XXe siècle, les israélites voient arriver les masses juives immigrées d'Europe orientale. Pratiquantes encore, ou simplement « très » juives, socialistes juives, ou nationalistes juives. Pour elles, Juif, on l'est dans la rue, à la maison, partout. Ce qui n'empêche pas un fort attachement à la France de se développer. Mais le jacobinisme des israélites est battu en brèche. Ces Juifs apportent un regain de judéité à la France. La guerre introduit de fortes ruptures, ébranle les liens quasi organiques tissés avec la France, met la foi en danger, ou au contraire la galvanise. Et puis, dans les années 50 et 60, débarquent les Juifs d'Afrique du Nord. Eux aussi sont issus de milieux traditionnels, pas orthodoxes mais traditionnels, et suscitent un regain de pratique en France. Paris compte aujourd'hui environ deux cents boucheries cachères, une foule d'épiceries cachères, des supermarchés qui abritent des rayons cachers. La France est un cas intéressant parce que le judaïsme s'y est nourri de vagues d'immigration variées. Bien sûr, aujourd'hui, la pratique est globalement moindre dans la jeune génération, mais on observe des retours, radicaux ou sélectifs. Les États-Unis, de leur côté, ont eux aussi développé une extraordinaire diversité, selon des modalités différentes, propres au pays. Réformés, reconstructionnistes — qui considèrent le judaïsme comme une civilisation religieuse en mouvement plutôt que comme un enseignement et une loi révélés —, *conservative* ou *massorti*, et orthodoxes de toutes nuances se partagent le terrain. Dans l'Allemagne actuelle, l'arrivée massive de Juifs russes et l'installation d'Israéliens de souche induiront sans doute une reformulation encore plus complexe de l'être-juif. Point d'uniformité en tout cela, du changement surtout. Les Juifs d'aujourd'hui sont faits de ces mouvements, de ces évolutions choisies, ou imposées par l'histoire.

J.-C. A. — Qu'il y ait eu un recul global de la pratique dans le judaïsme mondial, au XIXe et au XXe siècle, c'est sans doute vrai, et c'était inévitable. Mais n'allons pas croire que les Juifs, jusqu'à il y a peu, étaient tous de bons Juifs, et que dans leurs ghettos d'Europe de l'Est, tous étudiaient la Tora, et parlaient le yiddish ! Il y a un véritable mythe de l'excellence perdue, et en même temps une tentation de déplorer cette perte. Cette espèce de complainte moderne sur la dégradation moderne du judaïsme, sur sa décadence, est en même temps une vraie constante du judaïsme. C'est d'ailleurs un tour de pensée bien médiéval que d'imaginer que nos aïeux étaient meilleurs que nous ! Tu connais cette formule talmudique : si nous sommes des hommes, alors nos ancêtres étaient des anges, et s'ils étaient des hommes, alors nous sommes des ânes ! Cette valorisation d'un âge d'or perdu, d'un passé a posteriori glorifié, est un refrain inlassablement repris non seulement du judaïsme antique, mais du judaïsme médiéval, et même, apparemment, du judaïsme contemporain.

E. B. — Mythification de cette époque bénie où le Juif vivait dans un univers qui lui était propre, et où une grande et vraie créativité juive pouvait se développer parce que le Juif était seulement juif.

J.-C. A. — Être juif, c'est être juif et autre chose. Nos chers coreligionnaires tentés par le repli continuent, que je sache, à parler le français, l'anglo-américain, le russe, l'allemand, le néerlandais. La mixité culturelle, on a beau lutter contre elle, il en reste toujours quelque chose. Il n'y a pas d'issue.

E. B. — En Israël, c'est même cette mixité qui s'impose comme modèle, chez les laïcs tout au moins. Partir une ou deux fois par an à l'étranger, écouter et voir des émissions étrangères, tout cela est prisé, perçu comme un ballon d'oxygène. J'ai récemment appris de bonne source que la télévision par câble aurait contribué à changer le comportement de l'Israélien moyen. L'Israélien sur le modèle du kibboutznik, pas très poli, peu raffiné, pas très bien habillé, se goinfrant à l'américaine, serait en voie de disparition. Les jeunes Israéliens seraient de plus en plus sensibles aux bonnes manières. La vogue de l'alimentation biologique, ou macrobiotique, importée d'outre Atlantique, fait des ravages. Voilà les bienfaits de la rencontre avec les autres. Cela marche pour les Juifs, cela marche pour les Israéliens, qui ne sont pas seulement Juifs.

J.-C. A. — Juifs, Israéliens — la distinction n'est pas claire dans tous les esprits.

E. B. — Cela me fait songer à une remarque qui m'avait été faite, à mon retour d'une mission de recherche en Israël, une mission malencontreusement prolongée par l'explosion de la guerre du Golfe, en 1991. Après deux semaines d'absence, au lieu des quelques jours qui avaient été initialement prévus, j'entends une secrétaire de mon département me dire, avec l'admiration la plus sincère : « Ah ! Qu'est-ce qu'ils sont courageux dans votre pays ! » Je n'ai pas compris immédiatement. Pour cette personne, « Juif » ou « Israélien », c'était tout un.

J.-C. A. — Et moi, qui ai l'esprit mal tourné, je me serais dit : « Tiens, c'est curieux, elle "nous" trouve courageux précisément au moment où "nous" restons passifs ! » Tu te souviens que c'était la première fois de son histoire qu'Israël ne réagissait pas à une agression, et pouvait donner l'impression de reculer devant un conflit. Mais tu as raison, dans l'esprit du commun des mortels, la distinction n'est pas toujours nette. Tout le monde n'est pas conscient qu'il y a aussi des Israéliens musulmans, arabo-chrétiens, arméno-chrétiens, etc. La nationalité, la citoyenneté israéliennes sont facilement confondues avec l'appartenance au peuple juif.

E. B. — De la même façon, on peut être un Juif de la diaspora, avoir Israël comme référent identitaire majeur, et ne vouloir jamais émigrer dans ce pays. La gamme est infinie. Juif diasporique sioniste. Israélien non juif. Juif israélien postsioniste. Et n'oublions pas qu'en outre, à ses moments forts, le sionisme s'est construit contre le Juif de la diaspora, modèle du Juif chétif, et répondant assez aux stéréotypes des descriptions antisémites. Ce Juif-là a été nié pour renforcer les bases du sionisme, et pour survaloriser l'autre, le pionnier, qui avait pris tous les risques, qui était parti construire la nation nouvelle, et qui, en la construisant, se construisait lui-même.

J.-C. A. — Nombre de Juifs de la diaspora, aujourd'hui, continuent d'intérioriser cette hiérarchie. On n'ose pas trop critiquer Israël, parce que, tout de même, on conserve un peu de ce complexe d'infériorité, du Juif qui n'a rien accompli d'héroïque, et qui ne risque rien, englué dans le confort de son existence en Occident.

E. B. — Le Juif « galoutique », le Juif de la *Galout*, de l'Exil, c'était un type de Juif qui devait disparaître. Or Israël est en train de se réconcilier avec son propre passé, avec son autre, qui est la diaspora. Peut-être Israéliens et Juifs diasporiques sont-ils moins étrangers les uns aux autres désormais. Je me demande si cette évolution, à supposer qu'elle se confirme, ne débouchera pas sur une rejudaïsation de l'israélité, ce qui n'implique d'ailleurs pas nécessairement un retour massif au religieux. De la même façon, l'identification à l'expérience du génocide, délibérément entretenue ces dernières décennies au sein des générations nées dans le pays, peut aussi contribuer au renforcement de la judéité des Israéliens. La condition du Juif de diaspora n'en demeure pas moins éloignée, à bien des niveaux, de celle de son coreligionnaire d'Israël.

J.-C. A. — On le voit à de menus détails, parfois. En France, les Juifs non pratiquants que nous sommes sont tentés de sacrifier à certaines pratiques minimales, susceptibles de marquer le temps, et de nous rappeler à notre identité. En Israël, nous en ressentirions probablement moins le besoin. Nous n'y aurions qu'à suivre le calendrier, nous chômerions le samedi, au lieu du dimanche, nos « jours fériés » correspondraient aux grandes fêtes juives. Nous y penserions moins. Nous pourrions nous offrir le luxe d'être plus laïcs encore ! L'on est plus naturellement juif en Israël, donc on y pense moins qu'en diaspora, donc, au moins en un sens, on l'est moins. Autre exemple : le respect de l'ensemble des prescriptions alimentaires juives érige ici une barrière sociale, interdit beaucoup de convivialité à l'extérieur. En Israël, on peut toujours, chez soi, se livrer à des mélanges interdits entre carné et lacté. Mais dès que l'on sort, que l'on va au restaurant, difficile de ne pas manger cacher. La grande différence, c'est le statut de minoritaire d'un côté, et le statut de majoritaire de l'autre.

E. B. — En Israël, on peut être un Juif parfaitement séculier, et n'en rester pas moins juif. En diaspora, pour être Juif, il faut le vouloir, et le marquer. En célébrant d'une manière ou d'une autre les grands cycles de la vie, ou les principales fêtes, même si l'on n'y attache aucune valeur religieuse. Un lien sensible est nécessaire pour qu'un sentiment d'appartenance minimale puisse se maintenir. En Israël, c'est autre chose. Les laïcs restent chez eux le jour du Nouvel An, parce que tout est fermé. En France, tu devrais demander une autorisation d'absence, une journée de congé. Et cela te lierait à une pratique, même si tu ne l'observais pas toi-même.

J.-C. A. — Et cela signalerait immédiatement ta différence. Une différence qui, en Israël, disparaît nécessairement. Au profit de quelques autres : différence Ashkénaze/Oriental, différence religieux/laïc, différence Juif majoritaire/Arabe minoritaire. À ce moment-là, une autre question émerge : Est-ce que l'on est encore juif ? Est-ce que l'on est encore juif hors de la différence Juif/-non-juif ?

E. B. — À cette question, je crois que chacun répond à sa manière. Et c'est aussi bien.

J.-C. A. — Dans tous les cas, être Juif, cela reste être divisé contre soi-même. C'est d'abord découvrir dans son semblable, dans l'autre Juif, quelqu'un de parfois fort différent de ce que l'on est soi-même. Le Juif religieux perçoit le Juif non religieux, agnostique ou athée comme une réalité étrange et étrangère, illégitime même, et qui lui demeure néanmoins mystérieusement proche. Et vice versa. Le peuple juif est ainsi divisé contre lui-même : sa diversité l'oblige à se percevoir toujours comme autre et comme non unifié. Mais il y a plus : l'individu juif aussi est divisé contre lui-même. Il porte en soi une multiplicité de références pas toujours compatibles. Et il vit avec cette incompatibilité.

E. B. — Que dire en ce cas de l'israélité ? Cette identité-là me paraît par essence inachevée, parce que née de l'exil, et fondée sur une rupture avec l'exil. Or l'exil est constitutif de toute identité juive, israélité comprise. Les sionistes ont voulu le gommer, imaginé créer une identité israélienne de toutes pièces. Entière, justement. Or cette identité-là n'existe pas. Ce n'est pas un échec, c'est peut-être même cela le succès. Le projet était de toute façon dès l'origine à double face. On préconisait le melting-pot. On espérait que le mélange conduirait à la cristallisation d'une identité foncièrement israélienne. Et dans le même temps, démographiquement, culturellement, on se nourrissait de l'infinie diversité des populations de diaspora, accueillies vague après vague. Il n'existe pas d'identité uniquement israélienne. Et avec ces deux intifadas successives, l'Israélien se retrouve face non seulement à son propre passé, à celui de son peuple, mais aussi à l'autre, au Palestinien, l'ennemi, si proche, et qui, lui aussi, a noué des liens peut-être aussi complexes avec la « terre d'Israël ».

J.-C. A. — On ne peut pourtant pas nier l'existence d'une identité israélienne. Et quand la voit-on se révéler ? Quand un Juif de la diaspora et un Israélien se rencontrent. Où est alors la différence ? Elle est dans le rapport au pays, au lieu. À quoi s'ajoute maintenant, tout de même, un héritage culturel commun, linguistique, culinaire, historique, existentiel. Comme le disait le poète hébraïque Shaul Tchernikhovski, mort en 1943, « l'homme n'est que le reflet du paysage de sa patrie ».

E. B. — En effet, les Israéliens ont développé un rapport nationaliste et intime à leur terre, comme n'importe quel autre peuple. Même si cette terre les fuit souvent. Aujourd'hui que l'horizon semble bouché, et que rien ne paraît devoir arrêter la spirale de la violence, les gens sont anxieux et s'interrogent : « Où aller ? Comment faire ? C'est notre terre, ici, nous y avons grandi. » Un collègue me disait récemment : « Il y a des odeurs au printemps, des fleurs au printemps, dont je ne peux pas me passer. Même si je peux gagner mieux ma vie sous d'autres cieux, j'ai besoin, au printemps, de sentir ces fleurs. Et en été, il y a un vent, à Tel-Aviv, que l'on ne retrouve pas ailleurs. » Là s'exprime un vrai enracinement.

J.-C. A. — Là le sionisme a fonctionné. Et aucun Juif de la diaspora ne saurait ressentir ainsi son rapport à Israël. Car il est deux nostalgies. La nostalgie de l'Israélien qui est loin de chez lui. Et puis la nostalgie plus mythifiante, plus imaginaire, du Juif de la diaspora qui rêve d'Israël.

E. B. — La personne qui me parlait de ces odeurs, de ce vent et de ces fleurs, vit une partie de l'année en Allemagne. Or l'Allemagne occupe, on s'en doute, une place ambiguë et problématique dans l'imaginaire israélien.

Étrange combinaison. Mais cette complexité aussi fait l'identité de l'Israélien.

J.-C. A. — L'israélité est peut-être justement cela : la forte conscience du problème qu'elle est pour celui qui s'en réclame. Pour le Français, sa francité n'est ordinairement pas un problème. Tandis que l'Israélien est d'autant plus israélien qu'il est amené à s'interroger sur ce qu'est le fait d'être israélien.

E. B. — Israël est la patrie des Israéliens, et la patrie imaginaire des Juifs de la diaspora, d'un certain nombre d'entre eux du moins — sur ce terrain-là aussi, la panoplie des attitudes est large. Et parce qu'elle est une patrie imaginaire, la relation qui se noue avec elle est plus complexe encore. Un Israélien se sent israélien, en contact avec une terre sur laquelle il vit, avec les problèmes du jour, ceux de son environnement, ceux de sa sécurité. Mais parce qu'il est fort de son identité, il se permet en même temps de critiquer son pays. Parfois avec une rudesse extraordinaire, il exprime sans ambages son avis sur la politique de ses dirigeants ou sur l'histoire du sionisme. En diaspora, la relation à Israël est d'autant plus passionnelle qu'elle est imaginaire. Et le Juif y est prompt à ressentir une culpabilité à l'égard de cette patrie lointaine. Toute critique lancée contre Israël est vécue comme une véritable blessure. On ne saurait toucher à ce que l'on ne vit pas au jour le jour, à ce qui n'est pas concret en soi. D'où ce rapport si particulier.

J.-C. A. — Mais qui ne se structure pas chez tous de la même façon.

E. B. — En effet, ce rapport à Israël est aussi défini par l'attitude que l'on développe à l'endroit du pays où l'on vit. Inutile cependant de parler ici de « double allégeance ». Cette patrie imaginaire est une « patrie » entre guillemets. Un lieu quasi inaccessible.

J.-C. A. — Paradoxalement, alors qu'elle existe réellement, elle est une patrie intérieure.

E. B. — Peut-être certains institutionnels juifs donnent-ils parfois le sentiment de déraper. Mais le Juif de base vit ordinairement sa relation à Israël conformément aux termes du contrat qui le lie aux États modernes dont il est devenu le citoyen. Il vit cette patrie intérieure dans le privé. Cette conviction privée peut naturellement s'exprimer à l'extérieur. Non seulement on a dépassé le stade du Juif honteux, mais nombreux sont ceux qui désormais clament haut et fort leur judéité, dont l'attachement à Israël fait souvent partie. Les institutionnels sont eux souvent partagés entre deux exigences : avoir de bonnes relations avec le public juif et ne pas trop déranger les autorités. Ils slaloment comme ils peuvent. Les Juifs sont peut-être aujourd'hui plus ou moins voués à vivre de cette façon-là. Double allégeance ? Sans doute pas. Identités polymorphes ? Sûrement.

J.-C. A. — C'est devenu un élément ordinaire de la condition moderne ou « postmoderne », qu'elle soit juive ou pas : la multiplicité des obédiences, les identifications superposées, parfois contradictoires. Il n'y a pas que les Juifs qui vivent comme cela.

E. B. — Je crois que l'on doit aujourd'hui surtout parler de Juif paradoxal. Le Juif est un paradoxe. Il faut accepter cette évidence. Le non-juif perçoit ce paradoxe comme une contradiction. Mais ce n'en est pas une. C'est actuellement le lot de nombre de minoritaires. Dans le judaïsme, certaines composantes héritées du passé ou générées par un présent complexe renforcent cet état de fait, cette condition. Il ne faut pas craindre d'être paradoxal.

J.-C. A. — C'est pourtant cela que le sionisme, d'une certaine façon, a voulu faire disparaître. Il a aspiré à créer un Juif unifié. Qui soit en pleine correspondance avec son milieu. Or cela, le sionisme ne l'a pas vraiment réalisé. Ni pour les Juifs de la diaspora, bien sûr, ni même pour les Israéliens. Le Juif est paradoxal. Et ce paradoxe n'est pas forcément un déchirement. Il peut se vivre tout à fait joyeusement.

E. B. — Et il n'implique nul désamour à l'endroit du pays où l'on vit.

J.-C. A. — Ce serait une erreur, cependant, de voir là un simple produit de la modernité. Les structures mentales qu'induit la dispersion n'ont rien de fondamentalement moderne. La modernité les rend seulement plus systématiques, et plus visibles. Parce qu'elles ne sont finalement plus caractéristiques des seuls Juifs. Cette mobilité, cette capacité à se voir soi-même, ce rapport à l'autre, cette multiplicité des référents, sont un héritage ancien des Juifs, mais qui, de nos jours, s'universalise. Le Juif, à l'époque prémoderne, portait déjà en lui un certain nombre de ces caractéristiques. Aujourd'hui, elles sont seulement plus communément perceptibles, sans doute parce que beaucoup plus de portes lui sont désormais ouvertes, mais surtout parce qu'il s'agit maintenant d'un phénomène qui touche la société occidentale dans son ensemble.

E. B. — La musique d'un Leonard Bernstein, les films d'un Steven Spielberg ont peut-être quelque chose de juif. Mais ils sont immédiatement reçus et appréciés par un public non juif. Tel n'était peut-être pas aussi spontanément le cas avant l'émancipation, où l'universalité des œuvres juives, à quelques exceptions près, n'était pas tout de suite perçue à l'extérieur.

J.-C. A. — Est-ce à dire que les productions culturelles juives modernes sont moins juives ? Ou est-ce que ce n'est pas aussi le public non juif qui a changé ? Peut-être y a-t-il là le signe d'une sorte de rencontre entre la condition juive traditionnelle et la condition occidentale moderne. Je suis d'ici, je suis d'ailleurs, il n'y a pas de lieu, il n'y a pas de temps, tous les croisements sont possibles, les réseaux se tissent et se défont dans un mouvement perpétuel.

E. B. — Le Juif n'en développe pas moins un rapport privilégié avec la modernité en raison même de son histoire. Il ne craint pas d'investir la nouveauté, parce que sa maîtrise ne requiert pas d'attaches, et qu'au contraire l'absence d'attaches la favorise. Tout secteur innovant, toute activité moderne non encore dominée par une tradition lui sont plus aisément accessibles.

J.-C. A. — La modernité n'aura pourtant pas été que progrès pour les Juifs. Les théories raciales, l'antisémitisme, l'extermination en sont aussi le produit monstrueux, renvoyant obstinément au Juif une image négative de lui-même. Y compris sur le plan physique.

E. B. — En effet, pendant toute une période, des Juifs essaieront de se défaire des tares physiques qu'on leur prêtait. L'appropriation du stéréotype est allée si loin que certains n'hésitaient pas à se faire opérer. Ce qui a contribué à la formation d'une véritable caste de chirurgiens esthétiques juifs, au début du XXe siècle, en Europe centrale, qui pratiquaient eux-mêmes sur leurs patients les modifications indispensables.

J.-C. A. — On n'en est plus là, fort heureusement. On a touché alors à une limite extrême. L'intervention chirurgicale est l'un des aboutissements ultimes de la volonté de changer, de devenir autre que celui que ceux qui vous haïssent imaginent que vous êtes. Il y a un mot pour cela : la haine de soi juive, typique de ces régions et de ce moment de l'histoire des Juifs en Europe.

E. B. — On change son nom, on change de religion. Reste-t-on encore juif ? On se change la tête. Par une intériorisation radicale du rejet que l'autre vous oppose. La dernière étape de ce processus ? L'annihilation de soi, le suicide. Ce qu'a fait un Otto Weininger, Juif viennois converti au protestantisme, antisémite et antiféministe, mort en 1903. De l'observation de semblables parcours l'historien de la culture et philosophe juif allemand Theodor Lessing a tiré, au début des années 30, le concept même de « haine de soi juive ». Ceci étant, un tel concept est applicable à bien d'autres groupes minoritaires et opprimés. Les homosexuels, ou les Noirs, par exemple.

J.-C. A. — La haine de soi est l'une des réactions possibles de tout groupe minoritaire en butte à une hostilité générale. Qui fait sien le discours de l'autre, le justifie, le légitime à ses propres yeux : « Je suis bien tel que les autres me disent que je suis. Ils me haïssent, je me hais. » Reprise pure et simple par le minoritaire du discours majoritaire — mais tourné contre soi-même. Et si tu te sens absolument incapable de te régénérer, ou de te réformer de sorte à te séparer de l'image que l'on plaque sur toi, il ne te reste plus que le suicide.

E. B. — Il convient cependant de ne pas confondre la haine de soi juive comme manifestation pathologique avec des formes de rapport du Juif à lui-même qui, pour être distanciées, ironiques, n'en sont pas moins bénignes.

J.-C. A. — On se situe là sur un autre terrain. Le sens de l'autodérision, si caractéristique d'un certain humour juif, n'a rien à voir avec la haine de soi. Le Juif se moquant du Juif se moque vraiment du Juif, il voit ce qui ne va pas dans le Juif. Mais, dans le même temps, il a pour le Juif dont il se moque une vraie compassion.

E. B. — Il compatit à ses névroses, à ses difficultés à vivre, à son amour pour sa maman.

J.-C. A. — Cela, c'est le Juif divisé contre lui-même sur le mode de l'humour, effectivement. Rien de pénible, rien de dramatique en l'occurrence.

E. B. — C'est au contraire positif. Tandis que dans la haine de soi, il n'y a rien de positif. Qu'est-ce que la haine ? L'envers de la médaille, le contraire de l'amour, ou le non-amour ? Ce qui pèse le plus lourd est le non-amour, qui m'interdit de m'aimer moi-même. Ce n'est pas un hasard si c'est en Europe centrale qu'est né le concept — et la réalité — de la haine juive de soi. Là, les conditions étaient telles que le Juif se heurtait, dans son ascension sociale, à des limites infranchissables et à un antisémitisme frontal.

J.-C. A. — Il n'y a pas de haine de soi s'il n'y a pas de rejet de la société globale.

E. B. — En France, le Juif pouvait être rejeté, mais aussi devenir ministre de la Justice comme Adolphe Crémieux, ou professeur au Collège de France comme l'hébraïsant Salomon Munk ou l'indianiste Sylvain Lévi. L'antisémitisme populaire ambiant existait, mais il ne bloquait pas nécessairement votre ascension.

J.-C. A. — La haine de soi n'intervient donc que quand tous les horizons sont bouchés. Que se conjuguent à la fois hostilité et incapacité de surmonter cette hostilité d'aucune façon.

E. B. — Mais puisque nous en sommes à dresser une liste de troubles psychiques graves ou bénins que les Juifs auraient quelque facilité à développer, eu égard à leur histoire, ou dans certaines circonstances, pourquoi ne pas évoquer certaines phobies prétendument typiques ? La névrose n'est pas une maladie juive. Mais est-ce un hasard si c'est Freud, un Juif viennois, qui lui a assuré une telle « fortune » ? Ce qui ne signifie pas que la psychanalyse soit une science juive. Mais que l'on retrouve en monde juif quelques hantises caractéristiques, qui s'en étonnera ? On les observera chez tous les groupes minoritaires, en butte, ou ayant été en butte, à la persécution. Certaines « névroses de caractère », qui touchent tout le genre humain, semblent se retrouver avec une fréquence plus grande chez les Juifs. Angoisse et anxiété, par exemple.

Parfois des attitudes de type paranoïaque aussi. Ou la peur des maladies.

J.-C. A. — Ce qui revient à se trouver des ennemis partout sauf là où ils sont vraiment. Des ennemis imaginaires qui, finalement, permettent de ne pas penser aux autres.

E. B. — Méfions-nous cependant des clichés. Tous les Juifs ne développent pas les mêmes névroses partout au même moment ! Les variations sont nombreuses, dépendant des contextes historiques, des conditions et pressions sociales, des cultures locales. Le cinéma de Woody Allen, par exemple, a contribué à populariser une figure de Juif qui n'a pourtant rien d'universel. Woody Allen est lui-même l'héritier de toute une tradition littéraire judéo-américaine qui met en scène un type de *luftmensh* particulier, homme solitaire de la grande ville, intellectuel tourmenté, aliéné, déchiré entre différents mondes culturels et différentes valeurs éthiques. Et qu'est le Juif de Woody Allen, si ce n'est la réincarnation du mythe culturel ashkénaze du *shlemil*, ce malchanceux qui tente d'apprivoiser un monde hostile ? Il n'est donc pas un Juif « typique ». Peut-être au mieux l'intellectuel juif ashkénaze new-yorkais « typique ».

J.-C. A. — Le tableau est complet cependant : une sexualité problématique, de lourds honoraires de psychanalyste, une fascination pour les non-juives, quelques gros problèmes avec la mère, et au final une névrose somme toute créatrice.

E. B. — Les relations mère juive - fils juif qu'on évoque à loisir sont-elles si propres au monde juif ? Ce débordement d'attachement réciproque, cet amour démesuré, ne les retrouve-t-on pas dans toutes les sociétés où la famille occupe une place primordiale ?

J.-C. A. — La mère italienne est bien capable d'être aussi dévorante que la mère juive, c'est vrai. Et dans un groupe minoritaire et dispersé, le poids de la famille est naturellement renforcé.

E. B. — Ceci dit, on a effectivement pu observer, chez nombre de mères juives, une tendance à surprotéger leurs enfants, à s'inquiéter à l'excès de leur alimentation, voire à les sevrer plus tard que leurs homologues non juives. Avec un tel passif, difficile de ne pas développer quelques névroses.

J.-C. A. — Chose remarquable, cette somme impressionnante de handicaps est généralement associée, dans l'imaginaire, à un capital d'intelligence exceptionnel. L'intelligence juive...

E. B. — À supposer qu'elle existe, elle n'est pas si difficile à expliquer. Tant qu'ils étaient minoritaires, dans des sociétés où il fallait relever de lourds défis, les Juifs ont voulu, ont dû faire mieux que les autres. Et quand tu fais mieux que les autres, tu attires la haine, la jalousie, tu éveilles l'inquiétude. Qui n'a pas en tête les noms de ces « génies » juifs — plus ou moins controversés — des deux derniers siècles : Marx, Freud, Einstein... ? Je ne sais pas si Marx, qui s'est converti au protestantisme à l'âge de six ans, fut un modèle d'intelligence juive. Son rapport même au judaïsme fut pour le moins ambivalent, voire franchement négatif. Ce qui ne l'empêcha pas d'entretenir des relations fortes avec son oncle fortuné Lion Philips — à qui nous devons la marque du même nom —, ni d'avoir pour ami le grand historien des Juifs Heinrich Graetz, ni Bakounine de le traiter de Juif ! Tous ces gens ont marqué les esprits. Mais il ne faut pas exagérer. Ce n'est pas parce que les Juifs sont hypocondriaques, ou qu'ils développent certaines névroses, qu'ils sont condamnés à devenir des génies. On en a bien repéré quelques-uns, mais pas tant que cela.

J.-C. A. — On en a aussi repéré quelques autres qui, pour névrosés qu'ils soient, n'offrent cependant rien de spectaculairement génial ! Le défi que constitue le statut de minoritaire favorise le développement de certains talents, stimule une réactivité peut-être plus forte. Ceci étant, l'intelligence juive est aussi un fantasme, et derrière ce fantasme se cache parfois un type de regard un peu ambigu. Le Juif est plus intelligent que la normale. Il y a là, pense-t-on, quelque chose de surnaturel, de suspect. D'un peu diabolique.

E. B. — Remarquons pourtant qu'une fois passé les premières générations de l'immigration qui, elles, ont dû faire face, les Juifs sont naturellement enclins à redevenir comme les autres.

J.-C. A. — Le monde est plein de Juifs tout à fait ordinaires que les non-juifs ne voient pas. Ordinaires, ce qui ne les empêche pas, souvent, d'être attachants.

E. B. — Les flambées de créativité juive s'expliquent en fait assez bien. Aux États-Unis comme ailleurs. Là aussi, c'étaient des enfants d'immigrés, sans velléités de retour, et qui en voulaient.

J.-C. A. — La société américaine se construit en outre explicitement sur l'immigration, elle place au plus haut la réalisation de soi, l'esprit d'entreprise, l'inventivité. Que les Juifs répondent à de tels stimuli était inévitable. Ne ramenons surtout pas l'intelligence juive à quelque caractéristique ontologique juive. Mais pour revenir à Woody Allen, voilà un homme sympathique, et qui rend les Juifs plutôt sympathiques. Ceci dit, comme tu l'as déjà souligné, ses films ne mettent en scène qu'une frange bien étroite du monde juif contemporain. Et ils ne devraient pas nous cacher l'infinie diversité de ce monde. Le Juif du *shtetl* ou le Juif new-yorkais sont à mille lieues des valeureux d'Albert Cohen. Les formes de rapport ironique à soi-même varient d'une aire culturelle juive à une autre. Les Judéo-Espagnols d'Orient se moquent d'eux-mêmes d'une façon qui leur est propre. Ils ont développé un sens du ridicule et un goût de la moquerie bien différents de cette inclination aigre-douce à l'autodérision que l'on observe plutôt chez les Ashkénazes.

E. B. — En tout état de cause, cette tendance à se moquer de soi-même, cette faculté de distanciation, sont peut-être bien quelque chose de constructif.

J.-C. A. — Qui sait si ce n'est pas cela qui rend intelligent, précisément ? De se voir soi-même, avec un autre regard que le sien.

E. B. — L'intelligence ? Tu y reviens donc. N'en avions-nous pas fait le tour ? Il est peut-être encore un point à mentionner : qu'il y ait chez les Juifs, chez certains d'entre eux au moins, un attachement à l'étude, voilà qui est certain, et qui peut rendre intelligent. Un peu comme dans les communautés asiatiques qui réussissent en Amérique : l'étude est une valeur sûre, un moyen sûr de s'en sortir.

J.-C. A. — A dû compter aussi l'ancienne tradition de valorisation du savoir. Pour sa fille, le commerçant juif enrichi cherchait autrefois un mari pauvre, mais docteur de la Loi, et consacrant tout son temps à son étude. Pour son fils, désormais libéré du souci de l'argent, il pouvait espérer quelque carrière intellectuelle ou scientifique.

E. B. — N'oublie pas non plus les tendances surprotectrices de tant de parents juifs, qui interdisent à leurs enfants de s'affirmer ou de se distinguer dans la lutte physique, dans l'affrontement d'un monde concret trop violent, et qui, à l'inverse, prisent au plus haut point les réalisations intellectuelles, et y voient le principal, voire le seul moyen de s'élever, de s'affranchir — et de séduire ! Cette valorisation du livre, qui n'est d'ailleurs pas également partagée par toutes les composantes du monde juif, est à la base même du succès de beaucoup. La culture, la science sont des investissements solides : on peut facilement les emporter avec soi, en cas de nécessité. Comme la musique, et comme certains instruments de musique.

J.-C. A. — La centralité du livre est sans doute l'un des traits propres de la tradition culturelle juive. Mais à l'époque moderne, elle s'est déclinée notamment sous la forme d'une participation juive directe à la construction de la culture occidentale.

E. B. — En effet, qui cherche le lieu de naissance ou d'expression privilégiée de la modernité juive le trouvera aussi dans la littérature. Au XIXe siècle, dans le sillage du mouvement des Lumières juives en Europe orientale, émerge une littérature juive profane répondant aux grands canons occidentaux. Les premières autobiographies apparaissent. C'est le premier genre moderne à s'imposer. Ces auteurs, issus eux-mêmes de milieux religieux, aspirant à s'émanciper, à s'intégrer à la société ambiante, expriment leur mal-être, pris qu'ils sont entre deux mondes, l'un qu'ils veulent quitter, mais avec le sentiment de le trahir, l'autre où ils veulent entrer, mais qui les rejette. L'autobiographie est une écriture individualiste. Elle signe le passage de la communauté à l'individu. *Aviezer*, l'autobiographie de Mordekhaï Aharon Guenzburg, parue en 1864, servira de modèle à d'autres autobiographes juifs.

J.-C. A. — À la même époque paraissent les premiers romans écrits en hébreu, dans un hébreu biblique jugé plus pur, ou plus littéraire, que l'hébreu rabbinique, mâtiné d'aramaïsmes. Abraham Mapou, Kalman Schulman, Mendele Moykher Seforim — un pseudonyme signifiant : « Mendele le vendeur de livres » — sont parmi les premiers noms à marquer le renouveau d'une littérature juive qui s'écrit en hébreu, mais aussi en yiddish. La nouvelle littérature yiddish est à la fois acclimatation des modèles occidentaux, et réaction d'autodéfense face à une modernité envahissante.

E. B. — Un phénomène que l'on retrouve chez les Orientaux qui, au moment même où ils sont francisés par les écoles de l'Alliance israélite universelle, produisent une littérature en judéo-espagnol. Ce sont précisément ces tensions entre tradition et modernité qui impulsent cette créativité. N'oublions pas non plus, par la suite, la littérature de l'émigration. La littérature yiddish américaine, qui s'illustre dans le roman, la poésie, le théâtre. Isaac Bashevis Singer est peut-être le plus connu du lecteur français, mais il y en a bien d'autres. En Palestine, puis en Israël, toute une littérature hébraïque autochtone se développe. Qui, en France, n'a pas entendu parler des œuvres d'Amos Oz, d'A. B. Yehoshua, de David Shahar, ou même des romans policiers de Batya Gour ? Aux États-Unis encore, toute une littérature juive d'expression anglaise voit le jour, avec les Cynthia Ozick, les Philip Roth. Elle accorde encore toute sa place au doute, à l'ironie, à l'humour parfois grinçant, souvent tendre, du monde yiddish. La révolte, le déchirement, l'exil intérieur, la recherche de l'éthique politique et individuelle, la famille sont au nombre de ses thèmes récurrents.

J.-C. A. — La France n'est pas en reste, elle non plus. Richard Bloch, Armand Lunel, Irène Nemirowsky et quelques autres produisent, dans les années 20 et 30, toute une littérature à thèmes juifs. Cette littérature connaît un renouveau spectaculaire suite à l'arrivée des Juifs d'Afrique du Nord. Beaucoup connaissent Albert Memmi. Mais à la fin des années 70, paraît *Mémoire illettrée d'une fillette d'Afrique du Nord*, de Katia Rubinstein. Et il y en aura bien d'autres, Marco Koskas, Paula Jacques, Nine Moati, et plus récemment Éliette Abécassis, etc. Les premiers écrits sont généralement de type autobiographique. Des écrivains d'origine ashkénaze entrent eux aussi en scène.

E. B. — Arnold Mandel, Berthe Burko-Falcman, Georges Perec, Myriam Anissimov, Henry Raczymow, et tant d'autres. La Shoah pèse de tout son poids sur cette littérature, sans qu'elle en soit nécessairement le thème principal. Parallèlement, Clarisse Nicoïdski, d'origine judéo-espagnole, évoque son enfance, les années de la guerre, la langue perdue. Tous ces auteurs ne se définissent pas uniquement par leur judéité. Certains ont parfaitement pu sortir de l'univers juif. Chez d'autres, chez Robert Bober, ou chez Patrick Modiano, l'identité juive est dans les marges, ou imaginaire.

J.-C. A. — La littérature juive dont nous parlons ici ne signe pas l'entrée des Juifs en littérature. Existe bien sûr, à l'ère prémoderne, une riche littérature juive y compris profane, et la littérature religieuse d'alors, pour être religieuse, n'en était pas moins littérature. Le plaisir du texte, en monde juif, ne date pas d'aujourd'hui. Et l'on peut fort bien soumettre à analyse littéraire les textes juifs traditionnels, mystiques, juridiques, ou même philosophiques, et trouver au moins autant d'intérêt à une exploration des formes d'expression de la culture juive classique et médiévale, par exemple de celle, hégémonique, du commentaire, qu'à une étude des contenus et des idées que cette culture véhicule. En revanche, la production nouvelle que nous évoquons, typique du XIXe et du XXe siècle, marque bien l'entrée de la littérature à thèmes juifs en modernité. L'émergence du roman, de l'autobiographie surtout, en est un clair symptôme. C'est aussi comme cela qu'une modernité littéraire s'est constituée en Occident.

E. B. — Il est clair que les *Confessions* d'un Rousseau serviront de modèle aux premiers autobiographes juifs des Lumières. Il est un point, cependant, qu'il convient de souligner : ce qui est fondamentalement nouveau est l'entrée de la littérature juive dans la littérature universelle. En fait, le commun des lecteurs non juifs la perçoit d'abord comme littérature, et accessoirement comme littérature juive. Albert Cohen est lu par tout le monde. L'Italien Primo Levi, de même. En 1966, Nelly Sachs, la poétesse allemande, décroche, avec Shmuel Yosef Agnon, le grand écrivain hébraïque, le prix Nobel de littérature. Isaac Bashevis Singer est à son tour couronné en 1978. Élias Canetti le reçoit en 1981 : il ne fait pas comme le précédent « œuvre juive », mais il n'en écrit pas moins *La Langue sauvée*, premier volet de son autobiographie, qui évoque sa langue maternelle, le judéo-espagnol.

J.-C. A. — La modernité littéraire, pour les Juifs, est donc le moment où la littérature juive s'émancipe du modèle religieux et où elle est reconnue comme littérature y compris par l'extérieur.

E. B. — Mais en quoi cette littérature profane est-elle encore juive ? Chez l'un, s'exprimera la nostalgie d'un lieu juif mythifié comme la bourgade juive d'Europe orientale. Chez l'autre, une exigence éthique, un regard vaguement juif sur le monde.

J.-C. A. — N'est pas juive toute littérature qui parle des Juifs, ni même nécessairement toute littérature écrite par des Juifs. Les deux au moins sont nécessaires, ou plus que cela. Mais moins que cela semble suffire aussi, parfois. La littérature juive ressemble décidément à l'identité juive : insaisissable !

E. B. — On observe tout de même chez nombre de ces auteurs la revendication d'un regard juif sur le monde. Ainsi chez un Bernard Malamud, un Leon Uris, un Chaim Potok aux États-Unis. Mais d'autres, et parfois les mêmes, Malamud encore, Norman Mailer, Saul Bellow, tous écrivains d'origine juive, ont contribué à façonner, par exemple, le héros culturel de l'Amérique moderne. Cette ambiguïté est partout. Au cinéma. Qu'est-ce qu'un cinéma « juif » ? Un cinéma fait par des Juifs, pour des Juifs, sur les Juifs ? Et ce qui vaut pour le romancier juif, vaut pour l'intellectuel juif. Qu'est-ce qu'un intellectuel juif ? Raymond Aron était un intellectuel français. Et puis il réagit aux déclarations de De Gaulle évoquant un peuple juif « sûr de lui-même et dominateur », publie *De Gaulle, Israël et les Juifs* en 1968. À quel moment est-il un intellectuel français, un intellectuel juif, ou simplement un intellectuel ?

J.-C. A. — Ce qui vaut pour l'intellectuel, le romancier ou l'artiste juif contemporain, vaut pour n'importe quel Juif de base. Il n'est jamais Juif à 100 %, 24 heures sur 24. Il a des activités, des engagements, des affiliations qui font qu'il est toujours plus que cela.

E. B. — En outre, l'écrivain juif va toucher toutes sortes de publics, parce que passé au filtre de la littérature, tout thème juif est universalisé. Il part du particulier pour atteindre à l'universel. Les éléments de son imaginaire sont puisés à une histoire, à un fonds commun partagé avec son groupe. Il enrichit son regard d'une formation éthique, d'un legs personnel et collectif de réaction à un vécu particulier. Mais il s'adresse à tous. Quand je lis Albert Cohen, je retrouve dans ses personnages tout le folklore de mon enfance. Mais ce n'est pas ce qui m'intéresse chez lui. Ce qui m'intéresse est ce qu'il tire de ces personnages, ce qui fait de leur expérience une expérience fondamentalement humaine. De cette façon, Cohen est capable de toucher d'autres que moi. Parce que cette expérience humaine devient notre expérience à tous.

J.-C. A. — Puis-je cependant exprimer une réserve ? Cohen parle du monde que tu as connu, et tu as une lecture non folklorisante de Cohen. À l'inverse, un non-juif, ou même un Ashkénaze, qui n'a pas eu l'expérience de ce monde, qui n'a au départ aucune idée de ce qu'était l'univers judéo-espagnol, risque d'être aveuglé par le folklore, et de perdre précisément de vue la dimension littéraire et universelle de l'œuvre de Cohen.

E. B. — Jusqu'à maintenant, que je sache, personne n'a dit que Cohen était un grand écrivain parce qu'il parlait des Juifs de Corfou ! Le *Livre de ma mère* est l'un de ses écrits qui m'a le plus touchée. Or au-delà de cette mère-là, au-delà de ses traits typiquement judéo-espagnols, ce que l'on découvre à la lecture d'un tel ouvrage est d'abord cette incompréhension entre une mère et un fils.

J.-C. A. — En dépit de cette auto-affirmation littéraire et artistique, les Juifs, qui ne se reconnaissent pas nécessairement dans ces personnages de roman ou dans ces héros de cinéma, ont parfois le sentiment non pas tant d'être en butte à une hostilité que d'être méconnus pour ce qu'ils sont. Ils souffrent, ou croient souffrir, d'une espèce de méconnaissance générale de ce qu'est le judaïsme au quotidien, comme de son développement historique et de sa richesse culturelle, une méconnaissance parfois perçue comme un déni. Et lorsque l'opinion qu'on a d'eux est positive, elle leur semble se rapporter souvent à un Juif plutôt abstrait, qui n'existe pas.

E. B. — Mais enfin, la méconnaissance, tous les minoritaires en sont victimes en France : Arabes, Turcs, Arméniens, qui sait quoi de qui ?

J.-C. A. — Et il n'est parfois pas plus ignorant de la richesse du judaïsme que les Juifs eux-mêmes. Mais il n'y a pas seulement l'ignorance, il y a tout un lot d'images.

E. B. — Mais ces images ne sont pas nécessairement négatives.

J.-C. A. — Ce sont même parfois des images positives, mais celles-ci aussi semblent faire obstacle à la reconnaissance du Juif dans son altérité.

E. B. — Il faudrait tout de même savoir ce que l'on veut. Ce flottement des représentations tient aussi aux Juifs eux-mêmes. Laisse-moi par exemple te raconter un incident tout récent dont j'ai été le témoin. À la veille de la Pâque juive, je vais faire mes courses dans un magasin de produits cachers. Dans ce genre de magasin, et à cette période-là, on rencontre toutes sortes de Juifs, pas seulement des orthodoxes, loin de là. Je remarque un monsieur d'un certain âge, bien habillé, de profil nettement acculturé, passant en revue les étagères avec une appréhension manifeste. En désespoir de cause, il se tourne vers un vendeur, Juif nord-africain à calotte noire, et lui dit : « Je cherche une sorte de petit rouleau... À l'intérieur, il y a quelque chose... Vous savez, ce ciment que l'on mange... » L'autre, avec un grand sourire, lui répond : « Mais quel ciment cherchez-vous donc ? » J'étais un peu gênée pour l'acheteur, et je suis allée lui mettre discrètement entre les mains ce produit qui traînait juste à côté de la caisse. Il s'agissait de *haroset*, un mélange pilé de pomme, de fruits secs, de vin et de cannelle, traditionnellement préparé à la maison, mais que l'on vend aussi en épicerie, sous forme de petits rouleaux enveloppés de papier blanc. Sur le plateau du soir de la Pâque juive, le *haroset* figure le mortier utilisé par les esclaves hébreux dans la construction des villes de Pharaon. Voilà pour le ciment. Quant au malheureux acheteur, peut-être était-il en train de faire un retour au judaïsme. Ce qui n'a pas empêché le vendeur de faire celui qui ne comprenait pas. Comment de telles disparités n'entretiendraient-elles pas un certain flou dans les esprits ?

J.-C. A. — Et les définitions minimalistes, mais point absolument illégitimes, que l'on donne souvent aujourd'hui de l'identité juive ne sont pas faites pour arranger les choses : est Juif celui qui se déclare tel, quelles que puissent être par ailleurs sa généalogie, ses convictions, sa culture ; est Juif celui que son entourage reconnaît majoritairement comme tel ; est Juif celui qui se demande ce que c'est que d'être Juif... De telles définitions trahissent l'éclatement contemporain, ainsi que la difficulté où l'on est souvent de préciser hors de toute équivoque le contenu positif de l'identité dont on parle. Comment s'étonner, dans ces conditions, que le regard des non-juifs s'arrête plutôt sur des images plus fortes, plus simples ? Celles, par exemple, d'une religiosité rigoureuse, stricte, et d'une rupture avec les valeurs culturelles ambiantes. Et pourtant, même derrière ces images, derrière cette réalité, tout reste complexe. Mais qui le sait ? Les *baalei techouva*, les « repentants », dans ces milieux ultra-orthodoxes, sont nombreux. Ils ont l'air d'être pleinement « dedans », certains arrivent tout juste du « dehors ». Et comment faire comprendre, comment reconnaître même que ce courant de retour à l'orthodoxie que nous avons déjà eu l'occasion d'évoquer n'est peut-être que la continuation, sous une autre forme, d'un autre type de retour, en vogue surtout dans les années 70 et 80, lorsque beaucoup d'anciens gauchistes et soixante-huitards juifs, et la génération immédiatement postérieure, ont redécouvert en laïcs le patrimoine juif dans toute sa richesse ? Tu te souviens de ce bouillonnement des années 80. Tu y as participé activement

E. B. — C'était un judaïsme tellement « culturel » et tellement peu religieux que je me souviens d'avoir organisé en 1980, avec feu Jacques Hassoun, Annie Goldman et d'autres, au Centre Georges Pompidou, des rencontres consacrées aux cultures juives méditerranéennes et orientales qui se sont trouvé tomber le jour du Nouvel An juif ! Personne n'y avait pensé. Nous avons eu droit à quelques remontrances du rabbinat : travailler à la gloire de la culture juive, c'était bien, mais un jour de fête religieuse chômée, et particulièrement solennelle, tout de même ! Nous voulions alors que les autres nous reconnaissent pour ce que nous étions, non dans quelque religiosité ancestrale, mais dans une identité culturelle à la fois ancienne, composite, et reconstruite.

J.-C. A. — De cette période date le grand moment de développement des études juives en France. Ces années ont produit la plupart des chercheurs et universitaires en études juives actuellement en poste.

E. B. — Certains ont précisément opéré un tournant, dans leur cursus universitaire, pendant ces années-là. Nous venions pour la plupart d'autres disciplines.

J.-C. A. — L'étude séculière, voire scientifique, des sources du judaïsme et de l'histoire des Juifs est devenue un vecteur privilégié de retour au judaïsme dans les années 70 et 80. À quoi s'est ajoutée l'entreprise neherienne, lévinassienne de reconquête juive du sens : Qu'est-ce que la conscience juive ? Qu'est-ce que le judaïsme est capable d'offrir comme réponses aux grandes questions que l'époque se pose ? Les deux démarches étaient d'ailleurs souvent combinées. On pouvait retrouver les mêmes personnes dans le culturel et dans le philosophique. Nous vivons aujourd'hui tout autre chose. Les formes actuelles de retour au religieux sont en rupture avec ce mouvement-là. À moins, comme je l'ai suggéré, qu'elles ne le prolongent en le subvertissant, ou n'entendent le dépasser... La France n'en demeure pas moins, pour le judaïsme, y compris laïc, un foyer de forces vives.

E. B. — La France abrite en effet un judaïsme en mouvement, un judaïsme qui réfléchit, des Juifs actifs dans la société et actifs dans leur façon d'être juif. Je ne vois pas que des raisons d'être pessimiste. Les centres de grande vitalité juive sont nombreux. Nous avons parlé des États-Unis, nous parlons de la France.

J.-C. A. — La France qui a ceci de particulier qu'elle est le seul pays de la diaspora à abriter une communauté majoritairement sépharade. Des Sépharades, qui s'étaient déjà occidentalisés dans leur pays d'origine, et qui ici préservent toujours maintes composantes de leur orientalité. Il y a Israël, bien sûr, où les tensions ne sont pas grosses que de menaces. On décèle des potentialités fortes, en différents endroits du monde.

E. B. — Pensons aussi à l'Europe centrale et orientale, où les choses sont moins nettes, sans doute, mais où elles bougent, tout de même. Ainsi en Hongrie, où l'on observe un véritable réveil. Ou en Allemagne, où vivent 100 000 Juifs, et où les non-juifs eux-mêmes, sous le poids de la culpabilité, et dans la conscience d'un manque irréparable, revalorisent ce moment de leur histoire où les Juifs étaient partie intégrante, partie prenante du monde germanique. Songeons encore à l'Angleterre, et à ses 300 000 Juifs, seconde communauté d'Europe occidentale, enrichie dans les dernières décennies du XIXe siècle par l'arrivée de Juifs d'Europe orientale, développant un judaïsme plus stable, sorti indemne de la guerre. Partout, la question de l'identité juive est posée, et résolue de manière variable. L'Europe et ses Juifs cherchent ensemble leurs repères dans un espace en pleine restructuration.

J.-C. A. — Je suis assez d'accord. Le judaïsme du XIXe siècle a inventé des formes nouvelles de judéité dont certaines, jusqu'à aujourd'hui, évoluent et prospèrent. Le judaïsme du XXe siècle a été lui marqué par la destruction et par le déracinement. Les pays musulmans se sont vidés de leurs Juifs. L'Europe orientale s'est vidée de ses Juifs. Soit qu'ils aient été exterminés, soit qu'ils aient émigré. Mais je crains que le siècle qui commence ne soit celui d'un réenracinement qui passe par une adhésion de plus en plus forte à un modèle de religiosité close.

E. B. — La religion serait-elle donc ce qui reste aux Juifs quand ils ont tout perdu ?

J.-C. A. — Quand ils ont perdu tout ce qui fait la substance même de la vie juive, peut-être ne leur reste-t-il plus que cet ancrage-là.

E. B. — N'oublie pas le souvenir de la persécution.

J.-C. A. — Autre héritage du siècle qui s'est achevé. La mémoire de la souffrance passée soude le groupe, légitime sa revendication.

E. B. — Toutes les identités d'affirmation contemporaines se fondent sur la mémoire d'une persécution, d'une oppression. On est ce qu'on est, on l'affirme, on le proclame, et on le fait d'autant plus qu'on a été ou qu'on est victime, et l'on est toujours la victime de quelqu'un. Cela ne vaut pas seulement pour les Juifs. Il y a les Indiens d'Amérique, les Beurs, les homosexuels. Mais cet accent mis sur la dimension victimaire renforce plus encore l'identité de groupe que l'identité individuelle. Ce qui conduit, quoi qu'on en dise, à un regain d'ethnicisme. Même en France. On a beau faire des gorges chaudes contre le multiculturalisme, celui-ci est en marche. Et les replis observés en sont aussi les symptômes. Des replis affectés d'un double signe, cependant. Oublions les Juifs, songeons aux jeunes musulmans de France, ceux qu'hier on appelait les Beurs. Beaucoup d'entre eux, certaines études le montrent, sont attachés au modèle d'intégration des Juifs. Mais ce modèle sert seulement de repère. On veut s'intégrer, mais non abdiquer son identité, ni courir à l'assimilation. L'intégration ne s'accompagne pas nécessairement pour eux d'une perte totale de l'identité de groupe. Pour les Juifs aussi, les choses ont finalement fonctionné ainsi, mais dans une plus grande discrétion, parce que l'époque, le XIXe siècle, le voulait ainsi. Même habillée à l'occidentale, une jeune musulmane peut être pratiquante. Même couverte, elle peut être moderne.

J.-C. A. — Les combinaisons sont multiples, on navigue.

E. B. — Nous n'avons guère de prise sur ces évolutions. Pas même l'État. Les conflits extérieurs se transforment, à l'intérieur, en éléments de définition identitaire. Pensons à ces jeunes musulmans de France qui ont mis le feu à des synagogues, au début de la seconde intifada, à l'automne 2000. Doit-on parler, comme on l'a fait, d'agressions antisémites ? Ces jeunes gens se sont identifiés à la cause palestinienne, aux lanceurs de pierre palestiniens, à une souffrance qui n'était pas directement la leur. Et cette proximité, réelle ou fantasmée, a été plus forte que toutes les belles leçons de l'éthique républicaine. Ceci dit, pas de panique excessive : au moment même où tout cela se passait, j'allais faire mes achats dans le XVIIIe arrondissement, et mes commerçants arabes et musulmans n'ont pas oublié de me souhaiter un bon Nouvel An juif.

J.-C. A. — L'amertume, pourtant, revenons-y.

E. B. — L'histoire des Juifs avec la France est d'abord une histoire d'amour. C'est le pays qui, pour la première fois, a émancipé les Juifs, leur a donné la citoyenneté. Or tout cela est oublié au profit d'une amertume constamment alimentée, mais récente. Après la guerre, les Juifs ont de nouveau parié sur l'intégration, ils sont allés de l'avant, ont tenté de reconstruire. Mais le modèle du XIXe siècle avait vécu : l'héritage des années noires pesait de tout son poids. Même si la France a été l'un des pays de l'Europe occupée où les Juifs ont subi le moins de pertes, relativement à l'ensemble de la population juive concernée. Sur 320 000 Juifs, à peu près 75 000 ont péri pendant le conflit. Le souvenir de cette trahison de la République n'en cesse pas pour autant de nourrir cette amertume dont tu parles. Le fait que nous soyons à l'époque des identités d'affirmation y contribue évidemment. Les propos pour le moins maladroits d'un de Gaulle, lors de la guerre des Six-Jours, n'ont rien arrangé. Puis il y a eu le terrible attentat de la synagogue de la rue Copernic à Paris, en 1980. Tous ces faits, tous ces ressentiments se sont conjugués pour favoriser un progressif mouvement de retrait.

J.-C. A. — Sans oublier, tout de même, la politique communautariste, ou communautarisante, de l'État lui-même.

E. B. — Je crois qu'aussi bien les institutions confessionnelles que les pouvoirs publics ont intérêt, qu'il s'agisse de l'islam ou du judaïsme, à renforcer ce mouvement. Le communautarisme est un moyen simple pour l'État de contrôler les groupes minoritaires. En 1808, la création des Consistoires visait exactement cet objectif. Mais qu'est-ce, à part cela, que le communautarisme aujourd'hui ? Lorsqu'un Juif se déclare juif et manifeste la volonté d'agir en tant que tel, au nom de son groupe, ou pour son groupe, est-ce là du communautarisme ? Au XIXe siècle, Adolphe Crémieux a obtenu en 1870 pour les Juifs d'Afrique du Nord la nationalité française. Il s'était battu auparavant, en 1846, pour supprimer le serment *more judaico* exigé jusque-là des Juifs dans les procédures judiciaires. Parlera-t-on là de communautarisme ? Pour les autorités de l'État, néanmoins, il est plus simple de négocier avec des communautés structurées, de disposer d'interlocuteurs présumés représentatifs, que d'avoir affaire à des groupes complètement éclatés.

J.-C. A. — Quant aux notables communautaires, cela leur confère un pouvoir, ou une illusion de pouvoir, qu'ils ne peuvent tirer de nulle part ailleurs. Combien de Juifs votent aux élections du Consistoire ? Qui élit le grand rabbin de France ? Quels Juifs savent même comment tout cela se passe ? Néanmoins, les représentants des institutions juives se sentent investis d'une autorité, au moins lorsque les pouvoirs publics les consultent. Combien de Juifs se reconnaissent-ils dans les déclarations du grand rabbin Sitruk ? N'en est-il pas que la cérémonie des vœux dudit grand rabbin au président de la République, à chaque nouveau mois de janvier, irrite ou ennuie ?

E. B. — Cela n'empêche nullement l'État de s'obstiner. Il veut avoir à qui parler. Il a voulu faire la même chose avec l'islam de France. Le projet d'un « consistoire » musulman a longtemps patiné. Parce que l'islam est également une réalité complexe, que les conflits y sont vifs, et que l'époque est aux identités dures. Nous ne sommes plus au XIXe siècle où les Juifs ne rêvaient que d'une chose : s'intégrer.

J.-C. A. — Les Juifs n'ont pas que les consistoires, qui ne sont plus aujourd'hui, en principe, que des associations cultuelles. Ils ont le CRIF, qui se fait un devoir de recevoir périodiquement les puissants de ce monde.

E. B. — Le Conseil représentatif des institutions juives de France — à sa fondation, il s'appelait le Conseil représentatif des israélites de France — est une structure politique et séculière. Longtemps, le grand rabbin de France n'a joui d'aucune représentativité politique. Force est de constater que de nos jours, il tend à s'ériger toujours plus en interlocuteur de l'État. Le rôle d'intermédiaire, en monde juif, est pourtant traditionnellement dévolu aux notables séculiers. On observe là un brouillage des fonctions, qui met souvent les institutions en compétition. Le communautarisme ? Un souhait de l'État, des pouvoirs publics. Une aspiration, aussi, des institutionnels juifs. Un rêve de contrôle tout à fait irréalisable. Qui contrôlera une collectivité aussi polymorphe ?

J.-C. A. — Le communautarisme est aussi une espèce de fantasme, un hochet qui excite nos républicanistes orthodoxes. Où est donc le communautarisme qu'ils redoutent ? Il n'y a pas de communauté, ou d'institution, qui s'érige véritablement en intermédiaire entre l'individu et l'État. Des groupes se manifestent, s'organisent, essaient de fonctionner comme des lobbies. Ça ne va guère plus loin. La plupart des Juifs peuvent se reconnaître juifs, se sentir appartenir à une collectivité, et n'avoir adhéré à rien, n'avoir payé de cotisation à rien, ne pas se juger représentés par le grand rabbin de France, ni par le CRIF, ni par les notables laïcs. Ils ont un sentiment d'appartenance « communautaire », mais ce n'est pas leur seule appartenance. Ils seront membres de telle ou telle association humanitaire, ou de telle ou telle association de défense de l'environnement. Auront la carte d'un parti politique, de droite, de gauche, du centre. Seront amateurs de bordeaux et collectionneurs de timbres. Il n'y a pas de danger de communautarisme, tant que l'État s'abstient de donner un supplément de crédit ou d'autorité à certaines institutions.

E. B. — Le repli communautaire est tout de même une réalité. Je ne pense pas qu'aux plus religieux. Je rencontre de plus en plus de Juifs qui me semblent vivre dans une sorte d'aquarium. Ils écoutent les radio juives, ils lisent la presse juive, ils vivent avec des Juifs, ils vont voir des films juifs. L'auto-enfermement de certains orthodoxes, on le comprend. Le mode de vie, les règles diététiques imposent une certaine mise à distance. Là n'est pas le plus inquiétant, ni le plus étonnant. Je parle des autres. Depuis octobre 2000, depuis l'enchaînement des violences au Proche-Orient, un discours se répand : « Nous avons été trahis, les médias sont contre nous, la politique française est contre Israël, l'antisémitisme renaît de ses cendres. » Ce repli autodéfensif me semble le plus préoccupant. Il ne faut pas non plus généraliser, ni voir tout en noir. C'est peut-être une des crises passagères que les Juifs de France ont souvent connues. Ils ont développé un amour passion à l'égard de la République, et il accuse naturellement des hauts et des bas, comme toutes les passions. Ce n'est pas cette espèce de rétractation en soi qui m'inquiète. Ce sont ses répercussions, la stérilité culturelle qu'elle risque d'induire à moyen terme.

J.-C. A. — Je reconnais qu'elle ne donne guère de place à des Juifs qui aimeraient bien être dedans et dehors. S'il faut choisir entre être dedans et barricadé entre ses quatre murs, ou être carrément dehors, on comprend que certains préfèrent encore se réfugier à l'extérieur.

E. B. — On peut aussi craindre le développement d'une schizophrénie. On est un citoyen, on va au travail, on n'est pas visible comme Juif... mais dès qu'on a franchi le seuil de son domicile ou de sa communauté, on vit entièrement comme Juif, et seulement comme Juif. Dans une telle schizophrénie, quelle place reste-t-il à l'accueil du non-juif, du Juif qui vit autrement, qui va d'un milieu à l'autre, qui désire circuler, et faire circuler les idées ?

J.-C. A. — La devise d'un certain judaïsme intégrationniste a longtemps été celle-ci : « Sois Juif chez toi, homme à l'extérieur. » Personnellement, je ne suis pas opposé à un renversement, certes un peu provocateur, de la formule : « Sois Juif dehors, et sois homme à la maison. » Importe seulement de ne jamais cesser de se penser en homme, et de se préserver un horizon d'universalité. Pourquoi ne pas faire entrer le monde extérieur à l'intérieur, tout en manifestant à l'extérieur, dans certaines limites, son identité juive ? Mais on n'est pas obligé de faire un tel partage. Il y a beaucoup à perdre à choisir son camp.

E. B. — La question d'Israël, qui occupe bien des esprits, en pousse hélas plus d'un à basculer dans l'univocité. Alors que là encore, il est tant d'opinions, tellement d'attitudes diverses. Prend-on bien soin de les entendre ?

J.-C. A. — Évitons de nous laisser prendre au seul discours manifeste, ou officiel, de certaines institutions communautaires. Ce discours existe, il n'y a pas lieu de le nier. Mais nous devons le prendre pour ce qu'il est. Il en est d'autres, qui s'expriment moins, qui ne veulent ou ne peuvent pas s'exprimer. La peur pèse de tout son poids, peur pour Israël, peur pour l'existence d'Israël, pour la vie de ceux qu'on a là-bas, amis, famille.

E. B. — Tout de même, durant la deuxième intifada, un nombre non négligeable de pétitions « juives » ont circulé, ont été publiées, qui ne convergeaient pas nécessairement avec le discours officiel des institutions juives, qui le contestaient au contraire vigoureusement. Voilà un baromètre. Voilà qui trahit la diversité des opinions. Mais ce qui éclate, ce qu'on entend le plus n'est pas une opinion, mais une peur, tu le disais très bien. Cette grande peur pour l'existence d'Israël ! Ceci dit, quand on est historien, on ne voit guère de raison de trouver cette peur absurde. Israël peut disparaître. Ce ne serait pas la première fois dans leur histoire que les Juifs perdraient leur autonomie politique, leur assise territoriale. Je ne profère pas ces mots pour me donner le frisson. Je pense seulement que ce qui menace Israël n'est pas la guerre, mais cette incapacité à faire la paix. La meilleure façon d'éloigner cette crainte, c'est la paix. Pas la surenchère. Comment y arriver, voilà une autre affaire. Mais en tout état de cause, ce n'est sûrement pas en étant antipalestinien, en restant sourd à la souffrance, aux attentes, aux revendications palestiniennes, ce n'est pas ainsi, même en ce moment, que l'on pourra dissiper la crainte de la disparition d'Israël.

J.-C. A. — Parce que le danger pour Israël, ce n'est pas seulement ses ennemis objectifs de l'extérieur. Ce sont aussi ses tensions internes, sa difficulté à gérer la crise. Le danger n'est pas forcément là où on l'imagine. Mais il existe. Le défunt savant israélien Yeshayahu Leibowitz fait partie de ces quelques penseurs que l'on n'écoute pas assez, ou que l'on n'a pas assez écoutés. C'est l'occupation, non la restitution, des territoires arabes qui corrompt l'identité d'Israël, et menace sa survie.

E. B. — En Israël au moins, des voix dissonantes se font entendre. La capacité de distanciation y est plus courante. Toute la population n'en est certes pas dotée, mais des historiens, des sociologues, des politologues produisent depuis longtemps déjà des analyses que l'on devrait peut-être davantage prendre en considération, et qui, en diaspora, ne sont pas vraiment entendues. Toute cette génération postsioniste, celle d'un Baruch Kimmerling, d'un Ilan Pappe, d'un Uri Ram, d'un Sammy Smooha ou d'un Amnon Raz-Krakotzkin, contribue à déconstruire le discours officiel. Les Benny Morris, les Tom Segev parlent depuis longtemps de la crise de 1948, de l'expulsion des Palestiniens — qui, on le sait, ne sont pas partis de leur plein gré, ni seulement sous l'effet d'une propagande arabe. Ces faits sont connus, toute l'histoire de la guerre d'indépendance a été remise à plat par ces historiens. En France, leurs livres sont parfois publiés. Pas ceux de Benny Morris, mais ceux de Tom Segev, par exemple, qui est régulièrement traduit. Segev, dans la communauté organisée, n'a pas été critiqué outre mesure. On a parlé de ses travaux dans les médias juifs. Sans doute parce que cette voix venait d'Israël. On ne s'octroyait pas le droit de l'attaquer ou de dire : « Voilà un Israélien antisémite ! » Mais l'a-t-on bien écouté ? Et lorsque c'est un Français, et même un Juif français, qui émet une parole dérangeante, à quelle volée de bois vert ne s'expose-t-il pas ! Quelles accusations ne lui sont-elles pas lancées ! Point d'antisémitisme, pourtant, en tout cela. Il est hélas encore bien des discours, qui aident cependant à comprendre, que de larges secteurs de la collectivité juive de France ne veulent pas entendre. Aux États-Unis, au moins, les options politiques sont plus variées, ces nouveaux discours ne sont pas étouffés. Les Juifs de France sont un peu en décalage. Toutes les diasporas ne développent pas exactement la même attitude à l'égard d'Israël, même si Israël demeure une composante fondamentale de leur identité.

J.-C. A. — Il est aussi, me semble-t-il, une idée de laquelle nous devons accepter de nous défaire : l'idée que la création de l'État d'Israël serait la réalisation des prophéties messianiques. Ce n'en est peut-être même pas le début du commencement. Quelle folie de dégrader ainsi le messianisme en politique ! Quel crime contre le messianisme ! Et quelle suicidaire façon de faire de la politique ! Désinvestissons ce pays de rêves qu'il n'a pas pour mission de réaliser. Israël s'est voulu un pays juif, ou un pays pour les Juifs. Actuellement, son ambition doit être de devenir un lieu d'enracinement sûr pour ceux qui y vivent. Il ne saurait pas être un pays d'occupation. Ce n'est ni la vocation du sionisme, ni celle d'Israël que d'occuper des territoires peuplés de non-juifs. Ce ne sont là que quelques évidences élémentaires que trop de Juifs de la diaspora n'arrivent pas à faire leurs. Tout cela a pourtant déjà été dit, et de manière claire, en Israël.

E. B. — Peut-être faudrait-il aussi éviter de tant focaliser sur la haine qui opposerait les deux peuples. Parce qu'on ne saurait ramener le conflit à l'explosion d'une passion plus ou moins irrationnelle. La guerre a ses raisons, la haine aussi. Ces derniers temps, on met, me semble-t-il, un peu fortement l'accent, dans certains médias juifs, sur la haine implacable des Palestiniens pour les Israéliens. La haine a longtemps été cultivée par les deux parties, elle n'est pas unilatérale. Et aujourd'hui, hélas, on en subit les conséquences. Mais là n'est pas le seul élément qui soit dans la balance. Ce n'est pas en diabolisant l'autre, en le désignant comme unique coupable de tout, que l'on a une chance d'arriver à la paix. L'un au moins doit faire le pas, et surmonter la haine. Verra-t-on là quelque naïveté ? La différence, désormais, tient au fait que contrairement aux Israéliens, de certains d'entre eux au moins, les Palestiniens semblent refuser de réviser la mythologie de la terre qu'ils ont développée comme leurs ennemis, qu'ils partagent en fait avec eux, qu'ils leur ont même empruntée à bien des égards.

J.-C. A. — Mais comment pourraient-ils le faire, quand ils n'ont pas la terre, qu'ils n'ont pas d'État, et qu'ils n'ont expérimenté jusque-là que la sujétion et la dépossession ? Qu'en Israël, cette mythologie donne des signes de faiblesse, on le comprend. Mais comment l'attendre des Palestiniens ? Ceci dit, les thématiques sont effectivement proches : la terre, l'attachement à la terre, la perte de la terre, le retour à la terre, la diaspora, l'enracinement, l'ancienneté, l'antiquité de l'installation, la légitimité, le droit historique, et la victimisation.

E. B. — Tu oublies Jérusalem.

J.-C. A. — Jérusalem, toutefois, n'a pas tout de suite été un énorme enjeu pour le sionisme. Même si c'est là qu'on a fondé la première université hébraïque dans le pays.

E. B. — En effet, les premières colonies pionnières juives de Palestine n'ont pas pris racine à Jérusalem. Outre la défiance que la ville comme telle pouvait éveiller chez ces travailleurs de la terre, Jérusalem incarnait l'ancienne communauté juive de Palestine, et tous ses travers, sa population de religieux en prière, étudiant la Tora pour sauver le peuple juif, Juifs exiliques par excellence. Les pionniers ont préféré s'installer dans des zones dépourvues de connotations religieuses. Longtemps, chez eux, on s'est méfié de Jérusalem.

J.-C. A. — Encore aujourd'hui, même si l'on demeure fortement attaché à une Jérusalem unifiée, capitale de l'État d'Israël, Jérusalem est aussi, pour nombre d'Israéliens, le rappel que la « terre d'Israël » est encore et toujours la terre de quelqu'un d'autre. Jérusalem est aussi la ville de l'autre. La ville des religieux, orthodoxes, ultra-orthodoxes, voire antisionistes. Et la ville des Arabes, la ville de l'islam. Elle exerce une sorte de fascination, à double sens. Pour cette raison, elle finit toujours par devenir un enjeu. Pas seulement entre Juifs et Arabes, mais entre les Juifs eux-mêmes. Choisir de vivre à Jérusalem n'est pas un acte neutre. On peut aussi choisir de vivre à Tel-Aviv, précisément pour n'avoir pas à subir Jérusalem, comme ville de l'autre.

E. B. — Ce que font d'ailleurs certains de nos collègues universitaires, qui enseignent à Jérusalem, mais qui ont décidé d'habiter à Tel-Aviv, ville neutre.

J.-C. A. — Ou juive par excellence. Parce qu'elle a été, dès le départ, en 1909, une ville construite par des Juifs, où il n'y avait que des Juifs, et qui était une ville neuve. Elle est le symbole même de l'entreprise sioniste. Une ville littorale. À côté de Jaffa — à côté, pas à la place de Jaffa. Tel-Aviv évoque la restauration d'une présence juive sur le sol palestinien, mais, en même temps, une reconstruction qui s'éloigne de tous les modèles, et qui tourne le dos aux présences gênantes.

E. B. — Je rappellerai encore que la première colonie établie en Palestine par des colons juifs venus de l'étranger fut Rishon-le-Tsion, une implantation aujourd'hui située à une douzaine de kilomètres de Tel-Aviv, bien loin de Jérusalem. Le Juif nouveau appréhendait naturellement la proximité de la ville millénaire, chargée de tant d'histoire.

J.-C. A. — Soulignons l'ambiguïté. Jérusalem, cité jébuséenne conquise par le roi David et où Salomon, son successeur, fait construire le Premier Temple, site du pouvoir temporel et résidence de Dieu ici-bas, lieu mythique vers lequel les attentes rédemptrices des Juifs ont convergé pendant des siècles, Jérusalem est le symbole de l'indépendance, c'est la capitale, c'est tout ce que tu veux. Donc un symbole messianico-sioniste fort. Et en même temps tout le contraire. Jérusalem représente la ville de l'exil. Le quartier ultra-orthodoxe de Mea Shearim, à Jérusalem, porte en lui tout l'exil transplanté en terre d'Israël.

E. B. — Observe la carte des premières implantations pionnières. Elles tournent le dos à Jérusalem. Mais la question, pour Israël, est aussi celle de l'État — pas seulement une question de géographie, ou de territoire. L'objectif d'un penseur comme Ahad Ha-Am, à la fin du XIXe et au début du XXe siècle, était tout autre. Lui, qui a vite vu le problème arabe, voulait que la Palestine devienne le siège d'un foyer culturel juif, pas d'un État.

J.-C. A. — Un foyer culturel qui, rayonnant sur la diaspora, permettrait à celle-ci de se protéger contre les dangers de l'assimilation et contre les tentations de la société ouverte. Ahad Ha-Am ambitionnait de créer une espèce de judaïsme laïc, une culture juive palestinienne assez forte pour alimenter, enrichir, régénérer les Juifs restés en exil. Notons que ce n'est pas exactement ce dont nous sommes témoins.

E. B. — Les Juifs de la diaspora, de France en particulier, s'agrippent, en Israël, à tout ce qui est capable de renforcer leur identité. Mais ce n'est pas une nouvelle d'Aharon Appelfeld ou un roman de Yaakov Shabtai qui peuvent jouer ce rôle. Ce qui va conforter la diaspora dans sa judéité, ce seront au contraire les courants religieux actifs en Israël. Et ce qui va la rassurer sur son avenir — telle ou telle figure politique, tel ou tel parti au pouvoir. On soutiendra instinctivement le gouvernement en place, celui de Netanyahu, de Barak ou de Sharon, parce qu'il représente Israël, se bat pour Israël, et qu'Israël reste perçu par nombre de Juifs de diaspora comme un ultime refuge en cas de malheur. N'oublions pas cet aspect. Les gouvernements forts sont d'autant plus appréciés. Israël apporte, au moins dans l'imaginaire, sécurité et protection aux Juifs de la diaspora. Nulle place en tout ceci pour un discours postsioniste, a priori rejeté.

J.-C. A. — Parce qu'il remet en question trop de choses. Finalement, la culture israélienne dans sa diversité, son épaisseur, n'atteint pas véritablement la diaspora. Si elle l'atteignait vraiment, elle pourrait bien la déstabiliser. Ce que la diaspora cherche en Israël est au fond ce qu'il y a de moins sioniste : une identification religieuse, le mythe de Jérusalem. On n'ira pas chercher en Israël les éléments de culture laïque, de culture profane, qui font la vie de ce pays.

E. B. — En Israël, en effet, cette culture-là bouge. De grands mouvements littéraires, artistiques, intellectuels s'y développent. Cela passe inaperçu. La diaspora ne retient d'Israël que les deux mamelles dont elle croit que dépend sa survie : l'État et la religion. Mais comme l'État et le religieux bougent aussi, on peine à suivre même cela, on avance par à-coups, au rythme des changements de gouvernements.

J.-C. A. — Tu parles de mamelles, je parlerais tout aussi bien de béquilles. Qui font hélas oublier à la diaspora qu'elle dispose, elle aussi, de ses propres forces créatrices. La diaspora ne consiste pas seulement en un univers juif fragile, qui a besoin, pour tenir, d'une identification à cet État. La diaspora abrite un judaïsme riche et productif. On a un petit peu tendance à l'ignorer, ou à le minorer. Il se passe des choses des deux côtés, mais en diaspora notamment, on ne les apprécie pas pour ce qu'elles sont. Tous les yeux ne sont pas tournés vers Israël. Et en Israël aussi, des regards se tournent vers l'extérieur.

E. B. — Personnellement, je n'ai jamais développé vis-à-vis d'Israël d'attitude diasporique. Je suis moi-même une ancienne Israélienne. Je possède aussi la nationalité israélienne. Je suis une *yoredet*, une émigrante, littéralement « celle qui est descendue », qui a inversé le mouvement, préconisé par le sionisme, de « montée » vers Israël.

Et je me sens aussi bien israélienne que française. Ce qui compte, à mes yeux, concernant ce pays, est ce qui s'y passe. Et quand j'évoque toute la simplicité de ce rapport, devant certains Juifs de mes amis, je me fais parfois l'impression de descendre d'une autre planète. Je me permets de critiquer Israël, parfois avec vigueur, mais je tremble à chaque nouvel incident. Je sais que je ne puis guère contribuer de manière efficace au rétablissement de la paix. Alors que c'est la seule chose qui me préoccupe. Quand on est Israélien, la paix n'est pas une abstraction. On sait ce que coûte la guerre. Quand on est Israélien, on ne peut pas ignorer qu'il y a les Palestiniens. Le Juif diasporique peut rêver, faire comme si. Pas une Israélienne qui a vécu tous les jours au contact des Palestiniens. Et souvent, je me dis que bien des Israéliens, issus d'Afrique du Nord ou venus d'Orient, partagent des valeurs communes avec les musulmans. Israël est davantage qu'on ne veut le comprendre, un pays du Levant. Même s'il est aussi, en même temps, un pays tourné vers l'Occident. Par bien des aspects de son mode de vie, dans sa façon de manger, de faire son marché, dans la musique qu'il écoute, l'Israélien est un Oriental, un Méditerranéen. Chacun sait qu'il n'y a pas une seule cuisine israélienne, chaque groupe ethnique ayant conservé les traditions culinaires de ses origines, et pourtant les rares plats qui soient aujourd'hui considérés comme « typiquement » israéliens, falafel, houmous, sont surtout des plats typiquement orientaux. Existe aussi une gestuelle israélienne, un climat qui favorise la fréquentation des terrasses, encourage la vie dehors. Dans ce pays dont la population est un improbable croisement d'Européens et d'Orientaux, la Méditerranée, en bien des choses, impose ses usages. Cette société s'est de toute évidence fortement levantinisée.

J.-C. A. — Pour le meilleur comme pour le pire !

E. B. — Cela peut changer encore. L'arrivée d'un million d'immigrés russes a bouleversé les rapports. Ceux-là n'ont rien de levantin.

J.-C. A. — Jusqu'à la vague russe, la société israélienne était majoritairement sépharade. Ce n'est à nouveau plus le cas.

E. B. — Mais politiquement, Israël a de tout temps été ashkénaze. Son élite dirigeante est tournée vers l'Occident. Et dans les corps de l'État, dans les Universités, les Sépharades ne sont pas encore nombreux, aux plus hauts échelons du moins. Une disparité qui est le reflet d'un déséquilibre toujours menaçant, sur le plan politique.

J.-C. A. — En tout état de cause, et pour revenir à ce qui nous préoccupait, la culture israélienne demeure largement hermétique au Juif de la diaspora. Le problème est déjà linguistique. Cette culture est hébréophone, et peu de Juifs, en diaspora, possèdent suffisamment la langue pour y entrer de plain-pied. De ce point de vue, Israël ne joue pas ce rôle de foyer culturel rêvé par certains, qui rayonnerait sur toute la diaspora. Son rayonnement est plutôt de l'ordre de la fascination, de l'imaginaire. En réalité, la distance culturelle entre Juifs de la diaspora et Israéliens s'avère considérable. La diaspora peut néanmoins se targuer elle-même d'une certaine vitalité intellectuelle, à tout le moins apparente. La reconnaissance relative, par les instances scientifiques, des études juives et hébraïques, une visibilité éditoriale toujours plus nette, témoignent de la légitimité croissante que cette culture acquiert progressivement à l'extérieur du monde juif. Les livres dont je parle sont publiés par des éditeurs « normaux », non spécialisés dans le judaïsme. Les enseignants et les chercheurs intègrent plus ou moins facilement les structures générales, universités, grands établissements, CNRS. Mais mesurer l'impact de cette position culturelle renforcée sur la collectivité juive elle-même reste une tâche bien difficile.

E. B. — La richesse relative des productions récentes tient au retour au judaïsme opéré par certains intellectuels dans les dernières décennies. Auparavant, l'étude scientifique du judaïsme et des Juifs restait le fait de quelques rares spécialistes sans grande audience. Mais une question demeure : Les Juifs lisent-ils vraiment ces livres ? Que lisent-ils ordinairement ? Lisent-ils, tout simplement ? Qu'attendent-ils donc de leurs intellectuels ? Une parole réconfortante ? À bien considérer les chiffres de vente de certains ouvrages à thème juif, on peut se demander si les Juifs, « peuple du Livre », achètent vraiment ces livres. Notons en outre que la publication en langue française des grands textes de la tradition juive semble avoir auprès de nombre d'entre eux un impact plus net que les essais critiques ou les travaux historiques. Aucun éditeur n'ignore cela. Et sans doute l'objectif de tout auteur responsable sera-t-il d'écrire non tant pour un public juif toujours hypothétique que pour un lectorat plus large, non juif, à qui son travail ouvrira des horizons nouveaux. Comme tu le vois, je continue à penser que dans la connaissance, on peut avancer. Et que le rejet de l'autre vient parfois, pas toujours, de l'ignorance où l'on est de ce qu'il est vraiment.

J.-C. A. — Il est aussi un autre phénomène auquel tu as fait allusion. Une large frange du public juif attend d'être rassurée, d'être valorisée à ses propres yeux et aux yeux de l'extérieur. Mais ce n'est certes pas le rôle de l'intellectuel juif qui se penche sur les Juifs ou sur le judaïsme. Il n'est pas là pour renforcer les identités, pour ressouder la collectivité. Il est là pour stimuler une réflexion, pour contester des images toutes faites, pour ébranler des représentations, pour montrer que les choses sont toujours plus composées qu'on ne les imagine. Ce travail-là n'est pas forcément tout de suite bien perçu.

E. B. — Et il ne fonctionne pas toujours. Les gens arrivent avec des idées préconçues et repartent avec elles. Ils fréquentent nos cours pendant cinq, six ans, et reposent pour la énième fois la même question. Même si nos écrits ne répondent pas à quelques-unes des obsessions des Juifs, quand ils sont lus, ils restent souvent lus à travers leur prisme. Ils ne sont pas lus pour ce qu'ils sont. Le livre n'est tout simplement pas reçu.

J.-C. A. — Mais si, par chance, ton livre est valorisé à l'extérieur du monde juif, si tu fais un succès, même un succès d'estime, dans la communauté intellectuelle en général, à ce moment-là, il peut y avoir un effet de ricochet.

E. B. — C'est là une constante des minorités que de rechercher d'abord l'approbation de l'extérieur avant d'adopter, souvent encore avec prudence, un produit culturel nouveau. L'enfermement de certains s'organise autour d'une pensée unique, d'axes d'identification précis, obstinément cultivés. Et dès que tu écris quelque chose qui ne va pas dans ce sens-là, tu récoltes immédiatement une pluie de labels négatifs : paroles antisémites, texte antisémite, livre antisémite, anti-israélien, antisioniste, haine de soi, etc. Il serait injuste de penser que tous les Juifs réagissent ainsi. Pourtant, je ne suis pas une idéologue, seulement une modeste productrice d'idées, et je ne suis pas là pour cautionner les clichés. Au contraire, quitte à ne pas plaire à tous les Juifs, je dois essayer de faire avancer les choses. En classe, il m'arrive d'y parvenir. Parfois, hélas pas assez souvent, j'entends cette phrase : « Depuis des années je pense cet événement historique de telle ou telle façon. Là, j'ai découvert qu'on peut le penser tout autrement, et c'est une surprise. » Si je réussis ne serait-ce qu'à faire connaître la vision que j'ai des Juifs et de leur histoire, une vision tirée de recherches conduites dans la mesure du possible sans a priori, je crois que j'ai fait mon travail. J'observe par ailleurs que de plus en plus d'étudiants non juifs viennent préparer des thèses sous notre direction. Ils débarquent bien avec quelques idées glanées ici ou là, mais pas tout à fait arrêtées, et ils sont capables de faire preuve de beaucoup de bonne volonté. La qualité de leurs travaux en témoigne amplement. La découverte, chez eux, est encore du domaine du possible. Voilà ce qui est de nature à nous encourager, plutôt qu'une lutte sans doute perdue d'avance contre d'increvables lieux communs. Les études juives sont des études comme les autres. Elles ne sont pas réservées aux seuls Juifs.

J.-C. A. — Je décèle un autre danger contre lequel il n'est pas facile de se prémunir. Lorsque le discours non conforme que tu cherches à faire entendre est répercuté à l'extérieur du monde juif, il est souvent neutralisé à l'intérieur. En dernier recours, on ne veut pas voir et on ne voit pas ce qu'il a de nouveau, ou de dérangeant. Une certaine confusion pèse sur le statut de l'universitaire juif. Nous travaillons sur le judaïsme. Nous ne sommes pas les porte-parole de la communauté organisée. Nous ne devons jamais être là où l'on nous attend. Nous sommes des passeurs. Nous avons pour vocation de gêner un peu tout le monde. Si nous ne faisons pas cela, à quoi servons-nous ? Cette liberté a un prix : certains ne nous liront pas, ou mal. Rien que de normal. La recherche des « racines » ne se nourrit pas de questions. Elle se nourrit de réponses. Ce que nous pouvons lui apporter n'est pas ce à quoi elle aspire. Il y a bien un public d'intellectuels. Il y a des Juifs là-dedans. Et aussi des non-juifs. Mais le public privilégié d'un livre sur le judaïsme n'est pas forcément le public juif, c'est clair.

E. B. — Ma propre expérience tend aussi à me faire croire qu'à bien des gens, surtout au sein des couches moyennes, d'avoir vécu certaines choses donne la conviction de savoir. Là est le cœur du problème.

J.-C. A. — Nous vivons peut-être à tort sur le mythe d'une valorisation traditionnelle, chez les Juifs, du savoir et de l'apprentissage. Nous y avons cédé nous-mêmes tout à l'heure lorsque nous évoquions l'« intelligence juive ». Nous nous heurtons plus souvent à cette idée : « Tout cela, nous le savons déjà, nous le savons mieux que vous, nous l'avons vécu. »

E. B. — Sauf lorsque l'on en vient au texte biblique, talmudique ou kabbalistique. On se fait généralement devant lui plus humble. Parce qu'il est sacralisé, parce qu'il est a priori supposé porteur d'une vérité ultime.

J.-C. A. — L'humilité est obligatoire, en ce cas, de même que l'acceptation de la médiation du savant. L'obstacle est d'abord linguistique. La connaissance de l'hébreu ou de l'araméen, on ne l'a pas en naissant, on ne l'acquiert pas simplement en vivant. Reste un constat généralement valable : on donne le plus souvent la prime à l'être, à l'essence, à la nostagie et on renonce facilement à l'apprentissage, à la recherche, au savoir douloureusement conquis et acquis. Ce qui contribue à délégitimer notre fonction. « Je suis juif, cela suffit. » Voilà l'adage.

E. B. — Ne serions-nous pas aussi victimes d'une certaine dévalorisation de la parole séculière ?

J.-C. A. — Cela va de soi.

E. B. — Le problème est donc aussi le suivant : Qui a autorité pour parler du judaïsme ? Est-ce une femme, historienne, Juive sans Dieu, voire non juive, qui écrit l'histoire des Juifs ? Est-ce un homme, relativement jeune, pas assez barbu, pas religieux, qui pense le judaïsme comme il penserait n'importe quelle autre tradition religieuse ?

J.-C. A. — Il est clair que pour de larges secteurs de la collectivité juive, c'est ce que l'on est qui accrédite ce que l'on dit. Et par beaucoup, l'intellectuel, le savant ordinaire ne sont pas reconnus comme pleinement légitimes.

E. B. — La parole intellectuelle sur les Juifs se féminise en outre nettement. Cette évolution nouvelle est sensible depuis ces vingt dernières années. On compte de plus en plus d'historiennes des Juifs, juives elles-mêmes ou d'origine juive. Je ne sais pas à quoi cela est dû. À la plus grande ouverture qui s'est dessinée dans la période post-68 ? À une dévalorisation relative de ce métier ? Et en tout état de cause, cette parole-là répond-elle vraiment aux besoins exprimés ? Qu'attendent la plupart ? Ou une parole entièrement séculière, celle des romanciers par exemple. Ou fondamentalement religieuse. Je ne vois guère de place pour un discours d'un autre type. Sauf pour les témoignages, bien sûr. Eux répondent à certaines des cristallisations du moment, ce sont des paroles audibles. Nous sommes en un temps de surproduction de témoignages. Des paroles tues jusqu'ici se font entendre désormais, surtout sur la Shoah. Je n'y vois rien d'illégitime, bien au contraire. Mais le témoignage prend lui-même une valeur sacrée. Il est par définition irréfutable. N'oublions pas non plus que nous vivons à l'ère du micro-trottoir. N'importe qui est interrogé sur n'importe quoi. Tout le monde a un avis sur tout, et tout avis est légitime. Et quand la voix de celui qui parle monte de son propre vécu, rien ne s'opposera à elle, sinon un autre vécu. Que peut-on objecter au souvenir, à la souffrance ? Entre ces paroles certes plurielles, une parole manque : une parole sur ces paroles. La distanciation critique.

J.-C. A. — Je te dirai que le lecteur juif moyen entretient à peu près le même rapport avec les textes sacrés ou canonisés du judaïsme. Un discours distancié, critique, historicisant, sur ces textes est le plus souvent désavoué, ou tout simplement jugé sans intérêt. Le texte dit par lui-même tout ce qu'il a à dire. Du texte et du texte seul, on tirera tout ce que le texte signifie. Il a la même valeur que le témoignage. Les deux phénomènes vont donc de pair. On se prosterne devant le témoin, on se prosterne devant le texte sacré, et la parole distanciée, celle qui déconstruit et reconstruit, est délégitimée, perd son autorité.

E. B. — Ce poids des conformismes ne touche hélas pas que les Juifs. Dès qu'il s'agit des Juifs, facilement, un discours s'impose, qui aspire à écraser les autres. Songeons ainsi à la fureur qu'a suscitée la parution du livre de Norman Finkelstein, *L'Industrie de l'Holocauste*. Va-t-on maintenant interdire la publication d'un ouvrage parce qu'il est polémique ? Ne tombe-t-on pas là dans une forme de stalinisme gênante ? Accepter le principe de la démocratie impose d'accepter celui d'une vraie liberté d'expression. Ce livre, je l'ai lu, dès sa sortie en langue anglaise. Il est certes loin d'être parfait. J'en ai moi-même immédiatement signalé la tonalité fortement polémique. Beaucoup de ce qu'on y lit est susceptible d'être remis en cause. Il y a bien cette veine gauchisante. Des rancunes anciennes, héritées peut-être d'un itinéraire personnel, aussi. Bon, on peut n'être pas du tout d'accord avec Finkelstein. Mais qu'est venu donc faire cet avocat, et son association, prétendant pousser l'auteur et l'éditeur à un procès pour incitation à la haine raciale ? Là, on va loin. Ou l'on sombre dans le ridicule. Si tu n'es pas dans la ligne, attends-toi à un procès. Critiquons, dénonçons, publions des articles, continuons le débat, mais surtout élargissons-le. Cette soif de justice procédurière, n'est-elle pas hypocrite ? Finkelstein ne dit pas ce que l'on veut entendre sur les usages non nobles de la mémoire du génocide, sur ce que certains appellent le « Shoah business ». Mais doit-on pour autant chercher à le faire taire ? Envisager jusqu'au procès revient à interdire tout espace d'échange, à demander à des juges de régler un conflit d'idées qui, dans une société dite démocratique, ne devrait se régler que par la parole.

J.-C. A. — De tels comportements induisent une simplification à l'extrême du débat en même temps qu'ils s'en nourrissent. Finkelstein a dit des choses choquantes, des choses révoltantes ? Certainement. Mais il en a dit d'autres qui le sont nettement moins, avec lesquelles on peut même être d'accord. Mais plutôt que de faire le tri, plutôt que de réfléchir, on a préféré se lancer dans des équations de ce genre : Finkelstein = antisioniste = antisémite = négationniste. Et on a pu rapidement songer au procès. Sans même se rendre compte qu'on faisait là, au livre de Finkelstein, une réclame qu'en bonne logique on aurait dû lui refuser. Tout cela m'incommode. Parce que je n'ai pas envie de vivre et de penser sous un tel régime. Et parce que le texte de Finkelstein n'est pas un écrit négationniste. Il est utilisé par les négationnistes ? Mais qui n'est pas utilisé par les négationnistes ? Les postsionistes israéliens le sont tout autant. On les retrouve cités à foison dans les sites révisionistes, garaudiens, ou autres.

E. B. — Ainsi en est-il allé aussi de l'affaire Renaud Camus. Une affaire pourtant sans grande importance, qui n'est même pas une affaire. On a fait à un auteur plutôt obscur une publicité démesurée. Il aurait mieux valu ne pas en parler, ne pas relever, laisser retomber tout cela dans le silence et les ténèbres. Mais tout le monde s'en est mêlé, a fait assaut de zèle. Jusqu'au ministre de la Culture et de la Communication. Du jour au lendemain, le nom de Renaud Camus était connu de pas mal de monde. C'est un devoir de combattre l'antisémitisme, je n'en disconviens pas. Mais là, on en a fait quand même un peu trop. Ces quelques phrases sur l'enjuivement d'une émission défunte de France Culture méritaient plutôt l'indifférence et l'oubli.

J.-C. A. — Je vois aussi un peu de parisianisme dans cette affaire. A-t-on pour autant avancé d'un cheveu sur quoi que ce soit ? Je ne le crois pas.

E. B. — Nous sommes un peu tous dans cet état psychologique du combattant intellectuel, qui saute sur chaque parole prononcée, sur chaque mot écrit, sur chaque indice, et dénonce, et stigmatise, dans le bruit et la fureur. L'antisémitisme de Camus ? D'accord, il a tenu des propos plus que douteux.

J.-C. A. — Mais soyons clair. Lutter contre des dangers est légitime. Mais est-ce qu'il y avait là un danger ? Je ne pense pas que le danger soit là. Il en est d'autres qui mériteraient peut-être davantage d'attention et de pugnacité. Un danger plus réel ? Peut-être simplement la contrainte qui pèse sur chacun d'entre nous de bien penser. Voilà un danger bien réel. Et puis, trop de moralisme dans le débat intellectuel, d'une part cela n'aide pas la morale, d'autre part cela ne fait pas avancer le débat intellectuel. Paul Ricœur lui-même, ami de Lévinas, n'est pas resté à l'abri de critiques injustes à la parution de son dernier livre *La Mémoire, l'Histoire, l'Oubli*.

E. B. — C'est ce besoin de moralisme clamé haut et fort qui est étonnant. Et qui me gêne. Parce que notre société n'est ni morale, ni juste, avec ses politiciens pas toujours des plus purs, ses intellectuels parfois ambigus, et ses priorités économiques pas toujours des plus honorables. Elle n'en court pas moins, pour d'obscures raisons, derrière un moralisme à outrance, derrière une expiation collective par la dénonciation de l'antisémitisme ou le culte de la Shoah.

J.-C. A. — Ce qui entretient une vision du monde parfaitement simple, toute en noir et blanc. Il y a les bons et les méchants, ceux qui sont du bon côté et ceux qui sont du mauvais côté. On sait qu'historiquement rien ne s'est passé comme cela, mais c'est ce qu'on réclame. Ce qu'on réclame est la transparence et la simplicité.

E. B. — La vérité !

J.-C. A. — Or il n'y a pas une vérité. Il y a eu, dans l'histoire, des bourreaux et des victimes. Et des tas de gens qui n'étaient ni des bourreaux, ni des victimes. Qui, dans certaines circonstances, pouvaient être des bourreaux, dans d'autres, des victimes. On a plus d'un cas d'itinéraires complexes, de gens plutôt à droite, plutôt nationalistes, qui auraient plutôt dû être pétainistes, et pactiser avec le diable, et qui sont devenus des résistants, et qui ont pu sauver des Juifs. Et vice versa. Ce manichéisme est dangereux, et peut, à terme, se retourner contre les Juifs eux-mêmes, qui ne sont ni simples ni transparents. On doit parfois se résoudre à l'absence de transparence, accepter le fait que les gens et les sociétés ont une histoire, et que l'histoire est complexe. On peut accepter la dualité. La dualité n'est pas toujours la duplicité.

E. B. — Qui se vantera d'être simple ? C'est cette soif de partage, de vérité tranchée, de morale absolue, qui me choque, dans un monde qui, par ailleurs, est prêt à pas mal de compromis. Est-ce bien au service d'une justice et d'une vérité idéales que tout cet activisme est mis ? Ou n'y a-t-il pas là pure instrumentalisation, de la Shoah, de l'antisémitisme, et mobilisation de ces thèmes à d'autres fins ? Ces brouhahas sont bien parisiens. Aux États-Unis, où les voix discordantes sont affaire plus commune, je ne sache pas que le livre de Finkelstein ait déchaîné une telle tempête, même si de dures critiques ont pu paraître dans la presse. Outre Atlantique, intellectuels et universitaires savent faire preuve d'un esprit plus rassis. Je songe par exemple à l'un de nos collègues, célèbre universitaire new-yorkais, spécialiste du judaïsme, qui nous a récemment confié avoir refusé des sommes colossales pour la fondation, dans son université, d'un centre d'études sur l'Holocauste. Lui-même ne veut pas faire de la Shoah un objet central de son programme d'enseignement. Et quand des étudiants viennent lui demander de diriger des thèses en ce domaine, il préfère les inciter à chercher d'autres sujets. Cette inflation est en effet préoccupante. Et les Américains, qui sont les plus touchés, en sont aussi les plus conscients. On n'hésite pas, là-bas, à critiquer le musée de la Tolérance d'un Simon Wiesenthal, à Los Angeles, et à y voir un « Disneyland de la Shoah ». On n'hésite pas non plus, là-bas, à mettre en question la politique du musée de l'Holocauste à Washington. Est-on pour autant menacé de poursuites ? Les États-Unis sont pourtant un pays bien procédurier. En France, nous avons la loi Gayssot. Elle a du bon, et du mauvais.

J.-C. A. — Tu te souviens de l'affaire Yahoo. Et de ces objets nazis que l'on pouvait acheter sur le net.

E. B. — C'est exactement la même chose. Rien n'échappe à cette traque. Je ne crois pourtant pas que cela soit la meilleure façon de combattre l'antisémitisme.

J.-C. A. — C'est peut-être la pire.

E. B. — Et avant le déchaînement de violence contre le livre de Finkelstein, on avait déjà pu observer l'espèce de culte qui avait entouré, au moins dans certains milieux, celui d'un Daniel Jonah Goldhagen, *Les Bourreaux volontaires de Hitler*. Tout, dans la culture allemande, aurait irrésistiblement conduit à la Shoah. Les Allemands, ontologiquement antisémites ou presque, quelle aubaine ! Je simplifie, mais certaines analyses n'étaient pas éloignées d'un tel manichéisme. Si tu ne dis pas cela, ou autre chose, si tu n'es pas dans le ton, tu risques d'aller jusqu'au tribunal.

J.-C. A. — Il ne saurait y avoir de débat intellectuel dans une société qui vous dit : « Attention, chaque chose que vous dites pourra être retenue contre vous. »

E. B. — Seul le débat contradictoire a une chance de faire reculer les idées toutes prêtes. L'audace, le goût de s'aventurer sur des voies non balisées. Qu'on ne nous donne pas de mode d'emploi du seul instrument qui puisse nous garantir un peu de liberté : la pensée. La parole se doit de circuler. Pas les paroles négationnistes, bien sûr. Mais n'imposons pas un silence de plomb, n'étouffons pas non plus, dans l'excès de bruit, le discours de l'autre. Ne cherchons pas l'ennemi là où il n'est pas. Il y avait jusqu'ici le Juif et l'antisémite. Maintenant, il y a le Juif, l'antisémite et le Juif antisémite. Si ne pas penser ce que tout le monde pense, si savoir développer un sens critique est, comme l'affirment certains, une spécificité juive, alors ne la perdons pas. Si nous perdons cela aussi, alors nous, les Juifs, nous aurons tout perdu. Combattre l'antisémitisme ? Bien sûr, mais autrement, pas dans cette traque indistincte des petites choses. Le travail de fond est ailleurs, le travail véritablement constructif : transmettre, écrire l'histoire des Juifs qui ont vécu avant et qui continuent à vivre après l'extermination, et ne pas tout centrer sur la mort, sur le culte de la mort.

J.-C. A. — Pourquoi en effet s'obstiner à enfermer les Juifs dans une altérité absolue, dans l'altérité absolue que leur confère le statut de victimes absolues ? Les Juifs sont des hommes et des femmes. Et je ne vois pas comment eux-mêmes pourraient longtemps accepter de s'enfermer ainsi, ou de se trouver enfermés, dans ce statut-là. Je crois comme toi plus important de former l'opinion à l'histoire des Juifs, à l'histoire du judaïsme, à sa richesse culturelle. Les Juifs sont des êtres en mouvement, pas des martyrs nés. Rappelons que les sociétés juives sont et ont été des sociétés vivantes, créatives, et où certaines choses se vivaient et se vivent toujours dans la joie.

E. B. — Inutile de jouer sur les mots, « travail » de mémoire, « devoir » de mémoire. Ce qui compte est de transmettre ce que fut le judaïsme, de comprendre ce qu'est le judaïsme, et de penser ce que sera peut-être le judaïsme. Ne pas détacher l'avenir du passé.

J.-C. A. — Et restituer au passé toute sa profondeur historique.

E. B. — Tout en restant dans le présent. Cela passe par des choses bien modestes : écrire des livres sur les Juifs qui seront lus aussi par les non-juifs, faire entrer l'histoire des Juifs et l'histoire de la pensée juive dans les programmes de concours, enseigner cette histoire, qui ne fut pas qu'une vallée de larmes, dans nos classes. Montrer à la jeunesse qu'être juif est une façon de vivre.

J.-C. A. — Et pas seulement un destin de mort.

E. B. — Une façon de vivre, dis-je, qui a ses spécificités, mais qui peut aussi receler un message de portée générale. L'expérience même de l'exil, fondatrice d'une certaine identité juive, saura, je crois, parler à tous.

J.-C. A. — La dimension de l'exil était au départ de notre entretien, tu t'en souviens. Nous en faisions le socle premier de toute définition de la judéité. Or nous la retrouvons ici. Offerte à une possible universalisation. Car l'exil est au cœur, peut-être, tout simplement, de la condition humaine elle-même. À chacun son exil... Le mien fut en quelque sorte un exil volontaire, intérieur, un exil choisi. Un choix où la mémoire de la persécution n'a d'ailleurs joué aucun rôle. Mon chemin vers le judaïsme est curieusement passé par la découverte de la littérature israélienne, de l'hébreu contemporain, avec un voyage d'étude à l'Université hébraïque de Jérusalem, il y a plus de vingt ans. Le fort attachement à Israël que j'ai pu concevoir et approfondir au fil des ans ne m'a jamais vraiment conduit à envisager le départ comme une éventualité sérieuse ni probable. Israël n'a été qu'un détour, le moyen de découvrir une réalité juive, et de cultiver un appétit de savoir que j'ai finalement cherché ensuite à assouvir de manière plus classique, plus « diasporique » — puisque j'ai fait de la culture juive en diaspora, à l'époque médiévale, mon champ de recherche privilégié. Les voies de l'exil sont parfois bien tortueuses. Quand j'arrive en Israël, je ne m'y sens pas vraiment chez moi, mais je ne m'y sens pas non plus si loin que cela de chez moi. Le pays m'est peut-être si proche, d'une certaine façon, que je n'éprouve pas le besoin de m'y installer.

E. B. — Moi, je suis une Juive du hasard. Je n'ai pas de patrie, je n'ai aucun attachement territorial. Mais j'ai un lien charnel avec Israël. J'y ai presque toute ma famille. Une partie des miens y est arrivée dès les années 40. Moi-même, j'ai été une jeune sioniste. Je suis partie à quinze ans. Je suis une Israélienne, je n'ai pas de complexe, je n'ai pas d'accent en hébreu. C'est vrai, je me sens plus à l'aise là-bas, mais je suis intellectuellement plus attachée à l'Occident. Intellectuellement attachée à l'Occident, émotionnellement à Israël, et ataviquement à l'Orient, et je reste néanmoins sans patrie, et sans véritable langue maternelle par excès de multilinguisme. Au fond, peut-être suis-je plus juive qu'israélienne. Le français a été ma langue de culture. À un moment de mon enfance l'anglais, que j'ai occulté pour diverses raisons. Je suis une américanophile convaincue. Mais en Israël, je vois tous les mauvais côtés de l'Amérique adoptés sans discernement et grossis. Alors je me sens loin, d'Israël, et de l'Amérique. Culturellement, je me sens en phase avec la France. En Israël, l'anxiété m'étouffe. Mais en même temps, en Israël, on se sent vivre. En Israël, tout est démesurément important. Tout prend une place exceptionnelle. Tout est objet de débat. Tout mérite de longues conversations, des discussions enflammées, des disputes. Israélienne, donc, encore, mais avec une forte composante de juive diasporique. Et toi, tu es peut-être trop français.

J.-C. A. — « Trop », c'est peut-être trop dire, tout de même. J'admets que ce qui me définit d'abord est ma francité, que c'est bien là ce dont je suis fait. Je ne me pose pas la question de mon identité française. J'ai fait des efforts, cependant, pour y introduire un peu de désordre. Mais je suis bien un « Français de souche ». Voilà le substrat... Peut-être le rôle de la mère et de son terroir...

E. B. — Toi, tu es un diasporique en Israël. Moi, je le suis partout.

J.-C. A. — Une seule chose, tout de même, me rapproche de l'Israélien. Ma gentilité, justement. Parce que je suis un Gentil, à moitié du moins, je vis aujourd'hui mon identité juive de manière plutôt simple. Oserai-je dire tranquille ? Ce n'est pas pour moi une source de gêne. Ni quelque chose que je ressens le besoin d'affirmer haut et fort. Simplement quelque chose qui m'est devenu pleinement naturel. Curieusement, c'est ma gentilité qui me permet aujourd'hui de vivre ma judéité d'une manière que les sionistes auraient pu rêver ! En toute équanimité. Cela a pu me poser problème dans ma jeunesse, mais, aujourd'hui, je suis Juif. Point. Et Français. Point. Ni israélite, ni autre chose. Ce vécu naturel et serein de l'identité juive est peut-être mon seul point commun avec l'idéal israélien ou sioniste. Même si je suis ici !

E. B. — Nous n'en vivons pas moins dans une société de plus en plus sécularisée, de plus en plus homogénéisée aussi, où tendent à disparaître les usages qui faisaient toute la saveur, toute la texture d'une religion qui ne passait pas seulement par la Loi, mais par les menus travaux, par les menus plaisirs des jours, plaisirs d'un shabat pas très orthodoxe mais partagé avec la famille, plaisirs des mets, des rites, et même des petites superstitions. Beaucoup de Juifs non religieux ne sont-ils pas, consciemment ou non, frustrés de ce judaïsme au quotidien ?

J.-C. A. — Ce dont tu parles ici est la dimension de plaisir qu'il y a dans le judaïsme. Et cela me paraît aussi fondamental que tout le reste. Jouir de la vie pour en rendre grâce à Celui qui la donne est une obligation fondamentale : « L'homme sera tenu de rendre compte de tout ce que son œil a vu et qu'il n'a pas consommé », dit un texte du Talmud. De ce plaisir-là, hélas, le Juif contemporain est parfois dépossédé.

E. B. — Conscient de ce manque, on fonde des associations nostalgiques, on écoute les chants des ancêtres, repris par des voix d'opéra bien éloignées des voix cassées, et pas toujours des plus mélodieuses, de nos grands-mères, on organise de grandes rencontres pour savourer les plats que l'on n'a pas connus. On crée un univers en croyant le recréer.

J.-C. A. — On veut se faire croire que tout ce qui est mort peut être ressuscité.

E. B. — Et pourquoi pas ? De telles associations ont toujours existé. Elles réunissent plusieurs générations, les pères et les mères venant avec leurs fils et leurs filles, les grands-parents venant avec leurs petits-enfants, pour goûter, écouter et voir, pour acheter des livres aussi parfois. Ces sociétés, par le passé, ont tissé la trame de la solidarité. Aujourd'hui, elles se fixent un objectif de rassemblement et de transmission culturelle. Une transmission souvent bien modeste : elles ne transmettent après tout que ce qu'une association peut transmettre. Cela ne remplace ni la parole du père, ni celle de la mère, des grands-parents, etc. Ces associations n'en deviennent pas moins des lieux de vie. On y met exagérément la « mémoire » en vedette, je le concède. Et pas assez l'histoire. Mais cette tension n'est pas nouvelle, dans le judaïsme. Elles n'en fonctionnent pas moins comme substituts, insufflent de la vie, socialisent, essaient de ranimer, comme elles le peuvent, ce qui faisait une grande partie du judaïsme : les fêtes familiales.

J.-C. A. — Voilà précisément ce qui est nouveau et sans doute difficile pour le commun des mortels juifs : ce qui se vivait autrefois naturellement est devenu un objet d'effort. Là réside à mon sens une bonne part du problème d'autodéfinition des Juifs en diaspora.

E. B. — Les Juifs ont-ils un avenir ? Les Juifs ont survécu au pire. Ils se sauveront eux-mêmes, à leur manière, et ils changeront. Mais la qualité de leur avenir dépendra largement de la capacité qu'ils auront à ne plus céder à la fascination de la souffrance, à ne plus voir dans l'hostilité des autres, réelle ou imaginaire, le principal ciment de leur identité. Au judaïsme s'impose le devoir de relever le défi de la vie.

J.-C. A. — Les Juifs ont-ils un avenir ? Drôle de question. À poser à un prophète — je concède que c'est un métier juif. Pas à un historien — un métier qui l'est déjà moins. L'inquiétude est là. Mais l'inachèvement lui-même suggère le dépassement. Dans tous les cas, je ne vois pas d'avenir juif qui ne soit intimement lié à l'avenir humain.

E. B. — L'expérience juive est une expérience humaine, comme l'expérience tzigane, noire, arménienne, beur ou homosexuelle, comme toute autre expérience humaine. Il n'y a pas que les Juifs que l'avenir des Juifs concerne. Et il n'y a pas que les Juifs qui peuvent parler des Juifs. Parfois, moi aussi, lorsque j'enseigne la Shoah, on me dit : « Vous, la Sépharade, qu'est-ce que vous connaissez ? Vous n'avez pas connu Auschwitz ! » Je réponds : « Ne dois-je donc parler que de ce que j'ai vécu ? De 1950 à nos jours... » Aucun vécu ne peut rester complètement imperméable au vécu de l'autre.

J.-C. A. — N'oublions pas que le judaïsme offre la possibilité, pour tout non-juif qui le souhaite, et qui en est digne, de devenir Juif. Je n'y appelle bien sûr personne !

Mais la simple existence d'une telle option me semble en elle-même éminemment instructive. Même s'il ne développe pas de prosélytisme actif, le judaïsme maintient ouvert à tous l'accès à l'identité juive. Ce que je traduis ainsi : pour tous, Juifs et non-juifs, l'accès est ouvert à la compréhension de la judéité. Il convient de faire un effort, sans doute.

E. B. — Mais on doit faire un effort pour tout. L'homme pour comprendre la femme, la femme pour comprendre l'homme. Et le lecteur pour comprendre le livre.

Postface

« Les Juifs ont-ils un avenir ? ». C'est avant le 11 septembre 2001 que nous tentions de répondre à cette question. Une question ancienne, aussi vieille que le judaïsme en fait, et que les Juifs, population dispersée et minoritaire, se sont toujours posée. Une question, en outre, que la modernité a rendue plus lancinante et plus urgente. Parce que les Juifs ont acquis le statut de citoyens, que leur intégration aux sociétés non juives a favorisé leur acculturation, et qu'être Juif et le rester est devenu pour eux un choix beaucoup plus qu'un destin. Une question, donc, que suscite spontanément la conscience des vicissitudes de la vie juive non seulement en Occident, mais aussi à l'Est où, après la chute du communisme, les identités juives subissent à leur tour des transformations critiques. Seuls oseront l'esquiver ceux qui, s'aveuglant eux-mêmes, croient en l'immutabilité de l'être juif, en son « éternelle » stabilité. Ils ne sont d'ailleurs pas si nombreux qu'on l'imagine. Même les strates les plus religieuses et les plus traditionnelles des diasporas juives ne peuvent véritablement échapper à cette inquiétude existentielle majeure. Pour elles aussi les questionnements identitaires agitant nos sociétés modernes en perpétuel mouvement sont un authentique défi, qui les interpelle jusque dans leur quotidien.

Il reste que c'est après le 11 septembre que notre livre a paru. Et la question qui lui servait de titre a soudain pris des allures de provocation. Abreuvé d'images inlassablement montrées, le monde avait comme participé directement à l'écroulement des Twin Towers, il s'était identifié à la mort et à la détresse de milliers d'innocents qui, ce jour-là, étaient simplement allés travailler comme nous tous. Une sorte d'apocalypse séculière s'était produite sous les yeux des gens, rivés à leurs postes de télévision, et touchés en direct au plus profond d'eux-mêmes. Les agents de cette tragédie étaient des fondamentalistes musulmans. Le scandale était immense aux yeux de nos sociétés judéo-chrétiennes sécularisées et individualistes, oublieuses de ces temps reculés où, au nom de la religion, on pouvait encore sacrifier sa vie pour une cause « sacrée ». La cause « sacrée » des uns n'était en l'occurrence que prétexte à un massacre de masse odieux pour un Occident qui avait depuis longtemps « neutralisé » le religieux. Cette irruption soudaine, et perverse à nos yeux, de la mort et du sacré, surgis d'un ailleurs lointain et occulté, était bien de nature à réveiller en nous, citoyens d'un monde de plus en plus aseptisé, des sentiments forts, aussi bien de compassion pour les victimes que de haine et de rejet absolu des auteurs et des commanditaires de l'horreur.

En quelques minutes, le monde s'était divisé entre « bons » et « mauvais ». La cause du « bien » était claire, et le « mal » nettement localisé. La ligne de partage ne souffrait aucune porosité. Et l'Occident « civilisé », devenu victime, pouvait désormais se parer du vêtement immaculé d'une morale politiquement correcte. Il y avait « nous » et les « autres ». Dans un tel contexte, face à la rhétorique manichéenne qu'il encourageait, face à la culture de guerre qu'il instituait en norme, les discours modérés n'avaient plus de place. Il était urgent de prendre parti, et clairement. S'en abstenir suffisait à vous faire ranger d'office, en un instant, du côté de « l'ennemi ». Un monde partagé entre « nous » et les « autres » est un espace de fermeture et de paranoïa. Les « autres » peuvent-ils nous vouloir du bien ? Les esprits furent naturellement influencés par la politique et par le discours adoptés par les dirigeants de l'Occident, partis en « croisade » contre le fondamentalisme musulman, source de tous les maux.

Cette imbrication du politique et du moral, cette réinjection sournoise du religieux dans le politique en Occident même intervenaient au moment où la seconde intifada connaissait de nouveaux pics de violence, après un été 2001 endeuillé par de terribles attentats. La focalisation de l'attention sur un monde musulman qui menaçait mortellement l'Ouest éclairé n'était certes pas de nature à faire avancer la question de la paix au Moyen-Orient. Tout s'expliquait au contraire, et donnait sens à la guerre. Les Américains menaient la leur en Afghanistan, et Israël la sienne contre les Palestiniens.

Où était le droit ? Qui donc avait raison ? Mais la guerre justement prospère quand la raison abdique. Les Palestiniens s'attaquaient sans pitié à la population israélienne. Les Israéliens entraient dans les territoires, y commettaient des exactions. De part et d'autre, les civils payaient de leur sang le prix de ce conflit interminable, apparemment insoluble, sans que les grandes puissances semblent envisager de s'investir activement dans la recherche d'une issue. Tout récemment meurtri par la rencontre de la mort en direct et de la violence aveugle, l'Occident redécouvrait un autre terrorisme, qui sévissait sous des formes spécifiques, mais toujours avec la même violence, au Moyen-Orient. Là aussi des hommes et des femmes sacrifiaient leur propre vie à une cause « noble » et « sacrée », tuant du même coup d'autres hommes et d'autres femmes. Comme à New York, comme à Washington...

Le conflit proche-oriental se projeta bientôt hors de l'arène des combats. La France en subit directement le contrecoup, dans les zones sensibles où populations juives et musulmanes se côtoient au quotidien, banlieues des grandes villes, baromètres de la médiocre intégration ou simplement de la non-intégration de certaines franges d'immigrés maghrébins, particulièrement de la seconde génération. Dans ces quartiers devenus des forteresses d'insécurité, suite au laisser-aller et au laisser-faire de dirigeants apparemment incapables d'aborder la question de l'intégration autrement qu'avec des mots et quelques bons sentiments, les nouveaux positionnements identitaires n'allaient pas tarder à créer des situations explosives. Encore qu'il ne s'agît pas là, en l'occurrence, d'une réalité absolument nouvelle. Des tensions existent en effet depuis dix à quinze ans, dans les banlieues difficiles, entre la population juive et les jeunes Maghrébins et Antillais [1]. Les événements extérieurs n'ont fait que les attiser, au point de déboucher sur le dérapage antijuif observé ces derniers mois.

Face à ce qui se passe dans les territoires palestiniens, nombre de jeunes Maghrébins se sont ainsi identifiés à leurs « frères » du Proche-Orient. Et cette identification est sans doute passée par le lien religieux, par le partage d'une référence commune, l'islam. Mais aussi par le sentiment plus vague mais fort d'une déréliction douloureuse et globale. L'animosité de larges secteurs de la population française à l'encontre des Arabes a évidemment contribué au resserrement du lien religieux. Il y avait « nous », les Musulmans, et « les autres ». Dans le camp adverse, on

1. *Le Monde,* 12 avril 2002, interview de Farhad Khosrokhavar.

mettait « les Français », une majorité à laquelle on ne pouvait cependant pas s'opposer de front. Et « les Juifs », cible toute désignée.

Dans cette logique de ghettoïsation qui voit le jour en France, chaque groupe s'arc-boute. Les premières victimes des incivilités bientôt recensées sont des Juifs visibles comme tels, eux-mêmes issus le plus souvent du Maghreb, et vivant au côté des Arabes dans les mêmes cités. Des Juifs que l'on confond allègrement avec « les Israéliens », dans un amalgame peu favorable à l'apaisement des esprits. Des Juifs, aussi, qui ont mieux réussi et que l'on peut ranger du côté des « Français ». « Chez les Juifs, assène un jeune interviewé, y a pas des malheureux comme chez nous, même ceux qui vivent dans nos quartiers trouvent plus facilement du boulot. Et puis, ils sont représentés partout, dans les gouvernements mais surtout dans les médias. On est dix fois plus nombreux et on n'existe pas, ça fout les nerfs... » [1].

Dans ce contexte, alors même que ces jeunes Maghrébins n'ont pas de pratique religieuse assidue, l'identification aux Palestiniens a joué à plein, ne serait-ce qu'en raison de la sacralité redoublée que ces derniers projettent sur leur cause et sur la terre qui en est l'enjeu, et qui est sacrée pour tous, Juifs, Musulmans et Chrétiens. Cette identification n'a évidemment pas impliqué que tous les jeunes Arabes de France ou de Belgique soient allés « casser du Juif ». Les éléments incontrôlables, les « désespérés » des banlieues ont trouvé là un idéal susceptible de les sortir de leur désarroi et de leur désœuvrement ordinaire.

En commettant des incivilités contre des Juifs, en s'attaquant à leurs lieux de culte ou à leurs écoles, certains pouvaient avoir le sentiment de participer au « juste combat » des Palestiniens, et de devenir par là à leur tour

1. *Le Monde*, 31 mai 2002.

des « héros », des héros à moindre frais, mais des héros tout de même. La médiatisation de ces actes leur conférait en outre un surcroît de sens, une « valeur ». Évoqués avec moins d'emphase et de bruit, ils auraient sûrement eu moins d'impact sur ceux qui, à leur tour, pouvaient être enclins à en commettre de semblables. Les oubliés des HLM font dès lors irruption au centre, leurs actes de délinquance les sortent soudain de leur anonymat.

Ce n'est pas un endoctrinement rigoureux, un militantisme pleinement conscient de soi, qui meuvent ces jeunes, contrairement à ce qu'a pu laisser entendre Pierre-André Taguieff, auteur d'un ouvrage sur « la nouvelle judéophobie » qui, pour avoir fait sensation, est loin de fournir toutes les clés de la crise présente [1]. Si l'on en croit en effet un travail mené au cours des années 2000-2001 pour l'Institut des hautes études sur la sécurité intérieure (IHESI), l'islam est certes bien devenu en France une référence majeure chez les jeunes issus de l'immigration maghrébine. Mais les auteurs de l'étude estiment que ceci ne préjuge en rien de la place concrète de la religion dans leur vie quotidienne. Le référent religieux jouerait là davantage le rôle d'un « marqueur social » [2]. Ce n'est donc pas un islam idéologique qui serait à l'origine de l'action antijuive de certains éléments issus de cette jeunesse. Ni au ministère de l'Intérieur, ni à celui de la Justice, on ne fait état de « bandes organisées », ni d'une « idéologie structurée en matière de judéophobie » [3]. Aucun appel au djihad pour la Palestine ne semble avoir été entendu non plus, même si des incitations plus ou moins concertées à la violence ne peuvent être totalement exclues. Régulière-

1. Pierre-André Taguieff, *La Nouvelle judéophobie*, Paris, Mille et Une Nuits, 2002.
2. *Le Monde*, 13 mai 2002.
3. *Libération*, 2 avril 2002.

ment, en tout cas, associations d'immigrés et autorités religieuses musulmanes condamnent ces comportements déviants et appellent leurs ouailles à exprimer par des voies démocratiques leur opposition ou leur soutien aux causes qui les mobilisent.

La dénonciation par certains d'un nouveau fléau antisémite global a parfois fait perdre de vue la complexité des situations, et indûment creusé les inquiétudes, renforcé les angoisses. Sans doute la France traverse-t-elle une crise d'identité sérieuse et son républicanisme bat-il de l'aile. Il reste que les dirigeants français, de droite comme de gauche, ont tous vigoureusement dénoncé la dérive antijuive observée. Qu'ils ont pris les mesures nécessaires pour renforcer la sécurité des lieux juifs. Que les médias ne se sont pas tus sur la vague d'agressions subie par la communauté juive et qu'ils ne se sont nullement montrés complaisants envers leurs auteurs.

Il convient par ailleurs de distinguer entre les manifestations de « judéophobie » constatées dans les banlieues françaises et l'antisémitisme qui travaille le monde arabo-musulman depuis de longues décennies. Ce dernier a pris de l'ampleur avec la création et les victoires successives de l'État d'Israël, et il connaît régulièrement des sommets lorsque le conflit s'exacerbe au Moyen-Orient. Les rééditions des *Protocoles des Sages de Sion* ne sont plus à compter, ni les traductions en langues locales du *Mein Kampf* de Hitler, ni les accès de propagande négationniste. Quant à la propagande antisémite et anti-israélienne dans les manuels scolaires en arabe, aussi bien en Palestine qu'au Moyen-Orient, elle n'est pas non plus nouvelle. De là à penser que les jeunes délinquants auteurs des violences antijuives en Europe se trouvent sous l'emprise de cette mouvance, il y a un pas.

Rien ne justifie évidemment les agressions commises. Au contraire, elles dénotent un climat délétère, qui n'est d'ailleurs pas non plus des plus sereins pour les Arabes d'Europe et en l'occurrence de France, où l'on constate une virulente « remontée du racisme antimaghrébin »[1]. Les Musulmans, faut-il le rappeler, restent les principales victimes de la xénophobie ambiante[2]. Toujours dans cette logique du « nous » et « eux ». L'ethnicisation des rapports entre populations d'origines diverses concourt au renforcement des tensions. Et ce n'est pas faire montre d'un pessimisme excessif que de redouter à tout moment une rupture possible du pacte républicain. Le 11 septembre a cristallisé les attitudes de rejet. Chaque « camp » a développé les siennes. Les victimes du racisme antimaghrébin ont pu à leur tour se retourner contre les Juifs. Dans une atmosphère propice à l'enfermement, la parole raciste s'est en fait désinhibée. Les Juifs en ont pâti eux aussi. Ainsi que le suggère Nonna Mayer, alors même que l'antisémitisme était globalement en recul, « la situation explosive au Proche-Orient et la réprobation suscitée par la politique d'Israël dans les territoires rejaillissaient négativement sur l'image de tous les Juifs, libérant un antisémitisme jusque-là censuré »[3]. Cette évolution était loin d'augurer, dans l'immédiat, le rétablissement de rapports de confiance entre les différentes collectivités qui composent le paysage français. Le thème de l'insécurité, récupéré par les politiques en pleine période de campagne électorale, ne risquait pas non plus de faciliter le dialogue entre les groupes.

Dans un livre blanc, l'Union des étudiants juifs de France et SOS Racisme ont recensé 405 agressions antijuives entre le 1er septembre 2000 et le 31 janvier 2002[4].

---

1. *Le Monde*, 19 février 2002.
2. *Le Monde*, 11 mai 2002.
3. Cf. l'article de Nonna Mayer, *Le Monde*, 4 avril 2002.
4. Union des étudiants juifs de France et SOS Racisme, *Les Antifeujs. Le livre blanc des violences antisémites en France depuis septembre 2000*, Paris, Calmann-Lévy, 2002.

Elles vont des incivilités mineures aux incendies de synagogues. Toutes ne sont pas d'une extrême gravité. Mais elles interviennent à un moment où les esprits sont chauffés à blanc, quand nombre de Juifs en France et en Europe redoutent le pire pour Israël. L'identification à ce pays est traditionnellement l'un des piliers de l'identité juive en diaspora. Mais la projection ici du climat de guerre prévalant au Proche-Orient, le réveil d'un contentieux ancien avec les Arabes, plus de la moitié des Juifs de France étant originaire du Maghreb, et les liens familiaux souvent étroits de nombre de ces Juifs avec Israël, tous ces facteurs dramatisants ont contribué à renforcer une peur par ailleurs préparée par l'hypermnésie du génocide ayant prévalu ces dernières décennies.

Cultiver la mémoire de la Shoah est une chose. Fonder l'identité juive sur cette mémoire en est une autre, qui recèle bien des dangers. Les institutions communautaires représentent au mieux un tiers des Juifs de France et certains de leurs responsables, qui ont mené campagne contre notre livre, ont par la suite reconnu devant nous avoir consacré une part démesurée de leur action au souvenir du génocide, faute de pouvoir nourrir autrement, par un projet culturel significatif, l'identité juive de larges secteurs d'une collectivité largement sécularisée et aux obédiences multiples. Depuis des années, semaine après semaine, mois après mois, sur des pages entières, la presse juive avait ainsi focalisé son attention sur le « devoir de mémoire », et systématiquement inventorié les incidents de caractère antisémite relevés ici et là dans le monde. Si l'on ajoute à cela l'abondante littérature publiée sur ce sujet en langue française, les commémorations, les débats suscités par la question des biens spoliés, et la place accordée à toutes ces questions par les médias généralistes ou par le cinéma, on peut aisément comprendre la sensibilité à fleur de peau des Juifs en France et ailleurs en Europe.

La Shoah fait certes partie de l'histoire des Juifs à l'ère contemporaine et la volonté d'entretenir et d'approfondir la mémoire de cette tragédie est légitime. Mais son activation excessive a préparé le terrain, en un moment de crise, au basculement dans le repli.

Un repli d'ailleurs comparable à celui qu'on observe périodiquement en Israël lorsque la situation, perçue comme critique, invite certains citoyens de ce pays à penser le monde dans les termes d'une dichotomie simpliste. Une dichotomie qui sert les intérêts d'une politique extrémiste, où Israël est sensé être en butte à une hostilité universelle. Là encore, il y a « nous » et « les autres », « les autres » qui globalement « nous » veulent du mal. L'historien israélien Zeev Sternhell écrivait récemment : « Le nationalisme colon d'Israël, comme tout nationalisme extrémiste, a besoin d'un ennemi. La présence d'un tel ennemi équivaut à une nécessité méthodologique. La formule "le monde entier est contre nous" remplit une fonction de ce genre. Il s'agit d'un mythe comportant un élément de fraude consciente, mais qui permet de soulager les consciences et de s'enterrer la tête dans le sable lorsque la réalité devient insupportable. » [1]

S'il a permis à la politique antipalestinienne de Sharon de se déployer librement, le 11 septembre a également alimenté la peur des Juifs. Le terrorisme palestinien tuait en Israël des dizaines d'innocents et les affidés de Ben Laden avaient mis tout l'Occident démocratique en danger. La menace pouvait sembler universelle, elle était susceptible de toucher la France, l'Europe. Les Juifs, ces persécutés de tous les temps, risquaient-ils de revivre le cauchemar des années noires ? Sur fond de mémoire du génocide, les actes antijuifs en France en vinrent ainsi très vite à être interprétés sans discernement. Que ces actes

1. *Ha'aretz,* 21 mai 2002.

aient bien eu lieu et qu'ils aient été pénibles, voire douloureux pour ceux qui en ont été directement victimes, cela ne fait aucun doute. Qu'on doive être vigilant et qu'on veuille combattre cette dérive, rien de plus légitime. Mais lire ces événements à la lumière de la tragédie majeure de l'histoire du XXe siècle leur a conféré une signification et une portée qui ne pouvaient que renforcer l'angoisse de la population juive des banlieues sensibles et des Juifs en général.

Les actes antijuifs avaient commencé au tout début de la première intifada, dès l'automne 2000, mais après le 11 septembre 2001, l'atmosphère ne fit que se dégrader. Ben Laden avait-il servi de modèle à certains jeunes Maghrébins ? L'islamophobie qui se donna libre cours après l'effondrement des Twin Towers n'encouragea-t-elle pas aussi le leadership juif à user de ces manifestations d'agressivité antijuive comme d'un instrument politique susceptible de favoriser un redressement de l'image d'Israël qui pendant des mois n'avait cessé d'être écornée ? Songeons également que les dirigeants israéliens ont pu se bercer de l'illusion que cette flambée « antisémite » encouragerait les Juifs de France à émigrer en Israël en grand nombre. La France abrite en effet la plus nombreuse population juive d'Europe. En ces temps où l'émigration vers Israël se tarit sérieusement, deux réservoirs semblaient pouvoir s'ouvrir. L'Argentine, en proie à la plus terrible crise économique de son histoire — et la France, où une majorité de la collectivité juive est d'origine sépharade et a d'importantes ramifications familiales en Israël. On pouvait espérer un mouvement en ces moments critiques, mais dans les deux cas, cette espérance fut pour l'essentiel déçue.

Les autorités israéliennes ne ménagèrent pourtant pas leurs efforts. D'abord le vice-ministre israélien des Affaires étrangères, Michael Melchior, le 6 janvier 2002, puis, en février, Ariel Sharon lui-même, et enfin, au lendemain du premier tour des élections présidentielles françaises, le 22 avril, le vice-premier ministre et ministre de l'Intérieur Eli Yishai, tous voyaient en la France le pays le plus antisémite d'Occident, et appelaient ses Juifs à partir. M. Sharon précisait, s'il était nécessaire, qu'en raison de « la présence de six millions d'Arabes » sur le sol de l'Hexagone, les Juifs français « pourraient se retrouver en danger » [1]. À vrai dire, on fit feu de tout bois. Les deux premières déclarations tablaient sur le risque arabo-musulman. La troisième invoquait la montée du lepénisme... Le 10 avril, le gouvernement israélien considérait que l'immigration des Juifs français était devenue une « exigence de l'heure », le 22 avril, on les exhortait à « faire leurs valises » [2]. Des fonds d'aide exceptionnelle étaient débloqués.

Les répercussions négatives de cet interventionnisme d'Israël dans les affaires intérieures du groupe juif français et les remontrances du gouvernement français et du président Chirac amenèrent rapidement le leadership communautaire à tenter d'en atténuer les effets. Le président du CRIF, qui avait largement contribué à créer un climat de tension autour de l'antisémitisme en France, réagissait aux propos de Sharon en invitant à les « relativiser », et ajoutait : « Le contexte dans lequel s'est exprimé Ariel Sharon est très différent de celui de la France. Je comprends que le gouvernement israélien ait besoin d'un flux d'immigrants, mais je ne crois pas que cela concerne la France » [3]. Même l'ambassadeur d'Israël se sentit obligé d'aller dans ce sens, étalant malgré lui au grand jour la contradiction entre le discours officiel de son gouvernement et le sien.

---

1. *Ha'aretz*, 23 avril 2002, *Le Monde*, 13 mai 2002.
2. *Le Monde*, 14 mai 2002.
3. *Le Monde*, 3 mars 2002.

Il déclarait ainsi à RTL qu'il était « très exagéré » d'affirmer que la communauté juive était « menacée de violence »[1]. On commençait donc à prendre la mesure du fiasco auquel on était arrivé, et l'on tentait de limiter les dégâts.

Certes, la peur était bien là, et il fallait en tenir compte. Mais peut-être eût-il été plus indiqué de chercher vraiment les moyens d'endiguer le mal qui la suscitait, et de ne pas attiser le feu en médiatisant démesurément les événements. Au lieu d'engager vigoureusement le dialogue avec les responsables des diverses communautés issues de l'immigration, le leadership juif avait choisi la position de la victime. Victime des Maghrébins, victime des Arabes. Ces mêmes Arabes qui voulaient détruire Israël mettaient chez nous le feu aux synagogues et aux écoles juives. L'antisémitisme en Europe et en France faisait la une des journaux israéliens. Le danger, pour les Juifs, était le même partout. La « psychose » n'allait pas tarder à se répandre en tous lieux. Y compris, sur fond de menace totalement imaginaire, aux États-Unis.

La place de l'Holocauste dans la culture juive américaine a été savamment décrite par l'ouvrage de Peter Novick[2]. Paru en français à l'automne 2001, ce livre déclencha la polémique en France, encore que d'une manière limitée. Les médias juifs préférèrent généralement l'accueillir dans un silence compact. De toutes façons, les États-Unis ne sont pas la France... Et ce qui, éventuellement, peut valoir aux États-Unis, un pays qui ne fut jamais directement touché par le génocide, ne vaut sûrement pas pour l'Europe, à jamais marquée par la tragédie. Ce qui peut-être relève davantage de l'imaginaire, de l'identification fantasmatique outre Atlantique, est en

1. *Le Monde*, 22 février 2002.

2. Peter Novick, *L'Holocauste dans la vie américaine*, trad. de l'anglais par P.-E. Dauzat, Paris, Gallimard, 2001.

France mémoire vraie et douloureuse. Ce qu'on pouvait dans le meilleur des cas passer à Novick, à nous, on ne voulut pas le pardonner. Et pourtant, la distance n'était peut-être pas si grande qu'on voulait le faire croire. Pour beaucoup de Juifs français d'origine nord-africaine de la seconde ou de la troisième génération, l'identification au génocide est-elle donc moins « imaginaire » que pour beaucoup de jeunes ashkénazes nord-américains ?

En France, le Consistoire comparait la « violence antisémite » qu'il dénonçait aux prémices d'une nouvelle *Kristallnacht* [1]. Il faisait ainsi référence à cette sinistre nuit du 9 au 10 novembre 1938 où les autorités du Reich organisèrent des pogroms antijuifs en Allemagne, où l'on détruisit des centaines de synagogues, assassina des Juifs, pilla des milliers de magasins juifs, saccagea des cimetières juifs, et arrêta des milliers de Juifs. Qu'est-ce que la France de Jacques Chirac et Lionel Jospin, tous deux pourfendeurs de l'antisémitisme, avait donc de commun avec l'Allemagne du IIIe Reich ? Reste que le terme de *Kristallnacht*, apparu dès les premiers incidents de l'automne 2000, allait connaître une fortune considérable. Il serait repris sans hésitation par un brillant intellectuel comme Alain Finkielkraut. Et d'autres, intellectuels organiques de la communauté, lui emboîteraient le pas. Le mot fut utilisé par la suite à tort et à travers. Il servait les intérêts d'un alarmisme radical.

Curieusement, face à l'apocalypse qu'on se plaisait à annoncer, les réactions concrètes étaient fort limitées. Le taux des départs pour Israël restait très bas. Vu la situation sécuritaire prévalant dans ce pays, on pouvait comprendre certaines hésitations. L'émigration des Juifs de la diaspora vers Israël est certainement au fondement du sionisme. Mais alors même que l'agitation des dirigeants de la col-

1. *Libération*, 2 avril 2002.

lectivité juive française donnait si peu de résultats sur le plan sioniste, ne mettait-elle pas davantage encore en danger ceux qu'elle prétendait protéger ? En faisant de l'antisémitisme le problème des Juifs plus que le problème de la République ne trahissait-elle pas un manque discernement et de sens politique inquiétant ? À tout moment, « les Français » pouvaient être tentés de renvoyer dos à dos ces « Arabes » et ces « Juifs » décidément bien remuants...

La France entamait alors une période électorale cruciale, bientôt dominée par la hantise de l'insécurité. Le positionnement de plus en plus droitier des organisations communautaires juives était patent. Il s'exprimait dans un alignement strict sur la politique israélienne du moment. Et il explique avec quelle facilité, dès les derniers mois de l'année 2001, ces organisations flirtèrent également avec la droite française, jouant à leur manière sur la corde sécuritaire. Le leadership juif soupçonnait en fait la gauche de ne pas être en mesure d'endiguer l'antisémitisme en France, un antisémitisme que, vers le mois de mars, les représentants de la communauté juive, apparemment peu sûrs de sa nature véritable, préférèrent finalement dénoncer comme « actes antijuifs » ou comme « judéophobie », ce dernier terme étant décidément au goût du jour [1]. Dans certains milieux, il était alors devenu habituel de mettre dans le même sac gauche et extrême gauche, si l'on peut encore parler d'« extrême gauche » en France, et de soupçonner de « judéophobie » tous ceux qui se montraient trop portés à soutenir les Palestiniens et à critiquer Israël.

L'angoisse et les réalités de l'insécurité touchaient bien sûr, au-delà de la communauté juive, une grande partie de la population française. Et les différents partis poli-

1. *Le Monde,* 12 mars 2002.

tiques, qui continuent de croire, toujours à tort[1], qu'il y a un vote juif en France, tentaient de se gagner les voix juives en promettant aux Juifs — comme aux autres — la sécurité. M. Le Pen ne manqua pas de surfer sur cette vague, ce qui fut fatal à Lionel Jospin. Au lendemain du premier tour de la présidentielle, le président du CRIF jugeait cette percée du Front national somme toute assez positive, puisqu'elle convaincrait sans doute les Musulmans de France de se tenir tranquilles. Le surlendemain, il campait sur la même position à la réunion d'urgence tenue par les leaders juifs pour chercher les moyens de combattre l'antisémitisme en Europe de l'Ouest[2]. Il fallut attendre *Le Monde* daté du 26 avril, lorsque la France entière commençait à se mobiliser contre l'extrême droite, pour que le même déplore qu'on n'eût pas restitué ses propos « dans sa vérité », et ajoute que « le courant de pensée du Front national est dangereux pour la France et tous les Français ».

Ces incohérences du leadership juif de France, constatées depuis le début de la seconde intifada et devenues récurrentes après le 11 septembre, dénotaient un amateurisme politique rare et préoccupant. Les divisions au sein de ce même leadership allaient éclater au grand jour à la faveur de la manifestation du 7 avril 2002, à Paris et dans les grandes villes de France, manifestation de lutte contre l'antisémitisme et de solidarité avec la population israélienne, mais qui très vite tourna à la manifestation de soutien à Ariel Sharon, ce qui ne fut pas du goût de tous les organisateurs ni, bien sûr, de tous les participants. Alors même qu'elle s'achevait sur de violents incidents, cette initiative avait une fois de plus semé la confusion en

1. Sylvie Strudel, *Votes juifs. Itinéraires migratoires, religieux et politiques*, Paris, Presses de Sciences-Po, 1996.

2. *Ha'aretz*, 22 et 23 avril 2002.

faisant l'amalgame entre la lutte contre l'antisémitisme en France et le soutien inconditionnel à Israël. Comment, après cela, demander aux esprits les plus excités et les moins informés de distinguer entre Juifs ici et Israéliens là-bas ? Refuser la confusion n'eût d'ailleurs rien enlevé à la légitimité de principe du soutien à Israël.

Il faut dire qu'une bonne part de l'establishment juif avait une notion extrêmement restrictive du « soutien à Israël », comme d'ailleurs de la « neutralité » qu'elle se sentait en droit d'exiger des journalistes dans leur manière de couvrir les événements du Proche-Orient. De fait, la mise en cause des médias a été une constante de ces mois agités. Certes, le déluge d'informations et de commentaires suscité par le 11 septembre et le regain de violence en Palestine n'a pas été sans entraîner quelques dérapages. Il reste que les violences antijuives n'ont fait l'objet d'aucune censure sur les ondes ni dans les journaux. Mais la doctrine de l'accusation se déployait en réalité sur un autre terrain. On laissait entendre qu'en attaquant systématiquement Israël, les médias avaient en quelque sorte provoqué, ou à tout le moins favorisé, le déferlement d'une « judéophobie » active en France et en Europe. Chaque mot prononcé ou écrit, chaque image montrée étaient soigneusement soupesés, et jugés. Mais était-ce soi-même faire preuve de la modération qu'on exigeait des autres que de poursuivre, à la moindre occasion, tel ou tel journaliste ? Ainsi Pierre Assouline, pour n'avoir pas suffisamment censuré la dérive verbale de Raymonda Hawa-Tawil sur les ondes de France-Culture. Ou plus récemment Daniel Mermet, pour avoir diffusé à l'antenne de France-Inter, à l'occasion d'une série de reportages sur le conflit au Proche-Orient, les messages violemment anti-israéliens émanant de plusieurs auditeurs. Sans doute certains journalistes furent-ils enclins à prendre des libertés avec le souci d'objectivité qui aurait dû être le leur. Fallait-il pour autant qu'ils se taisent sur les exactions commises par l'armée israélienne ?

Pendant que les victimes civiles du conflit se multipliaient, aussi bien en Israël qu'en Palestine, les intellectuels organiques de la collectivité juive de France estimaient plus urgent d'exercer leur talent rhétorique dans la dénonciation des effets pervers de la Conférence mondiale, tenue à Durban du 31 août au 7 septembre 2001, sur la discrimination raciale, la xénophobie et l'intolérance qui y est associée. Plusieurs ONG y avaient certes tenu des discours de type clairement antisémite, et la presse elle-même avait stigmatisé cette honteuse dérive. Mais fallait-il à tout jamais s'interdire, en raison des excès scandaleux dont Durban avait été le théâtre, de formuler la moindre critique à l'encontre de la politique israélienne vis-à-vis des Palestiniens ? Toute mise en cause d'Israël contenait-elle donc en germe sa mise au ban des nations ?

C'était la guerre. Aucune des parties n'était innocente. Et l'on pouvait attendre d'Israël et de tous ceux qui lui portaient un attachement véritable qu'ils acceptent toutes les conséquences de la normalisation que le sionisme avait prônée et largement réalisée. Devenu politiquement autonome, disposant d'un État souverain et d'une armée, exerçant un pouvoir et susceptible en certaines circonstances d'en abuser, le peuple juif d'Israël pouvait être jugé comme n'importe quel autre peuple jouissant d'un statut comparable. Il ne pouvait indéfiniment revendiquer le privilège d'une innocence absolue et définitive. Il pouvait accepter d'entrer enfin dans l'ère du relatif. De la relative innocence et de la relative culpabilité.

Durban et les violences antijuives constatées en Europe avaient cependant lancé la machine folle de la dénonciation de l'antisémitisme et de l'antisionisme. Un nombre surprenant de livres allant plus ou moins tous dans le même sens parurent au premier trimestre 2002, le feu ayant été ouvert dès le dernier trimestre 2001 [1]. Certains ne voyaient en ces nouveaux soubresauts que les ultimes déguisements d'une haine éternelle. Le peuple juif avait toujours été entouré d'ennemis, et maintenant les mêmes ou leurs successeurs souhaitaient la destruction d'Israël. Les sites web juifs renchérissaient sur les mêmes thèmes. En Israël même, les médias offraient de longues descriptions de l'antisémitisme déferlant sur l'Europe, terre de tout temps hostile aux Juifs, terre de persécution et de tragédie.

La peur tourna à la « paranoïa ». On ne parlait jamais assez, on n'écrivait jamais assez, on n'était jamais sur la bonne ligne pour évoquer la nouvelle « judéophobie ». Les violences perpétrées contre d'autres groupes, le racisme anti-arabe de la population française, rien de tout cela ne comptait. Tout le monde voulait du mal aux Juifs. Le repli apparut à beaucoup comme un moindre mal, voire comme une solution. Un repli entamé depuis longtemps, qui prenait une tournure plus nette à la faveur de cette nouvelle logique d'opposition entre « nous » et « eux », et qui, à tout prendre, était susceptible de renfor-

---

1. Signalons notamment Gilles William Goldnadel, *Le Nouveau bréviaire de la haine*, Paris, Ramsay, 2001 ; Raphaël Draï, *Sous le signe de Sion. L'antisémitisme nouveau est arrivé*, Paris, Michalon, 2001 ; Guy Konopnicki, *La Faute des Juifs*, Paris, Balland, 2002 et Shmuel Trigano, *L'Ébranlement d'Israël. Philosophie de l'histoire juive*, Paris, Seuil, 2002. Le livre déjà cité de P.-A. Taguieff n'entre évidemment pas dans la même catégorie ; P.-A. Taguieff n'est pas un intellectuel organique de la communauté, et les motivations profondes de son discours sont autres ; il n'en reste pas moins que ses analyses ont étayé les appréhensions d'une partie de la population juive et fourni au leadership juif la caution " scientifique " dont il pouvait avoir besoin.

cer les liens des Juifs de France avec la communauté « organisée », et de conférer un supplément d'autorité et de pouvoir au leadership juif et à ses institutions. Après tout, l'antisémitisme pouvait toujours servir à sauver la judéité des Juifs. En ces temps de crise identitaire et de multiplication des mariages exogames, un peu d'hostilité extérieure pouvait avoir quelques effets bénéfiques.

Il n'est évidemment point question ici de nier la réalité des actes antijuifs constatés, ni d'exonérer leurs auteurs de leur responsabilité, mais seulement de comprendre leur impact et d'analyser l'usage qui en a été fait. Le cas de la France mérite qu'on s'y attarde. Pourquoi un tel affolement ? Comment expliquer la sensibilité spécifique de la communauté juive française ?

La majorité des Juifs de France est issue du Maghreb. Avec l'accès à l'indépendance des différents États d'Afrique du Nord, dans les années 50 et 60, les Juifs de ces régions prennent le chemin de l'exil. Les Juifs d'Égypte font de même, surtout après la guerre de Suez. La quasi-totalité des Juifs algériens se dirige vers la France, ce sont des rapatriés et, à cet égard, ils peuvent plus aisément s'intégrer. La plupart des Juifs du Maroc et de Tunisie partent vers Israël. Une minorité d'entre eux gagne le Canada, ou s'installe en France. L'intégration de ces derniers dans l'Hexagone sera plus compliquée, ne serait-ce que parce que tous n'ont pas la nationalité française. L'histoire de cet exil a été oubliée, comme on a voulu oublier la guerre d'Algérie. À l'amertume entretenue par cet oubli, s'ajoute pour ces exilés le souvenir d'un contentieux non résolu avec les Arabes, tandis que le pays quitté prend paradoxalement les couleurs d'un paradis perdu. À leur arrivée, ces Juifs maghrébins pouvaient-ils donc mettre en avant les douleurs de leur exil, quand ils étaient accueillis par une collectivité juive ashkénaze qui avait été décimée par la guerre ?

Il faut dire que l'heure de l'hypermnésie n'avait pas encore sonné. Ce n'est qu'à partir des années 80 qu'on assiste à « un retour de mémoire » sur la période de Vichy et de la Shoah[1]. Or, dans ce retour de mémoire, les Sépharades d'Afrique du Nord ou d'Égypte n'eurent guère de place. Leur propre mémoire fut dominée par celle, infiniment plus forte, qui émergeait alors en France et ailleurs en Occident, et qui allait devenir omniprésente. Jusqu'à très tard, dans les familles juives nord-africaines, on ne parla pas du génocide. Et alors même que les Sépharades commençaient à dominer la vie religieuse et communautaire juive en France, leur expérience propre resta généralement dans l'ombre, si l'on fait abstraction d'une littérature issue de la jeune génération grandie en France, qui l'évoque avec nostalgie à partir de la fin des années 70. Leur intégration spectaculaire fait d'eux, aux yeux des autres, des Juifs heureux, qui portent en eux le soleil. Ils sont comme exclus de la mémoire de la Shoah qui devient peu à peu l'une des composantes essentielles de l'identité des Juifs en Europe et aux États-Unis. Les nouvelles générations issues des immigrés des terres d'islam entament alors lentement leur propre identification au génocide. Ce n'est qu'ainsi, semble-t-il, qu'ils pouvaient accéder à une judéité authentique.

Ce n'est pas un hasard si, lors d'une émission de télévision sur LCI, Raphaël Draï évoquait en novembre le « génocide scolaire » que les siens auraient subi en Algérie. Il évoquait par ce mot le numerus clausus appliqué dans les écoles fin juin 1940 en Algérie. Ce numerus clausus fut également imposé en Tunisie et au Maroc. De fait, dès 1940, le statut des Juifs s'étendit aux colonies et aux

1. Sur ces retours de mémoire, lire Henry Rousso, « La guerre d'Algérie, la mémoire et Vichy », *L'Histoire* (266), juin 2002, p. 28-29.

protectorats, et en octobre de la même année, le décret Crémieux était abrogé, entraînant la dénaturalisation collective des Juifs algériens. Le débarquement des Alliés en Afrique du Nord, à partir de novembre 1942, allait bientôt modifier la donne, dans un sens favorable. Pour pénible et douloureux que fut le sort des Juifs d'Afrique du Nord pendant la guerre, il ne peut évidemment pas être comparé à celui de leurs coreligionnaires de France et d'Europe. Et l'expression utilisée par Raphaël Draï est un glissement de langage. Reste que ce glissement est révélateur d'une espèce de « complexe » sépharade dont le climat d'insécurité sévissant en France en ce dernier semestre 2001 permit de prendre toute la mesure.

On n'avait pu faire valoir les douleurs de l'exil. On pouvait difficilement jusque-là faire état des vexations vécues en Afrique du Nord avant et pendant la guerre. La récente vague « judéophobe » offrait soudain aux Sépharades l'occasion d'acquérir les lettres de noblesse de la persécution véritable, et de partager, ne fût-ce que sur un mode mineur et incomparablement atténué, le sort de leurs frères ashkénazes. De fait, les plus exposés aux violences antijuives de 2001-2002 étaient bien ces mêmes Sépharades qui cohabitaient encore, dans ces banlieues explosives, avec les Maghrébins. Et soudain, la mémoire des humiliations subies hier en terre d'islam pouvait à nouveau affleurer. On ne se contentait plus de partager, de manière plutôt abstraite, la mémoire commune de la Shoah. Et le Sépharade Sammy Ghozlan pouvait déclarer : « On nous prend pour des paranos mais notre mémoire collective nous rend plus vigilants... En août 1934, à Constantine, des lieux de culte ont été profanés. Les autorités ont rassuré les Juifs et, pendant trois jours, ils ont subi des pogroms meurtriers. Depuis 1954, j'ai toujours vu des policiers devant ma synagogue. Si la France n'est pas antisémite, la politique française est anti-israélienne »[1].

Antisémitisme et anti-israélisme font un aux yeux des Juifs, pour beaucoup sépharades, qui se sentent sous le feu des attaques. Et le cadre de référence reste l'histoire de l'antisémitisme en Europe et le génocide. La Conférence de Durban elle-même est comparée à un « pogrome ». Et l'on comprend mieux, dans ce contexte, l'évocation récurrente d'une nouvelle « *Kristallnacht* ». Comme si les Sépharades en particulier et les jeunes générations en général avaient soudain vécu la leur, comme s'il leur était ainsi accordé d'accéder au statut valorisé de victimes. Le vocabulaire utilisé exprimait la panique ressentie, et il l'entretenait. Cette extrême anxiété faisait renouer avec une judéité désormais d'abord perçue comme participation à une histoire de persécution. En Israël, le langage était le même. Et les comparaisons avec la période du génocide fleurissaient. Le vice-ministre israélien des Affaires étrangères M. Melchior distinguait pour la forme entre l'antisémitisme classique, qui attaquait le Juif comme individu, et le nouvel antisémitisme, qui se cristallise sur l'État juif. Il allait jusqu'à déclarer : « Auschwitz ne commence pas à Auschwitz. Ce n'est pas que nous soyons dans la même situation aujourd'hui, mais Auschwitz a commencé aussi avec la délégitimation des Juifs et s'est déplacé vers leur déshumanisation, et finalement leur démonisation »[2].

En ce domaine, cependant, la concurrence était rude. Juifs d'Europe et Israéliens trouvèrent des maîtres dans leurs coreligionnaires nord-américains. C'était à qui énoncerait le plus sinistre pronostic, la fin des Juifs se confondant ou non avec la fin de l'État d'Israël. Dans le

---

1. *Le Monde*, 31 mai 2002.
2. *Ha'aretz*, 5 mai 2002.

New York Observer, en avril, Ron Rosenbaum mettait en garde contre le danger d'un « second Holocauste ». Il ne fut pas le seul. D'autres feraient de même dans *Village Voice* et dans le *Washington Post*[1]. Le terme de *Kristallnacht* était utilisé dans le titre d'un article publié à New York pour qualifier le massacre, par des terroristes, de Juifs célébrant la Pâque dans un hôtel de Netania en Israël. Binyamin Netanyahu traitait Arafat de nouveau Hitler, ce qui n'était pas très neuf, mais aussi, pour faire bonne mesure, de nouveau Staline.

Or, si l'antisémitisme n'a pas totalement disparu, il est difficile d'admettre que les Juifs d'Europe et des États-Unis soient en danger de mort et que l'existence d'Israël soit actuellement en péril, ne serait-ce qu'en raison de la puissance militaire de ce pays. En quoi la situation présente des Juifs et d'Israël peut-elle rappeler celle des années 30 et 40 ? Il y a quelque mystification, inconsciente ou volontaire, à faire de tels rapprochements. Et cette mystification aveugle sur la réalité de ce qui se passe au Proche-Orient, qui est une guerre, non un génocide. Elle permet aussi de fermer les yeux sur ce qui se passe ailleurs, pour les autres, et justifie le repli. Aurions-nous donc, nous les Juifs, une vocation particulière à nous faire peur pour retrouver notre judéité ? Quel tristesse ! Dans les colonnes de *The New Republic*, Leon Wieseltier, l'auteur de *Kaddish*[2], s'insurgeait récemment contre ce goût de la « panique ethnique », et rappelait : « Hitler est mort »[3]. Hitler étant mort, peut-être devrions-nous regarder le monde autrement, et ne plus envisager le conflit israélo-palestinien sous l'angle exclusif du risque d'anni-

---

1. *Le Monde*, 26 juin 2002.

2. Leon Wieseltier, *Kaddish*, trad. de l'anglais par J.-F. Sené, Paris Calmann-Lévy, 2000.

3. *The New Republic*, 27 mai 2002.

hilation. Cette conversion du regard semble hélas trop souvent hors de portée des Juifs de la diaspora européenne et américaine, engourdis dans leur bien-être, aussi bien que d'un très grand nombre d'Israéliens, pas assez conscients de l'univers de destruction et de mort où sont contraints de vivre les Palestiniens eux-mêmes.

« Le pessimisme est une injustice que nous nous faisons à nous-mêmes ». Ces mots du même Leon Wieseltier, nous n'avons guère de peine à les faire nôtres. Aujourd'hui comme hier, nous refusons de céder à la séduction malsaine d'une panique irraisonnée. Aujourd'hui comme hier, nous croyons légitime de poser la question de l'avenir des Juifs. Avec sérénité, en acceptant que les réponses à cette question puissent être multiples, complexes et nuancées. Mais aujourd'hui plus qu'hier, nous comprenons que notre attitude ait pu sembler choquante à certains médias juifs et qu'une partie de nos coreligionnaires ait jugé malvenu que nous pointions du doigt certaines fragilités, certaine labilité de l'identité juive contemporaine, alors même qu'à leurs yeux le péril qui les menaçait de toutes parts était immense. Il nous paraît cependant toujours vain, excessif, de vouloir présenter à tout prix à l'extérieur l'image d'une collectivité juive compacte, en danger, victime d'un antisémitisme virulent, l'image d'un judaïsme irrémédiablement inquiet et souffrant. Est-il donc si difficile de reconnaître l'existence d'une judéité plurielle, diverse, dispersée, nullement unie, en constant repositionnement, tantôt doutant d'elle-même, tantôt se projetant hardiment dans l'avenir ?

Pour éviter une focalisation excessive de l'attention sur la vingtaine de pages que nous consacrions à la Shoah et à la transformation de la mémoire du génocide en religion civile, et pour que ce pan de notre réflexion ne soit pas dissocié du cadre large dans lequel il s'insérait et qui lui donnait sens, nous avions délibérément choisi de ne pas découper notre texte en chapitres et de conserver à notre dialogue sa fluidité originelle. Peine perdue ! Tout le débat ou presque se concentra sur ces pages-là. Ce qui venait indirectement confirmer notre thèse. C'était donc bien d'abord cela, d'abord la mort et la persécution, d'abord la douleur et le deuil, qui avaient attiré l'œil de de nos lecteurs, juifs ou non, favorables ou hostiles. Étaient-ils à ce point oublieux de tout le reste, de ce qui faisait toute la substance de notre livre, oublieux de cette sinueuse trajectoire qui a façonné le judaïsme et la judéité ? La longue histoire des Juifs, le majestueux déploiement de leur culture, tous ces siècles riches et foisonnants que nous évoquions au fil de nos échanges comptaient-ils donc si peu ?

De la même façon qu'on nous accusa d'avoir relativisé la menace d'un antisémitisme qui tout à coup connaissait, croyait-on, une extension majeure, et qui devenait un instrument aux mains d'apprentis sorciers, on prit à contresens notre mise en garde contre la banalisation du génocide. Hélas, ce que nous redoutions prenait corps chaque jour sous nos yeux. La banalisation était en marche, plus rien ne l'arrêtait. Les exactions commises par Israël dans les territoires, à Djénine et ailleurs, devinrent à leur tour l'objet de comparaisons douteuses. Elles n'avaient certes rien à voir avec ce qu'en disaient certains propalestiniens acharnés et aveuglés par la défense de leur cause. Nul « génocide » n'était commis là-bas contre les Palestiniens. Mais un tabou avait sauté. L'invocation rituelle du génocide desservait désormais de manière éclatante Israël et les Juifs. D'autres qu'eux y avaient systématiquement recours. Tout événement, tout acte était évaluable à cette aune unique. C'était en quelque sorte, et par l'effet d'une aberration absolue, « génocide contre génocide ».

Le contexte sociopolitique du moment donna à notre propos une coloration, un écho inattendus. En temps de crise, en temps de guerre, la parole nuancée ou même le doute, tout simplement, sont perçus comme une agression. On attend des discours tranchés, radicaux. On souhaite classer les gens, répertorier les identités, savoir à qui on a affaire. Notre livre avait le tort de faire entendre une voix inclassable, en mouvement, sans parti pris primaire, plus soucieuse de poser des questions que d'asséner des réponses, conforme en cela, pensions-nous, à l'esprit même de la longue tradition juive du savoir. La distanciation avec laquelle nous abordions l'histoire des Juifs passait soudain pour de la froideur. À l'ère de l'émotion, elle devenait suspecte. Certes, tout le monde n'est pas tombé dans ce piège. Les témoignages d'estime et de sympathie furent nombreux. Intellectuels en vue et lecteurs anonymes acceptèrent, en France comme à l'étranger, de participer sereinement au débat que nous avions tenté d'ouvrir. Le pathos auquel cédait une partie de la collectivité juive avait tout de même laissé un peu de lucidité à certains. Jeunes en quête d'un judaïsme de vie aussi bien que rescapés et descendants de rescapés ayant eux-mêmes fait le choix de la vie, beaucoup surent trouver dans la parole que nous portions les moyens d'une libération. Libération du pessimisme et de l'anxiété, libération de l'obsession de la victimisation. Le judaïsme n'était pas que tristesse et culpabilité. Il n'était pas seulement un fardeau. Il était partage aussi. Le judaïsme était un gai savoir.

Nous ne prétendons nullement détenir la vérité. Que certains de nos propos aient pu déranger, nous pouvons l'admettre. Mais de là à nous considérer comme des Juifs traîtres parce que nous n'étions pas entrés dans le jeu de la politique communautaire d'instrumentalisation de l'antisémitisme, il y avait tout de même un pas, hélas aisément franchi par quelques-uns. On ne pouvait pas nous accuser d'être anti-israéliens, parce que nous ne l'étions pas, d'être des antisémites ou d'avoir la « haine de soi », puisque notre histoire personnelle, nos activités, notre place dans la communauté et dans le cercle des études juives aussi bien en France qu'en Israël ou aux États-Unis prouvaient tout le contraire. Que restait-il, en ce cas ? Il restait à nous accuser de nous être vendus aux médias, et d'avoir, pour la gloire, trahi notre communauté...

En fait, nous, gens de l'intérieur, avions dit à l'extérieur des choses que les Juifs se disent couramment entre eux. Même notre réflexion sur la Shoah est largement partagée, au moins dans les milieux scientifiques qui travaillent sur le sujet. Le tollé provoqué dans certains cercles juifs et relayé par les intellectuels organiques liés à la communauté institutionnelle, nouveaux combattants de l'antisémitisme, était démesuré par rapport au contenu réel de notre livre. En ces temps où les grandes âmes ont quelque peine à se trouver de nobles causes, ceux-là s'en étaient trouvé une. Sans doute leur vigilance extrême était-elle digne d'estime. Mais n'était-il pas hasardeux, et beaucoup moins noble, de nourrir l'angoisse de certains groupes juifs, laquelle se traduisait le plus souvent par un soutien inconditionnel à Israël ? Devions-nous donc nous aussi perdre notre sens critique ? Ne pouvions-nous donc pas dire que critiquer le gouvernement de Sharon ne signifiait nullement vouloir la ruine d'Israël ? Qu'au contraire, la paix, l'évacuation des territoires et l'avènement d'un État palestinien disposant de frontières sûres et viables n'étaient pas de simples vœux pieux, mais des objectifs qu'il convenait d'atteindre ? Nous n'avions nous-mêmes jamais cédé à la tentation de l'apologie naïve des Palestiniens, innocentes victimes des méchants Israéliens. Rien à faire, pourtant, là aussi il fallait prendre parti. Pour Israël ou contre Israël. C'était tout simple...

Nous ne nous considérons nullement comme des victimes. Nous étions dans notre rôle. Comme on l'a récemment rappelé à propos d'Edward Said, l'intellectuel est « l'homme du dehors, il n'appartient pas à ses appartenances, ne se résume pas à ses origines, ses intérêts, ses positions ». Parce qu'« il n'y a pas de pensée sans un effort de désappartenance »[1]. Cet « effort de désappartenance » ne signifia jamais pour nous indifférence ou trahison. Il nous permit de regarder autrement, sans céder à la pression de la « tribu ». Et de réunir autour de nous tous ceux, juifs ou non, qui voulaient eux aussi regarder autrement pour mieux voir.

Même si les blessures furent nombreuses, et parfois douloureuses, surtout lorsqu'elle nous étaient infligées par les nôtres, l'expérience se révéla riche. Elle fut éminemment instructive. Car nous avons pu constater qu'en France, le débat est souvent paralysé par ceux qui croient détenir le magistère exclusif de la parole. Que le mépris du savant, forme subtile de populisme, pouvait être relayé par les intellectuels eux-mêmes. Que l'irruption, sur la scène publique, de « spécialistes » qui ont pour éthique de ne parler que de ce qu'ils connaissent est de nature à irriter ceux qui ont pour métier de parler sans savoir. Que pour certains il est plus urgent de « tuer » l'autre que de le lire, que de faire effort pour penser sa pensée. Que le parisianisme a ses charmes mais favorise quelquefois des dérapages. Que les procédés de disqualification de type stalinien n'ont pas tout à fait disparu. Mais nous savons heureusement aussi qu'il existe en France encore de vrais intellectuels, qui se donnent la peine d'entendre ce qu'on cherche à leur dire, et de le soumettre à la critique pour avancer. Que, malgré tout, la parole compte encore en France, qu'elle peut s'exprimer, en dépit des barrages que,

1. *Le Point*, interview d'Edward Said, 13 juin 2002.

vainement, on lui oppose. Qu'il est toujours possible, enfin, d'exercer sa « responsabilité juive » sans la réduire à un « tribalisme à l'état brut ».[1]

Après le premier tour de la présidentielle, les Français ont montré qu'ils pouvaient se mobiliser contre Le Pen, contre le racisme et pour la démocratie. Lorsque les Juifs américains souhaitaient boycotter la France antisémite, le président du CRIF, qui avait si énergiquement brandi la menace que la « nouvelle judéophobie » faisait planer sur notre pays, dut se rétracter, tenter de convaincre les dirigeants des principales organisations juives américaines de renoncer à cette initiative, et proclamer sa confiance dans le nouveau gouvernement, louant le choix massif du peuple français en faveur du candidat hostile au racisme, à l'antisémitisme, à la xénophobie pour lequel le CRIF avait appelé à voter[2]. Les responsables communautaires réussiront-ils maintenant, en faisant marche arrière et en essayant de prendre un nouveau tournant, à calmer les esprits qu'ils ont contribué à enflammer ?

En ce mois de juin 2002, la dénonciation du danger antisémite a un peu perdu de sa vigueur. Les sites web consacrés au sujet paraissent se tarir. La « judéophobie » aurait-elle disparu maintenant que l'enjeu des élections est passé ? L'ère du dialogue avec la collectivité arabe de France serait-elle ouverte ? La raison prendra-t-elle le dessus, l'expérience du premier tour de la présidentielle ayant montré où se trouvait le vrai danger ? Le président de l'Union des étudiants juifs de France et co-auteur des *Antifeujs* déclarait au *Monde* du 1er juin : « Avec les élections et la mobilisation d'entre les deux tours contre Le

1. Pour reprendre les termes de Daniel Petter-Lipstein (cités dans *Le Monde*, 26 juin 2002).

2. *Le Monde*, 13 mai 2002.

Pen, la tension est retombée. Comme si l'idée antiraciste s'était imposée ». Il ajoutait : « La parenthèse semble refermée ». L'optimisme aurait-il à nouveau droit de cité ? La seconde édition de notre livre tomberait-elle à un moment de répit ? Il est à souhaiter qu'enfin la discussion puisse s'engager sur tout ce qui fait mal parce qu'il n'y a pas d'autre issue pour que les Juifs aient un avenir. Avec Israël, avec pour héritage une histoire spécifique faite de ténèbres et de lumière, mais aussi dans l'ouverture sur le monde et sur les autres. Gardons cependant la mesure...

Esther Benbassa et Jean-Christophe Attias
Collegium Budapest, juin 2002.

Orientation bibliographique

Cette bibliographie ne vise évidemment pas à l'exhaustivité. Elle présente quelques classiques, études critiques, livres de synthèse, parmi les innombrables ouvrages aujourd'hui disponibles en français et en anglais sur les questions que nous abordons au fil de notre dialogue. Le lecteur qui le souhaite y trouvera les informations qui pourraient lui manquer, et d'autres façons encore d'interroger la richesse et la complexité de l'être-juif.

Attias, Jean-Christophe, et Benbassa, Esther, *Israël, la terre et le sacré*, rééd., Paris, Flammarion, 2001 (1ère éd. 1998).

> Une étude de la relation des Juifs à la terre d'Israël et de ses variations dans la longue durée, qui permet de comprendre comment cette terre, aujourd'hui doublement sacralisée et revendiquée, ne peut être partagée.

Baer, Yitzhak F., *Galout. L'imaginaire de l'exil dans le judaïsme*, trad. de l'allemand par M. de Launay et de l'anglais par É. Vigne, préf. de Y. H. Yerushalmi, Paris, Calmann-Lévy, 2000.

> Une histoire des représentations de l'exil en monde juif, de la fin de l'Antiquité au début de l'ère contemporaine, par un historien juif sioniste, né en Allemagne en 1888, l'un des pères fondateurs de l'« École de Jérusalem ». Publié originellement à Berlin, en allemand, en 1936.

Bauer, Yehuda, *Rethinking the Holocaust*, New Haven-Londres, Yale University Press, 2001.

L'un des grands historiens du génocide des Juifs se demande si ce génocide peut être comparé à d'autres, comment les Juifs ont réagi à la campagne d'extermination lancée contre eux, et quel est le lien entre cette tragédie et l'établissement de l'État d'Israël. Selon lui, l'Holocauste ne doit pas être entouré de mysticisme. Il s'agissait d'une action conduite par des humains contre d'autres humains. Il faut dès lors y voir un événement qui ne se situe pas au-delà de l'explicable.

Baumgarten, Jean, *et al.* (éds), *Mille ans de cultures ashkénazes*, Paris, Liana Levi, 1994.

Une introduction à la diversité culturelle du monde ashkénaze du XIVe au XXe siècle.

Bebe, Pauline, *Isha. Dictionnaire des femmes et du judaïsme*, Paris, Calmann-Lévy, 2001.

Un dictionnaire sur la femme et le féminin dans le judaïsme, élaboré par une femme rabbin appartenant au mouvement juif libéral.

Benbassa, Esther, *Histoire des Juifs de France*, rééd., Paris, Seuil, 2000 (1ère éd. 1997).

Une histoire des Juifs de France de l'Antiquité à la fin du XXe siècle.

Benbassa, Esther, *Histoire des Juifs sépharades. De Tolède à Salonique*, Paris, Seuil, rééd. 2002 (1ère éd., La Découverte, 1993).

Une synthèse dans la longue durée de l'histoire des Juifs ibériques en Espagne puis sur les principaux lieux de leur exil.

Ben-Rafaël, Eliezer, *Qu'est-ce qu'être Juif ?*, suivi de *50 Sages répondent à Ben Gourion (1958)*, Paris, Balland, 2001.

En 1958, David Ben Gourion, le premier chef de gouvernement israélien, interroge une cinquantaine d'intellectuels juifs issus de tous les horizons. L'auteur publie leurs réponses à la question posée : « Qu'est-ce qu'être Juif ? », et tente lui-même d'apporter la sienne dans un essai sur « les identités juives ».

Bensoussan, Georges, *Une histoire intellectuelle et politique du sionisme, 1860-1940*, Paris, Fayard, 2002.

Le sionisme confronté à tous les aspects de la modernité politique, aux problèmes de la nation, de la laïcité, de l'utopie sociale, de la culture et appréhendé comme un mouvement qui contribue à poser les questions capitales du XX^e^siècle.

Berlin, Isaiah, *Trois essais sur la condition juive*, trad. de l'anglais par L. Évrard, rééd., Paris, Presses Pocket, 1992 (1ère éd., Calmann-Lévy, 1973).

Une méditation sur l'affirmation ou la redécouverte par les Juifs de leur identité dans le monde moderne. Le philosophe et historien des idées Isaiah Berlin (1909-1997) interroge notamment les itinéraires d'hommes aussi différents que Marx, Disraeli ou Moïse Hess.

Catane, Moshé (présenté par), *Qui est juif ? Le jugement de janvier 1970 de la Cour suprême d'Israël*, Paris, Robert Laffont, 1972.

À partir d'un cas sur lequel la Cour suprême d'Israël eut à statuer, sans pour autant réussir à dégager une claire définition du Juif, on pénètre dans les problèmes de la séparation des pouvoirs religieux et temporel, des mariages exogames et des mentalités juives. N'est pas juif seulement celui qui est né de mère juive ou qui s'est converti au judaïsme. En dehors de ce contexte religieux, on peut se sentir juif par la culture, la tradition ou simplement par vocation.

Cohen, Hermann, *L'Éthique du judaïsme*, trad. et annoté par M.-R. Hayoun, Paris, Cerf, 1994.

L'éthique du judaïsme porte en elle tous les éléments d'une morale à la fois individualiste et universaliste. Fondateur de l'école de Marbourg, militant de l'intégration des Juifs dans la culture moderne, notamment allemande, Hermann Cohen (1842-1918) trace ici la ligne de convergence où se rejoignent pensée philosophique et croyance religieuse.

Dahan, Gilbert, *Les Intellectuels chrétiens et les Juifs au Moyen Âge*, Paris, Cerf, 1990.

Une enquête sur la manière dont les intellectuels chrétiens du Moyen Âge ont appréhendé le judaïsme et les Juifs, entre crainte et attrait, entre tentation du rejet et curiosité authentique. Parce que le Moyen Âge latin ne fut pas seulement le temps de la persécution et de l'exclusion, mais aussi du dialogue et de l'interpellation mutuelle.

DeKoven Ezrahi, Sidra, *Booking Passage. Exile and Homecoming in the Modern Jewish Imagination*, Berkeley, University of California Press, 2000.

Sur la poétique de l'exil et du retour à la patrie dans la littérature juive et hébraïque contemporaine, en un temps marqué par la conquête de l'espace américain, l'aventure sioniste et la destruction du judaïsme européen.

Ehrenfreund, Jacques, *Mémoire juive et nationalité allemande. Les Juifs berlinois à la Belle Époque*, Paris, PUF, 2000.

Sur la dualité de l'identité des Juifs allemands, qui fascine tant les historiens des Juifs.

Esprit, « Le poids de la mémoire. Comment transmettre le souvenir ? Le pardon dans l'histoire », juillet 1993.

Esprit, « Les historiens et le travail de mémoire », août-septembre 2000.

Fackenheim, Emil L., *Judaïsme au présent*, trad. par G. Roth, Paris, Albin Michel, 1992.

Les retentissements du génocide des Juifs sur le judaïsme contemporain. L'auteur récuse l'idée d'une théologie possible de ce génocide, tout en conviant le peuple juif à un engagement pour sa survie et celle de l'État d'Israël.

Finkielkraut, Alain, *Le Juif imaginaire*, rééd., Paris, Seuil, 1983 (1ère éd. 1980).

Comment Alain Finkielkraut (né en 1949) est passé « de l'ostentation à la fidélité », comment il a surmonté la référence narcissique à un passé juif à la fois glorieux et tragique qui lui permettait de s'arracher à « la trame sans accroc d'une existence studieuse et sage ». Un retour sur l'identité juive, emblématique de l'état d'esprit d'une élite intellectuelle ashkénaze née en France après le génocide et mûrie dans les années 68 et post-68.

Friedmann, Georges, *Fin du peuple juif ?*, Paris, Gallimard, 1965.

Une réflexion sur la société israélienne telle qu'elle s'offre au regard de l'observateur du milieu des années 1960 et sur les dangers qui lui semblent alors menacer la survie du peuple juif comme tel : assimilation en diaspora d'un côté, et israélisation dans le nouvel État de l'autre.

Funkenstein, Amos, *Perceptions of Jewish History*, Berkeley, University of California Press, 1993.

Sur la conscience historique des Juifs et ses métamorphoses de la Bible au sionisme et au génocide.

Goldberg, Theo D., et Krausz, Michael (éds), *Jewish Identity*, Philadelphie, Temple University Press, 1993.

Un recueil d'essais philosophiques sur la nature de la judéité et sur ce qu'on peut entendre par identité culturelle.

Grosser, Alfred, *Le Crime et la Mémoire*, rééd., Paris, Flammarion, 1991 (1ère éd. 1989).

Un livre qui rappelle que la mémoire des crimes d'hier devrait conduire à lutter contre les crimes en train de se commettre aujourd'hui, et que la singularité d'un crime contre l'humanité ne se décrète pas même lorsqu'il s'agit d'Auschwitz.

Kaplan, Yosef, *Les Nouveaux-Juifs d'Amsterdam. Essais sur l'histoire sociale et intellectuelle du judaïsme séfarade au XVIIe siècle*, trad. de l'espagnol par J. Hamon et de l'anglais par C. Aslanov, Paris, Chandeigne, 1999.

Un recueil d'études sur l'un des moments fondateurs de la modernité juive européenne.

Klein, Théo, *Le Manifeste d'un Juif libre*, Paris, Liana Levi, 2002.

Le regard d'un ancien président du CRIF (1983-1989) sur la situation prévalant aujourd'hui en France et en Israël. Une approche résolument ouverte, opposée au repli communautaire.

Lévinas, Emmanuel, *Difficile liberté. Essais sur le judaïsme*, 3e éd. revue et corrigée, Paris, Librairie générale française, 1984 (1ère éd., Albin Michel, 1963).

Recueil d'articles et d'études sur le judaïsme et l'identité juive. Penseur du face-à-face et de la disponibilité à servir, appelant à la sainteté mais aussi à la justice, Emmanuel Lévinas (1906-1995) a contraint la philosophie, fille de la Grèce, à s'enrichir des intuitions premières de la tradition hébraïque, souvent occultée en Occident. Il a largement initié et marqué de son empreinte l'émergence d'une nouvelle pensée juive en France.

Lewis, Bernard, *Juifs en terre d'islam*, trad. de l'anglais par J. Carnaud, rééd., Paris, Flammarion, 1989 (1ère éd. 1986).

Une histoire des relations entre l'islam et les Juifs du VIIe au XXe siècle par l'un des plus grands orientalistes juifs contemporains.

Mendes-Flohr, Paul, *German Jews. A Dual Identity*, New Haven, Yale University Press, 1999.

Les Juifs allemands en voie d'intégration épousèrent avec ferveur la religion de l'éducation, de l'auto-culture, de cette *Bildung* susceptible de créer une société neutre, un espace social et culturel où l'appartenance spécifique ne jouait plus. Cet éthos fut rapidement récupéré pour la construction d'une identité collective allemande, laissant les Juifs seuls avec leur idéal déçu. À travers les exemples de Hermann Cohen, de Heinrich Heine, de Franz Rosenzweig, l'auteur expose la complexité de l'identité des Juifs allemands qui n'abandonnèrent pas pour autant leur identité juive en voulant établir des ponts entre la culture allemande et la leur.

Meyer, Michael A., *Response to Modernity. A History of the Reform Movement in Judaism*, New York, Oxford University Press, 1988.

Retrace l'histoire du mouvement juif libéral, né en Allemagne et inséparable des efforts déployés par le judaïsme allemand en vue de son intégration et de son émancipation.

Neher, André, *L'Identité juive*, rééd., Paris, Petite Bibliothèque Payot, 1989 et 1994 (1ère éd. 1977).

Une tentative de définition des fondements de l'identité juive. André Neher (1914-1988) contribua au renouveau des études juives et hébraïques en France au lendemain de la guerre, et fut une voix juive fort écoutée des milieux non juifs. Il s'installa en Israël en 1967, à suite de la guerre des Six Jours.

Novick, Peter, *L'Holocauste dans la vie américaine*, trad. de l'anglais par P.-E. Dauzat, Paris, Gallimard, 2001.

Sur l'omniprésence de la mémoire de l'Holocauste aux États-Unis, un pays qui n'a pas eu de responsabilité directe dans l'extermination des Juifs d'Europe et qui n'en pâtit pas non plus directement. L'auteur analyse le passage du relatif oubli de cette tragédie pendant la guerre froide à l'hypermnésie qui commence avec le procès Eichmann, en 1961, et la guerre des Six Jours. Il met l'accent sur la politique sioniste des organisations juives qui utilisent cette mémoire pour justifier un soutien sans faille à Israël et imposent une religion de la Shoah, pilier de l'identité juive contemporaine dans des sociétés où l'antisémitisme tend à disparaître.

Pinès, Shlomo, *La Liberté de philosopher. De Maïmonide à Spinoza*, trad., intro., notes de R. Brague *et alii*, Paris, Desclée de Brouwer, 1997.

Un recueil d'études savantes où la pensée juive médiévale et prémoderne se révèle un lieu d'échange privilégié avec les traditions religieuses et philosophiques non juives, et où la continuité même de la culture juive est abordée comme problème, non comme évidence. Un livre libre, sur la liberté de philosopher.

Poirier, Véronique, *Ashkénazes et Séfarades. Une étude comparée de leurs relations en France et en Israël (années 1950-1990)*, Paris, Cerf, 1998.

Les relations entre Juifs « occidentaux » et Juifs « orientaux », à travers clivages et rapprochements.

Rosenbaum, Alan S. (éd.), *Is the Holocaust Unique ? Perspectives on Comparative Genocide*, Boulder, Col., Westview Press, 1996.

Le génocide des Juifs peut-il être comparé à ceux des Arméniens, des Tsiganes, des Indiens d'Amérique ? L'ouvrage réunit les différents avis sur la question, sans aboutir à un véritable consensus.

Rothschild, Fritz A., *Jewish Perspectives on Christianity*, New York, Continuum, 1996.

Comment cinq grands intellectuels juifs contemporains, Leo Baeck, Martin Buber, Franz Rosenzweig, Will Herberg et Abraham J. Herschel, ont pensé le christianisme et ses rapports avec le judaïsme. Une analyse et un choix de textes.

Scholem, Gershom G., *Le Messianisme juif. Essais sur la spiritualité du judaïsme*, trad. et annoté par B. Dupuy, Paris, Presses Pocket, 1992 (1ère éd., Calmann-Lévy, 1974).

Une excellente initiation aux grandes questions que soulève l'histoire du mysticisme et du messianisme en monde juif, des origines à l'ère contemporaine. Gerschom G. Scholem (1897-1982) a contribué à remettre la Kabbale au centre des études juives, rompant en cela avec la tradition savante instituée par la « Science du judaïsme ». Il faut cependant savoir que l'approche scholemienne a elle-même fait l'objet d'une réévaluation parfois sévère de la part de la génération de chercheurs qui a suivi (dont Moshe Idel est le plus connu et le plus traduit en français).

Segev, Tom, *Le Septième million. Les Israéliens et le Génocide*, trad. de l'anglais et de l'hébreu par É. Errera, Paris, Liana Levi, 1993.

De la montée du nazisme à l'arrivée des premiers réfugiés allemands et à l'extermination des Juifs d'Europe, l'auteur scrute la réaction de la communauté juive de Palestine, laquelle manqua de compassion pour ses coreligionnaires persécutés, y compris lors de sa rencontre avec les survivants. T. Segev retrace également les vicissitudes de l'idéologisation du génocide, de son instrumentalisation au service de la cause de l'État d'Israël et pour façonner l'identité collective israélienne.

Silberstein, Laurence J. (éd.), *Mapping Jewish Identities*, New York-Londres, New York University Press, 2000.

Un livre qui s'éloigne des représentations essentialistes de la judéité et fournit les outils conceptuels permettant une appréhension fine de l'être-juif, de sa multiplicité et de sa mobilité.

Sperber, Manès, *Être juif*, trad. de l'allemand par O. Mannoni, préf. d'É. Wiesel, Paris, Odile Jacob, 1994.

Une analyse de la pensée et de l'identité juives, à travers quelques essais traversés par un questionnement constant : pourquoi l'antisémitisme ? Par un romancier, essayiste et éditeur juif engagé, né en 1905, mort en 1984.

Sternhell, Zeev, *Aux origines d'Israël. Entre nationalisme et socialisme*, Paris, Fayard, 1996.

La révolution sioniste engagée il y a un siècle a été avant tout une révolution nationale, culturelle, politique, et beaucoup moins une tentative pour créer une société différente. Ce qui explique l'alignement d'Israël sur les valeurs de la bourgeoisie et du capitalisme d'État qui font partie de l'héritage de ses pères fondateurs.

Strauss, Leo, *Pourquoi nous restons juifs. Révélation biblique et philosophie*, trad. de l'anglais et préf. par O. Sedeyn, Paris, La Table Ronde, 2001.

Recueil d'articles. Une réflexion sur l'identité juive, la question de sa transmission, la fidélité à laquelle elle contraint, par Léo Strauss (1899-1973), Juif allemand installé aux États-Unis dans les années 1930, l'une des grandes figures de la philosophie politique du XXe siècle.

Swirski, Shlomo, *The Oriental Majority*, trad. de l'hébreu par B. Swirski, Londres-N. J., Zed Books, 1989.

Une étude critique de la division ethnique du travail en Israël, qui se révéla défavorable aux Sépharades, et des villes de développement où ils furent rassemblés sans grandes possibilités d'ascension sociale. L'ouvrage donne également la parole aux militants issus de ces milieux qui s'engagèrent dans la lutte pour faire entendre la voix des leurs.

Todorov, Tzvetan, *Mémoire du mal, tentation du bien. Enquête sur le siècle*, Paris, Robert Laffont, 2000.

On n'échappe pas au mal en se prenant pour l'incarnation du bien et en donnant des leçons de morale à ses concitoyens et aux pays étrangers. L'auteur s'interroge sur ce XXe siècle de totalitarismes vaincus par la démocratie, une démocratie qui n'est pas immunisée contre la tentation du bien, cultivant chez elle le « moralement correct » et larguant à l'étranger ses bombes atomiques. Un XXe siècle qui fut aussi un siècle d'hommes et de femmes lucides qui éclairèrent ces ténèbres. Une invitation au bon usage de la mémoire.

Trautmann-Waller, Céline, *Philologie allemande et tradition juive. Le parcours intellectuel de Leopold Zunz*, Paris, Cerf, 1998.

Un ouvrage sur les origines de la « Science du judaïsme » qui voulut constituer le judaïsme comme objet d'étude scientifique. Ce mouvement, né des débats sur la modernité que menèrent les Juifs allemands, éclaire sur l'identité juive à l'ère de l'émancipation et de l'intégration en Europe.

Union des étudiants juifs de France-SOS Racisme, *Les Antifeujs. Le Livre blanc des violences antisémites en France depuis septembre 2000*, Paris, Calmann-Lévy, 2002.

Un ouvrage sur la récente recrudescence des actes antijuifs en France. A le mérite de présenter des faits et des chiffres.

Vidal-Naquet, Pierre, *Les Juifs, la mémoire et le présent (I et II)*, rééd., Paris, Seuil, 1995 et *Les Juifs, la mémoire et le présent III. Réflexions sur le génocide*, Paris, La Découverte, 1995.

Recueils de préfaces, d'études et d'analyses, sur des questions d'histoire ancienne et moderne, par un universitaire et intellectuel juif français activement engagé dans les débats d'idées de son temps, creusant sans relâche les grandes interrogations de la conscience juive contemporaine. Une méditation sur les usages de la mémoire et de l'histoire.

Vital, David, *L'Avenir des Juifs. Un peuple à la croisée des chemins*, trad. de l'anglais par S. Cohen, Paris, Calmann-Lévy, 1992.

L'évocation inquiète, par l'un des plus grands historiens du sionisme, de l'effritement contemporain du monde juif, qui fait voler en éclats l'idée de « communauté juive », et qui isole Israël, désormais séparé de la diaspora, notamment de la diaspora juive américaine.

Wasserstein, Bernard, *Les Juifs d'Europe depuis 1945. Une diaspora en voie de disparition*, trad. de l'anglais par J. Carnaud, Paris, Calmann-Lévy, 2000.

Dans un monde toujours plus sécularisé, le danger de disparition qui pèse, selon l'auteur, sur des communautés juives d'Europe, Russie comprise, désormais parfaitement en phase avec tous les aspects de la modernité.

Webber, Jonathan (éd.), *Jewish Identities in the New Europe*, Londres-Washington, Littman Library of Jewish Civilization, 1994.

Comment les Juifs d'Europe, aussi bien à l'Est qu'à l'Ouest, se voient-ils ? Se perçoivent-ils comme une minorité religieuse, comme un groupe ethnique ou comme de simples membres des larges cultures européennes au sein desquelles ils vivent ?

Yerushalmi, Yosef Hayim, *De la Cour d'Espagne au Ghetto italien : Isaac Cardoso et le marranisme au* XVIIe *siècle*, traduit de l'américain par A. Nouss, Paris, Fayard, 1987.

Une somme sur le marranisme et sur les phénomènes de retour au judaïsme des marranes à l'aube de la modernité.

Yerushalmi, Yosef Hayim, *Zakhor. Histoire juive et mémoire juive*, trad. de l'américain par E. Vigne, rééd., Paris, Gallimard, 1991 (1ère éd., La Découverte, 1984).

Une histoire du rapport des Juifs à l'histoire, de l'Antiquité à la période contemporaine. Illustre la nouveauté ainsi que la vulnérabilité, en monde juif, du statut de l'historien des Juifs.

Remerciements

Nous remercions Isabelle Laffont et les éditions Jean-Claude Lattès d'avoir conçu le projet de ce livre. Nous nous sentons particulièrement redevables à Jean-François Colosimo, avec qui nous avons passé tant d'heures gratifiantes à interroger l'être-juif. Il fut en fait le troisième interlocuteur, perspicace et stimulant, de ce dialogue. Né de l'amitié, qu'il soit dédié à l'amitié.

Merci à Joël Roman d'avoir permis à notre ouvrage, aujourd'hui augmenté d'une postface, d'une bibliographie commentée et d'une table des matières, de connaître une seconde vie.

Table des matièreS

Qu'est-ce qu'être juif ? 9
Modernité et judéité 43
De l'antijudaïsme à l'antisémitisme 64
Nationalisme juif et sionisme 78
La mémoire du génocide, une nouvelle religion civile ? 98
Ashkénazes et Sépharades, regards croisés 115
Judaïsme, christianisme, islam : conjuguer les différences 126
Sécularisation et éthique juive 151
Être femme et juive 162
Rester juif, redevenir juif ou réinventer le judaïsme ? 173
Judéités diasporiques, identités israéliennes 189
De l'affirmation communautaire à la tentation du repli 216
Israël vu de l'intérieur et vu de la diaspora 224
Liberté de l'intellectuel juif et poids des conformismes 233
Fascination de la souffrance ou défi de la vie : un choix crucial 244

Postface 251
Orientation bibliographique 283
Remerciements 295

Composition NORD COMPO
Imprimé en France, par l'imprimerie Hérissey à Évreux (Eure) - N° 93102
HACHETTE LITTÉRATURES - 43, quai de Grenelle - 75015 Paris
Collection n° 25 - Édition n° 01
Dépôt légal : 29890
ISBN : 2-01-279102-6